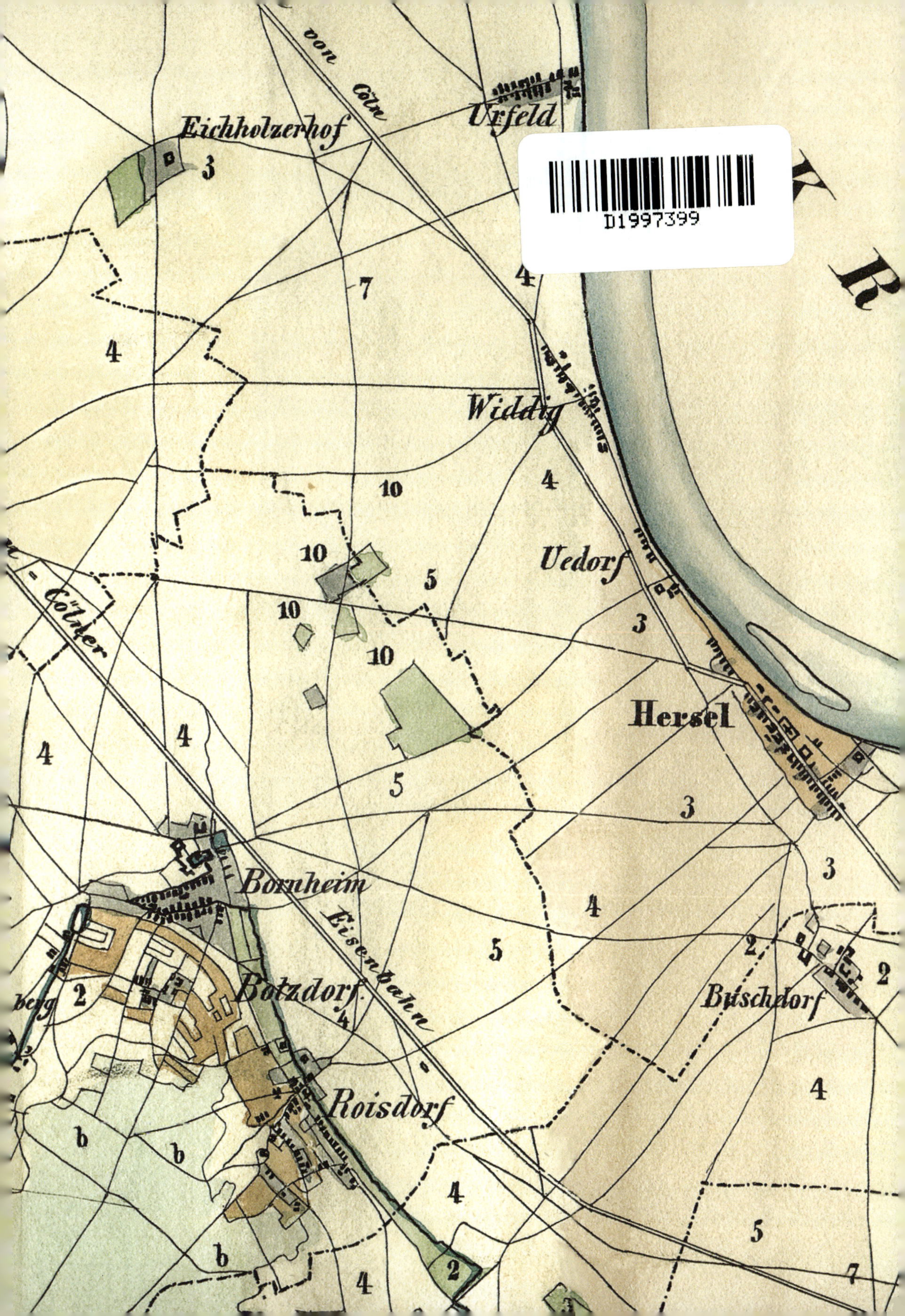
von Cöln
Urfeld
Eichholzerhof
Widdig
Uedorf
Hersel
Cölner
Bornheim
Eisenbahn
Botzdorf
Roisdorf
Buschdorf
berg
K
R

Dietrich Höroldt

BORNHEIM

Junge Stadt auf altem Kulturboden

Geschichte von der Steinzeit
bis in die Gegenwart

DIETRICH HÖROLDT

BORNHEIM
JUNGE STADT AUF ALTEM KULTURBODEN

Geschichte
von der Steinzeit
bis in die Gegenwart

Im Andenken an Hildegard Heimig
(1955–2007)
Archivarin der Stadt Bornheim

Bibliografische Information Der Deutschen Bibliothek
Die Deutsche Bibliothek verzeichnet diese Publikation in der Deutschen Nationalbibliografie; detaillierte bibliografische Daten sind im Internet über http://dnb.ddb.de abrufbar.

1. Auflage 2008

Lektorat / Redaktion:
Geschichtsbüro Reder, Roeseling & Prüfer, Köln
Reproduktionen / Gestaltungskonzeption
Reprowerkstatt Wargalla, Köln / Hans Schlimbach AGD, Köln
Druck: Grafisches Centrum Cuno, Calbe
Printed in Germany
ISBN 978-3-7616-1627-7

www.bachem.de

Titelbild: Königstraße und Servatiuscenter in Bornheim
Vorsatz vorne: Ausschnitt aus der Karte des Kreises Bonn mit Bezeichnungen der Kulturarten und deren ökonomischen Klassifikationen um 1850 von Eduard Hartstein
Vorsatz hinten: Entwurf für die Neuaufstellung des Flächennutzungsplanes der Stadt Bornheim (2008)
Seite 2: Pfarrkirche St. Servatius und Protasius mit Nikolauskapelle in Sechtem. Zeichnung von Franz Schumacher
Seite 3: Kirche mit Klostergebäuden und Hexenturm in Walberberg. Nachzeichnung nach dem Jodocusgemälde um 1700

Wir danken allen Förderern
für Ihre Unterstützung
bei der Drucklegung dieses Werkes

Roisdorfer
MINERALQUELLEN

VORWEG GEHEN

DHPG

DHPG DR. HARZEM & PARTNER GRUPPE

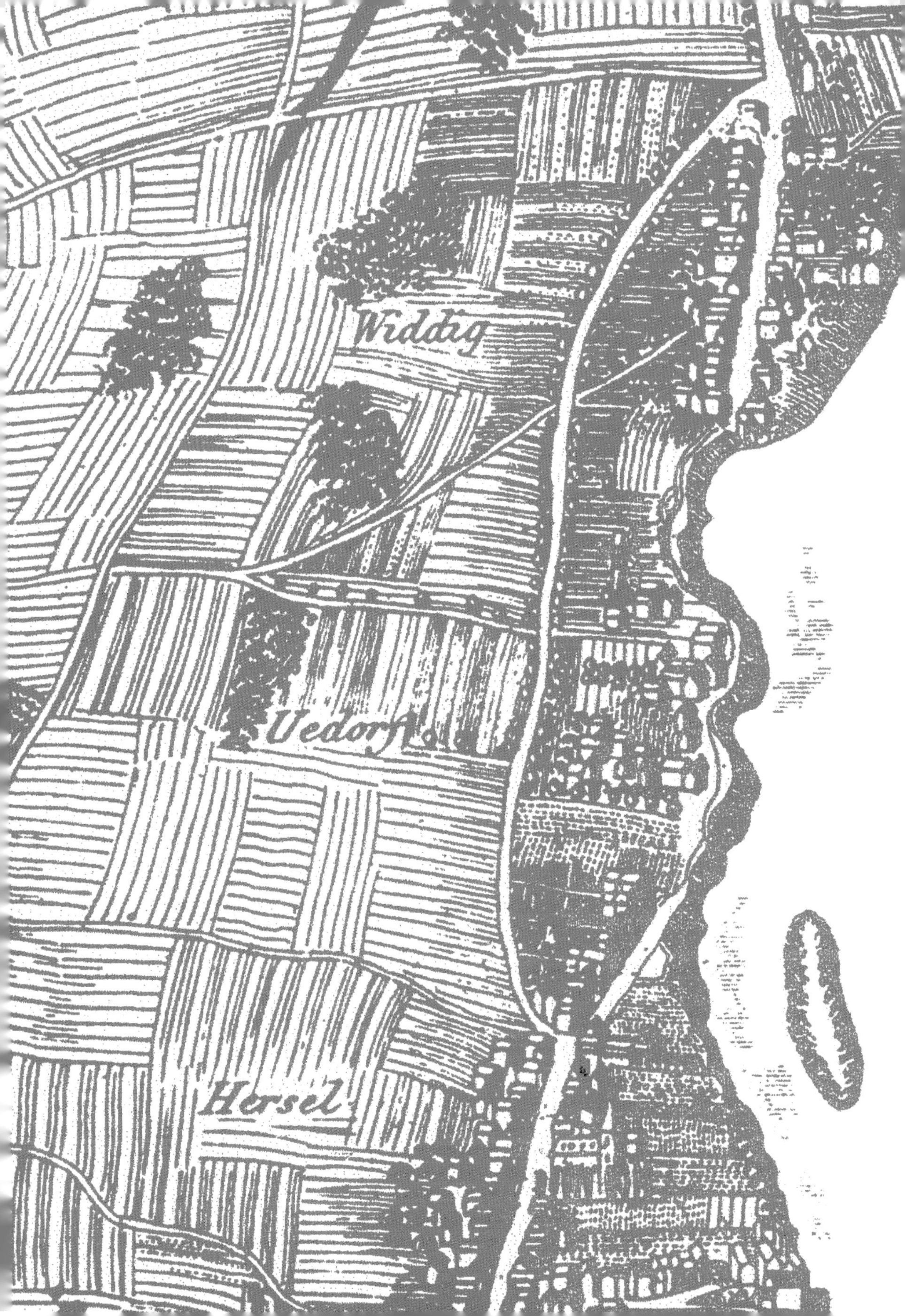
Widdig
Uedorf
Hersel

VORWORT

Vorliegendes Buch ist keine Stadtgeschichte im üblichen Sinne, sondern stellt die Vergangenheit und Gegenwart einer Kleinregion dar, die bis über die Mitte des 20. Jahrhunderts hinaus von der Landwirtschaft geprägt war. Von den 14 Orten der heutigen Stadt hatten zwar Sechtem in römischer Zeit als Straßenkreuzung und religiöses Zentrum besondere Bedeutung, Walberberg unter den Karolingern als Töpfereimittelpunkt mit Exporten bis nach Skandinavien und Bornheim um 1900 als kleinstädtisches Gemeinwesen. Sie erreichten aber nicht die Qualität eines Zentrums, das mit dem herkömmlichen Begriff »Stadt« verbunden ist. Das ist auch nicht verwunderlich, denn die beherrschende Landwirtschaft stand mit ihrem Flächenbedarf jeder Siedlungskonzentration entgegen.

Auf diese Tatsache muss die Darstellung Rücksicht nehmen. Es kann nicht Aufgabe des Buches sein, Ortsgeschichten aneinanderzureihen, sondern es muss die Grundlinien der Entwicklung des Gebietes, das heute die Stadt Bornheim umfasst, herausarbeiten. Daher finden manche Ereignisse, die nur für einen einzelnen Ort von Bedeutung sind, in der Darstellung nicht oder nur am Rande Erwähnung.

Das hängt auch damit zusammen, dass für das Buch ein beschränkter Umfang vorgesehen war. Dem vorliegenden Text liegt ein erheblich umfangreicheres Manuskript zugrunde, das mit Fußnoten versehen Auskunft über die Grundlagen der Darstellung gibt und ein umfassendes Quellen- und Literaturverzeichnis enthält. Dabei konnten aus Raum- und Zeitgründen nur in Ausnahmefällen Archivbestände herangezogen werden; der Verfasser musste sich auf die Auswertung der gedruckten Quellen und die Literatur beschränken, seine Ausführungen geben also im Wesentlichen nur den Stand der Forschung wieder.

Da sich vorliegendes Buch an einen breiten Leserkreis wendet, der von einem wissenschaftlichen Anmerkungsapparat irritiert, ja abgeschreckt wird, wurde auf Fußnoten verzichtet. Im Literaturverzeichnis finden sich erste Hinweise, auf welcher Grundlage der Text beruht. Fachlich interessierte Leser können das ursprüngliche Manuskript in den Stadtarchiven von Bornheim und Bonn, dem Archiv des Rhein-Sieg-Kreises, dem Historischen Archiv der Stadt Köln, dem Hauptstaatsarchiv Düsseldorf sowie dem Institut für Geschichtswissenschaft, Abteilung Rheinische Landesgeschichte der Universität Bonn einsehen.

Die Rheindörfer Hersel, Uedorf und Widdig. Ausschnitt aus der Reliefkarte von F. W. Destelkamp, nach 1825

Es ist riskant, wenn ein Ortsfremder sich an die Darstellung einer Gemeindegeschichte wagt. Er ist entscheidend auf die Mithilfe von Ortsansässigen angewiesen. Diese ist dem Autor in vorbildlicher Weise zuteil geworden. An erster Stelle ist die verstorbene Bornheimer Stadtarchivarin Hildegard Heimig zu nennen. Sie hat dem Autor Mut gemacht, die Aufgabe, das Buch zu schreiben, zu übernehmen und ihn bis in ihren letzten Lebensmonat mit Material, Hinweisen, Auskünften und Kritik uneingeschränkt unterstützt. In ihrer Nachfolge hat sich Herr Christian Lonnemann mit ganzer Kraft für die Fertigstellung des Buches eingesetzt. Der Lektor, Herr Dr. Dirk Reder vom Kölner Geschichtsbüro, hat nicht nur die Herstellung des Textes betreut und durch kritische Hinweise gefördert, sondern es auch als Bornheimer Bürger übernommen, Zeitzeugen aus Politik und Verwaltung zu befragen. Herr Albert Eßer † gab bereitwillig Auskünfte und stellte sein Manuskript über die Anfänge der NSDAP in Bornheim sowie seine Abschriften der Berichte des Amtsdirektors Hans Dietz aus den Jahren 1946 bis 1949 zur Verfügung. Herr Dr. Horst Bursch, dessen Arbeiten wie die des verstorbenen Heimatforschers Norbert Zerlett zu Geschichte, Volks- und Namenskunde des Vorgebirges für den Autor unentbehrlich waren, überließ aus seiner Fotosammlung zahlreiche Aufnahmen als Vorlagen für die Bebilderung des Buches. Herr Landrat a. D. Rechtsanwalt Heribert Dietz, Sohn des Amtsdirektors Hans Dietz, trug zur Darstellung der Zeit nach 1945, die wegen des mangelnden zeitlichen Abstandes und den vielfach fehlenden Darstellungen dem Historiker besondere Schwierigkeiten bereitet, mit zahlreichen Hinweisen bei. Außer den genannten Personen haben die Herren Ernst Gierlich, Jakob Lowey, Heinz Offermann und Heinz Vorzepf das Manuskript kritisch gelesen und zahlreiche Verbesserungsvorschläge gemacht. Der Grafiker Hans Schlimbach und die Reprowerkstatt Wargalla haben die Gestaltung des Buches übernommen. Herr Bürgermeister Wolfgang Henseler hat das Werk durch sein ermutigendes Interesse, die Stadtverwaltung Bornheim durch bereitwillig erteilte Auskünfte nachhaltig gefördert.

Allen genannten Personen und Institutionen schuldet der Verfasser aufrichtigen Dank.

Bonn, im Oktober 2008 DIETRICH HÖROLDT

INHALT

Vorwort 7

BEVOR DIE RÖMER KAMEN

Geografische Gegebenheiten 13
Vor- und Frühgeschichte 14

BORNHEIM IN RÖMISCHER ZEIT (55 v.Chr. – 450 n.Chr.)

Die römische Herrschaft 19
Die Besiedlung in der Römerzeit 20
Wirtschaft und Infrastruktur 24
Götter und Kulte 26

DIE FRANKENZEIT (450 – 925)

Die politische Entwicklung 29
Besiedlung, Kirche und Wirtschaft 31

IM ALTEN REICH UNTER DEM KRUMMSTAB (925 – 1794)

Landesherrschaft, Verwaltung und Gerichtswesen 35
Die ständische Gesellschaft 40
Das religiöse Leben 45
Siedlungs- und Bevölkerungsentwicklung 53

Landwirtschaft 56
Gewerbe, Handel und Verkehr 62
Kriege und andere Katastrophen 65

DER SPRUNG IN DIE MODERNE: DAS FRANZÖSISCHE ZWISCHENSPIEL (1794 – 1815)

Im revolutionären Frankreich 73
Die neue Ordnung: Bornheim unter Napoleons Herrschaft . . . 76
Von Frankreich nach Preußen: die Übergangszeit 81

UNTER DER PREUSSISCHEN KRONE (1815 – 1914)

Die Rheinlande und Preußen 83
Verfassung und Verwaltung 85
Die politische Entwicklung 89
Bevölkerung und Bauwesen 90
Die Landwirtschaft 95
Gewerbe 102
Handel, Dienstleistungen und Verkehr 106
Religion und Kirche 112
Das Schulwesen 121
Gesellschaft, Geselligkeit und Vereine 126

KRIEGE, KRISEN UND WIEDERAUFBAU (1914 – 1949)

Vom Weltkrieg bis zur Inflation 129
In der Weimarer Republik 133
Bornheim in der NS-Zeit 146
Unter britischer Besatzung 165

AUF DEM WEG ZUR STADT: BORNHEIM IN DER BUNDESREPUBLIK (1949 – 2008)

Politik und Verwaltung 175
Einwohnerentwicklung, Stadtplanung und Bauwesen 186
Die Bornheimer Wirtschaft im Wandel 192
Kirchen und Konfessionen in Bornheim 201
Wachsender Bedarf: Schulen in Bornheim 204
Lebendig und vielfältig: Vereine und Geselligkeit 206
Stadt Bornheim? – Stadt Bornheim! 210

Anhang

Bevölkerungsstatistik 212
Wahlergebnisse 212
Die Bürgermeister und Hauptgemeindebeamten 213
Abbildungsnachweis 213
Literaturverzeichnis 214
Namensverzeichnis der Personen, Vereine und Firmen 216

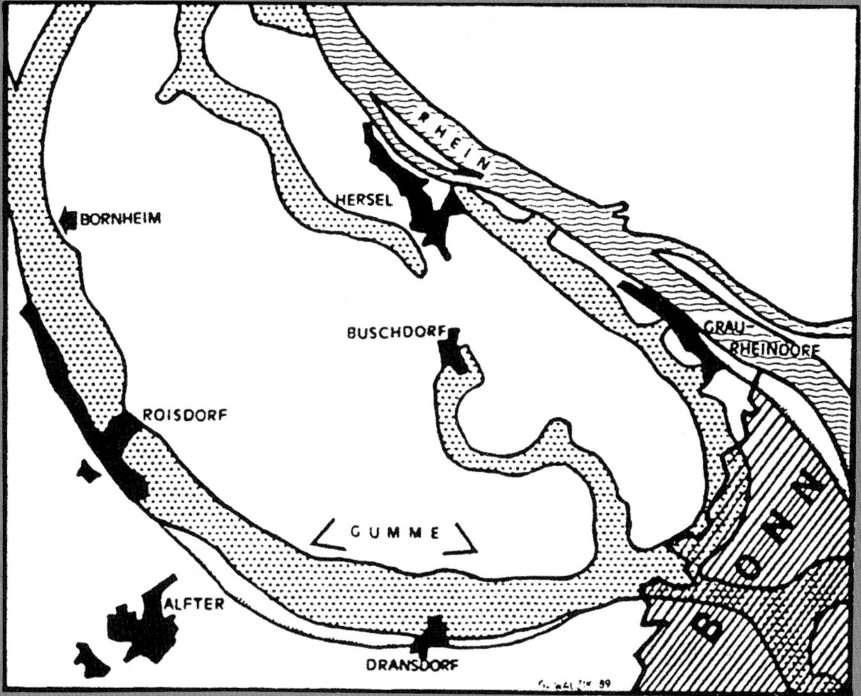

Der **Verlauf der Gumme** im Bereich von Alfter, Bornheim und Hersel

BEVOR DIE RÖMER KAMEN

Geografische Gegebenheiten

Das Gebiet der heutigen Stadt Bornheim wird im Osten vom Rhein begrenzt, stößt im Norden an die Städte Wesseling und Brühl im Erftkreis, reicht im Westen über den Steilrand der Ville an die Gemeinde Weilerswist im Kreis Euskirchen heran und hat im Südwesten bzw. Süden die Gemeinden Heimerzheim und Alfter, die wie Bornheim zum Rhein-Sieg-Kreis gehören, sowie die kreisfreie Bundesstadt Bonn als Nachbarn.

Erdgeschichtlich gesehen ist das heutige Stadtgebiet relativ jung. Vor 800 000 bis 900 000 Jahren entstand durch Absenkung der Niederrheinischen Bucht westlich des Rheins die Hauptterrasse, die sogenannte Ville, mit ihrem etwa 100 Meter hohen Steilhang. Sie ist weitgehend mit Rheinkiesen bedeckt, die den Ackerbau erschweren, und ohne Oberflächenabfluss, sodass sich Staunässe bildet. Aus diesem Grund sind weite Flächen der Ville noch heute mit Wald bedeckt. In den folgenden Jahrhunderttausenden der Eiszeiten schüttete der Rhein den Schutt der südlich gelegenen Gebirge in der Ebene auf. In diese Aufschüttungsflächen schnitt sich der Rhein während der folgenden Warmzei-

Schematisches Querprofil der Rheinterrassen im Stadtgebiet

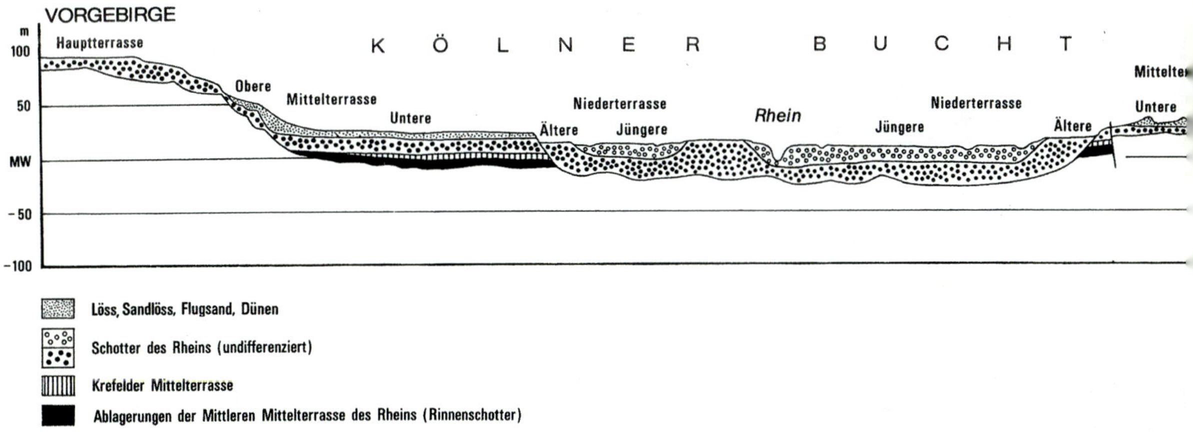

ten wieder ein. Dabei bildete sich vor rund 100 000 Jahren die sogenannte Mittelterrasse, deren rund zehn Meter hoher Hang sich von Roisdorf und Bornheim nach Nordosten erstreckt und südlich von Sechtem die Bundesbahnstrecke schneidet. Diese Mittelterrasse wurde in den Kaltzeiten mit einer bis zu zehn Meter dicken Lössschicht bedeckt. Die anschließende Niederterrasse hat sich vor etwa 11 500 Jahren am Ende der Eiszeit durch Aufschüttungen des Rheins gebildet. Sie besteht aus Schotter und Kiesen und ist mit Hochflutlehm bedeckt. Nach der letzten Eiszeit hat der Rhein zahlreiche Rinnen gebildet, die im Bonner Raum als Gummen bezeichnet werden. Ein Arm zieht sich von Dransdorf am Villehang entlang und ist noch heute im Gelände zu erkennen, ein anderer ist bis Buschdorf zu sehen und setzt sich nach einer Unterbrechung westlich von Hersel fort, der dritte verläuft von Graurheindorf bis Hersel parallel zum Strom und mündet beim Herseler Wert. Diese Rheinarme haben nicht lange bestanden, weil sich der Rhein weiter in die Niederterrasse einschnitt und dabei eine schmale Aue schuf, die gegen Hochwasser durch Dämme gesichert werden muss.

Vor- und Frühgeschichte

Steinbeil, gefunden in der Gemarkung Bornheim

Geografische und erdgeschichtliche Vorbedingungen sind für die Entwicklung eines Raumes wie den der heutigen Stadt Bornheim von wesentlicher Bedeutung. Die Lössbedeckung des Hangs der Ville und der anschließenden Mittelterrasse hatte zur Folge, dass dieses Gebiet sich zur Ansiedlung besonders gut eignete. Hinzu kam noch die klimatisch günstige Lage: Die Ville schützt die Rheinebene vor den vorherrschenden Nordwestwinden.

Archäologische Funde

Über Form und Umfang der Besiedlung in vorgeschichtlicher Zeit geben die 200 archäologischen Funde Auskunft, von denen allerdings nur ein Fünftel genauer datiert ist. Sie konzentrieren sich auf die Orte am Steilhang der Ville und um Sechtem. Das Gebiet der heutigen Dörfer auf der Hauptterrasse und der Rheinorte waren offenbar kaum besiedelt.

Als bisher ältester Fund gilt ein Roisdorfer Steinbeil aus der Mittelsteinzeit

(10 000 bis 5 000 v. Chr.), als die Menschen in unserem Raum noch nicht sesshaft waren. Ein weiteres Steinbeil aus den Anfängen der Jungsteinzeit, also vor 5 000 bis 4 000 Jahren v. Chr., wurde in Sechtem gefunden. In der Zeit der Bandkeramiker (5 300 bis 4 900 v. Chr.), als die Menschen hier sesshaft wurden, nimmt die Zahl der Funde deutlich zu. Zu dieser Zeit bestanden drei Siedlungen zwischen Walberberg und Trippelsdorf und bei Merten. Funde dieser Zeit sind eine Anzahl von Steinbeilen, eine Dolchklinge und bandkeramische Scherben am Villerand und bei Sechtem.

Aus der Glockenbecherzeit (2 600 bis 2 200 v. Chr.) und aus der Bronzezeit (2 200 bis 800 v. Chr.)gibt es nur wenige Funde in Bornheim und Sechtem. Dagegen häufen sich die Funde aus der Hallstattzeit (800 bis 475 v. Chr.) mit 15 Fundstellen vorwiegend in Roisdorf, Botzdorf, Bornheim und Walberberg. Belege aus der Urnenfelderzeit, die zur Hallstattperiode gehört, sind im Stadtgebiet nicht zu finden, wohl aber in unmittelbarer Umgebung. Die La-Tène-Zeit (5. bis 1. Jahrhundert v. Chr.) ist mit 13 Funden in Bornheim, Roisdorf, Botzdorf und Walberberg vertreten. Für die Zeit zwischen 1 200 und 100 v. Chr. sind vor allem die Hügelgräber auf der Ville zwischen Buchholz und Botzdorf und auf der Mertener Heide bemerkenswert. Dass es auch hallstattzeitliche Hügelgräber am Fuße des Vorgebirges gegeben hat, beweist das jüngst entdeckte Grab mit einer Urne in Roisdorf.

Glockenbecher aus der Jungsteinzeit vermutlich aus dem Hügelgräberfeld auf der Ville oberhalb von Roisdorf/Bornheim, gefunden von Norbert Zerlett

Aufsehenerregender Fund in Sechtem

Im Sommer 1992 wurde bei einem Bau im Gewerbegebiet am Hang zum Mühlenbach ein Grab entdeckt, das zunächst als letzte Ruhestätte einer Mutter mit ihrem Kind angesehen und in der Presse als »Venus von Sechtem« bezeichnet wurde. Eine nähere Untersuchung ergab, dass es sich um die Körper eines Mannes und eines Kindes in Hockerstellung handelt. Daneben fand man einen Feuerschlagstein, zwei Stücke, die als Meißel benutzt wurden, sowie drei Abschläge.

Dank moderner Radiokarbonmethode konnte der Fund auf etwa 1 750 v. Chr. bestimmt werden. Es handelt sich damit um das erste sicher datierte Grab der frühen Bronzezeit am Niederrhein. Ebenfalls zum ersten Mal konnte durch eine mikroskopische Untersuchung der Gebrauchsspuren nachgewiesen werden, dass der Feuerschlagstein als Feuerschläger mit einem Eisenerzstück und als Meißel zur Knochen- und Holzbearbeitung benutzt worden ist.

Karte des Gräberfeldes

bei Botzdorf

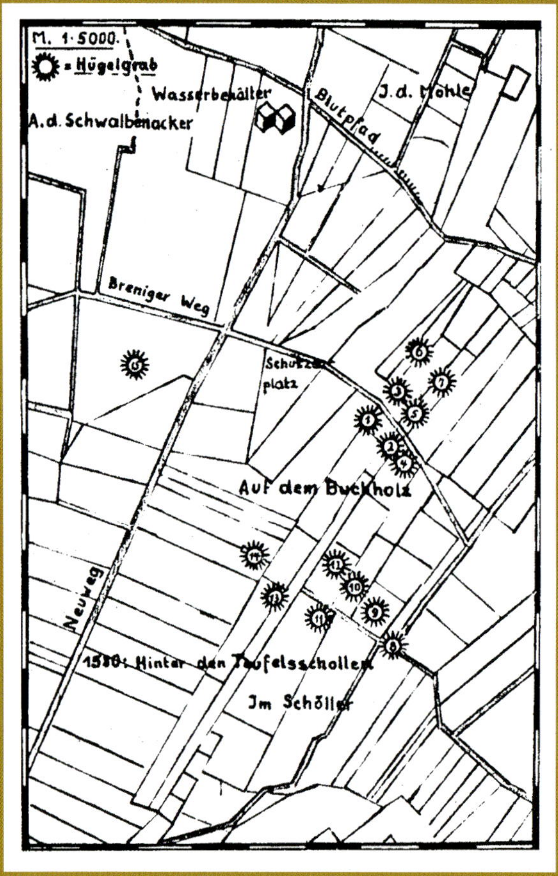

Das Gräberfeld zwischen Botzdorf und Buchholz

Diese Fundstelle am Rande der Ville auf der Grenze der Gemarkungen von Bornheim und Roisdorf erscheint bereits 1580 als »Deuffelsschollen«. In dieser Flur, nördlich und westlich davon und am Neuen Weg wurden von 1871 bis 1973 Dutzende von Grabhügeln ausgegraben; die Funde sind nur zu einem kleinen Teil gesichert worden. Das Gräberfeld wurde über Jahrtausende hinweg von unterschiedlichen Kulturen belegt. Dies zeigt ein Fund am Südwestrand des Feldes: Eine Brandbestattung aus dem 4. Jahrtausend ist durch ein Grab aus der Mitte des 2. Jahrtausends, dieses wiederum durch Eingriffe in der späten Hallstattzeit um 500 v. Chr. gestört worden. Die Masse der Grabhügel stammt vermutlich aus der Hallstatt- und La-Tène-Zeit. Die Grabhügel, die lange Zeit sichtbar waren, sind heute durch die landwirtschaftliche Nutzung des Bodens kaum noch auszumachen.

Herkunft und Lebensweise der Bevölkerung

Über die Herkunft der Bevölkerung im heutigen Stadtgebiet lassen sich ebenfalls nur Vermutungen anstellen. Die Bandkeramiker sollen über Süddeutschland und das Rhein-Main-Gebiet gekommen sein. Während des 5. Jahrtausends v. Chr. werden Einflüsse der sogenannten Rössener Kultur aus dem Raum von Merseburg sichtbar.

In der Zeit von etwa 2 600 v. Chr. bis 2 200 v. Chr. bestanden hier die etwas ältere Schnurkeramik- und die Glockenbecherkultur nebeneinander. In dieser Phase gehörte unser Raum zunächst zur Urnenfeldgruppe des Neuwieder Beckens. In der mittleren Hallstattzeit vermischten sich mittel- und niederrheinische Einflüsse miteinander.

Die Funde aus der Vorzeit erzählen wenig über die Lebensweise der Ureinwohner des heutigen Bornheims. Es fehlen nicht nur spektakuläre Funde wie der des Oberkasseler Menschen, sondern auch Überreste von Häusern oder Schmuckbeigaben in Gräbern. Das hat damit zu tun, dass sich im Lössboden organische Stoffe wie Holz, Knochen usw. nicht erhalten haben. Siedlungen sind deshalb nur als Ansammlungen von Scherben oder Steinwerkzeugen nachweisbar. Immerhin lässt sich aus den Funden schließen, dass der Boden mit steinernen Hacken oder Pflugscharen bearbeitet wurde, dass Stoffe gewebt wurden und dass den Steinbeilen in Schleifwannen Form und Schliff gegeben wurde.

Aus diesen Funden lässt sich schließen, dass sich im Raum der heutigen Stadt seit der Jungsteinzeit, also vor etwa 7 000 Jahren, Menschen fest angesiedelt haben. Für diese Vermutung spricht, dass rund 50 undatierte Steinwerkzeuge mit einiger Sicherheit in diese Epoche zu setzen sind. Hinzu kommt, dass sich die Lössböden am Villehang und auf der Mittelterrasse zur landwirtschaftlichen Nutzung und damit zur Ansiedlung besonders eigneten. Wie weit die wenigen Funde aus der Bronzezeit auf einen Rückgang der Besiedlung hindeuten, muss offenbleiben.

Mit der Spätlatènezeit im ersten vorchristlichen Jahrhundert endet für das Rheinland die Epoche der Vorgeschichte, in der wir ausschließlich auf archäologische Befunde angewiesen sind.

Bandkeramiker bei der Arbeit

Weihestein des
C. Campanius Victor
für die gabianischen
Muttergottheiten
in Hersel oder Uedorf

BORNHEIM IN RÖMISCHER ZEIT (55 v.Chr. – 450 n.Chr.)

Die römische Herrschaft

Von Caesar zu Augustus

Gaius Julius Caesar berichtet in seiner Darstellung des Gallischen Krieges, dass in der Spät-La-Tène-Zeit die Eburonen zwischen Maas und Rhein angesiedelt waren. Sie widersetzten sich erbittert der Unterwerfung durch die Römer und vernichteten im Winter 55/54 v. Chr. anderthalb Legionen. Caesar trennte sie daraufhin im Jahre 53 von ihren Verbündeten und eroberte ihr Land; die Einwohner wurden weitgehend getötet oder in die Sklaverei verkauft. Die Kämpfe sollen unter anderem in der Kölner Börde, also auch im Gebiet der heutigen Stadt Bornheim, stattgefunden haben. Danach war dieser Raum etwa ein Jahrhundert nur schwach besiedelt. Das lassen Baumpollen erkennen, die anstelle von Getreidepollen nachgewiesen wurden und beweisen, dass der Wald wieder vordringen konnte, weil kein Ackerbau mehr betrieben wurde.

Nach den schriftlichen Quellen siedelten die Römer den germanischen Stamm der Ubier unter dem Statthalter Agrippa von der Lahnmündung auf das linke Rheinufer um. Jüngste archäologische Untersuchungen haben ergeben, dass die Ubier um 30 v. Chr. im benachbarten Bonn ein »oppidum«, eine befestigte Siedlung, errichteten. In diese wurde um 10 v. Chr. eine römische Militäreinheit gelegt. In die gleiche Zeit fällt auch die erste schriftliche Erwähnung Bonns durch den römischen Schriftsteller Florus.

Die Sicherung der Rheinlinie und der Aufbau der Verwaltung

Da andere Germanenstämme immer wieder in das linksrheinische Gebiet einfielen und im Jahre 16 v. Chr. der 5. Legion unter Statthalter M. Lollius auf dem linken Rheinufer eine vernichtende Niederlage beibrachten, versuchte Kaiser Augustus in den folgenden Jahrzehnten zunächst mit Erfolg, das rechtsrheinische Germanien zu erobern und die Grenze des Römischen Reiches an die Elbe vorzuverlegen. Um die Zeitenwende hielten die Römer die Lage am Rhein für so gesichert, dass sie an ungeschützter Stelle Köln als neuen Hauptort der

Ubier und Versorgungsplatz für ihre Truppen in Germanien errichteten. Es wurde im Jahre 50 n. Chr. zur »Colonia Claudia Ara Agrippinensium« erhoben und entwickelte sich wegen seiner guten Verkehrsverbindungen schnell zum Oberzentrum am Niederrhein, eine Funktion, die Köln bis heute behalten hat.

Nach der Niederlage des Varus im Teutoburger Wald im Jahre 9 n. Chr. und vergeblichen Versuchen, die römische Herrschaft zwischen Rhein und Elbe wiederherzustellen, hat Kaiser Tiberius die Reichsgrenze an den Rhein zurückverlegt. Das Gebiet der heutigen Stadt Bornheim gehörte damit zum Römischen Reich und zwar seit dem Ende des ersten Jahrhunderts zur Provinz Niedergermanien bzw. zur civitas Ubiorum; das heutige Köln war damals der Verwaltungssitz für diesen mit Rom verbündeten Volksstamm.

Nach Jahrhunderten des Friedens Germaneneinfälle am Vorgebirge

Es folgte ein Jahrhundert des Friedens und wirtschaftlichen Wohlstandes. Er fand sein Ende in den Kämpfen um die Nachfolge des Kaisers Commodus von 192 bis 197. Danach schloss sich noch einmal eine Zeit der äußeren Ruhe bis in die Mitte des 3. Jahrhunderts an. In den Germaneneinfällen zwischen 272 und 280 war Bornheim germanisches Beute- und Durchzugsgebiet. Anschließend setzte sich die römische Zentralmacht wieder durch. Unter Diokletian (284 bis 305) wurde die Provinz »Germania inferior« in »Germania secunda« umbenannt; Köln blieb für das Vorgebirge zuständig. Das Bonner Lager beherbergte nach Abzug der Kerntruppen nur noch Grenzmilizen und war Schutzort für die Umgebung. Zwischen 353 und 359 überrannten die Franken die Germania secunda, doch erneuerte Julian Apostata die römische Herrschaft und baute das Bonner Lager wieder auf. Im 5. Jahrhundert verfiel die römische Autorität am Niederrhein. Spätestens seit der Mitte des 5. Jahrhunderts übernahmen fränkische Kleinkönige am linken Rheinufer die Macht.

Die Besiedlung in der Römerzeit

Die Ansiedlung der Ubier

Die mehr als 150, nur zu einem Drittel datierten Funde der Römerzeit zeigen eine bemerkenswerte Übereinstimmung der Besiedlung mit der Verteilung in vorgeschichtlicher Zeit. Fast die Hälfte der Überreste fanden sich am Vorgebirgsrand, eine Konzentration um Sechtem, deutlich weniger auf der Ville und die wenigsten in den Rheinorten. Die Neubesiedlung des heutigen Stadtgebietes erfolgte nach rund 100 Jahren um die Mitte des ersten Jahrhunderts n. Chr. durch die Ubier und zwar noch vor den Römern. Am Zusammenfluss von Dickopsbach und Breitbach fand man die Überreste von Flechtwerk, die vermutlich zu einer Hütte gehörten. Die dazugehörige Keramik gleicht den im ubischen oppidum Bonn gefundenen Bruchstücken aus dem Jahre 12 v. Chr. und beweist, dass es sich um ein ubisches Gebäude handelt. Neben dieser ubischen Siedlung bestand seit 80 n. Chr. ein römischer Gutshof (villa rustica). Das lässt vermuten, dass die Ubier zunächst ihre eigene Lebensart beibehalten haben.

Münzen aus der Zeit des Kaisers Konstantin I. (306–337 n. Chr.), gefunden im Roisdorfer Brunnen

Zuwanderung aus Italien und Gallien

Für das ausgehende erste Jahrhundert zeigen die vermehrten Funde von römischen Ziegeln, dass sich römisches Militär jetzt außerhalb der Lager und Kastelle auf dem Land ansiedelte. Die Soldaten stammten offenbar hauptsächlich aus Nordwest-Gallien. Zivile Zuwanderer kamen im 2. Jahrhundert sowohl aus Gallien wie aus Germanien, als keine kriegerischen Wirren den Wohlstand gefährdeten. Dabei kam es zur Wiederbelebung des gallisch-germanischen Kulturgutes, das den bis dahin übermächtigen italischen Einfluss in den Hintergrund drängte. Das zeigt sich nicht nur an der wachsenden Verehrung der germanischen Matronen, sondern auch daran, dass das gallische Maß der »Leugen« die römischen Meilen ersetzte. Da der Name Sechtem von der Entfernung von sieben (septem) Leugen bis Köln hergeleitet wird, kann »Sechtem« also nicht die ursprüngliche Bezeichnung der Siedlung gewesen sein.

Rückgang durch wirtschaftliche Krisen

Wirtschaftliche Krisen bewirkten im 3. Jahrhundert einen Rückgang der Gutshöfe. Allerdings beweisen Grabfunde, dass die weiter bestehenden Gehöfte zu Wohlstand kamen. Eine Zäsur stellen die Germaneneinfälle um 275 dar; die Zahl der Siedlungsstellen ging deutlich zurück. Im 4. Jahrhundert wurde an-

Der Roisdorfer Mineralbrunnen in der Antike

Bereits 1774 wurde vermutet, dass der Brunnen in Roisdorf von den Römern benutzt wurde. Gewissheit verschaffte um 1835 die Entdeckung römischer Fundamente eines Gebäudes von etwa 50 mal 17 Metern sowie von Münzen und Opferschalen. Hundert Jahre später entdeckte man bei der Neufassung der Quelle einen römischen Denar, 661 römische Bronze- und Messingmünzen, zwei angelsächsische Münzen, mehrere bronzene Finger- und Ohrringe, 28 bunte Perlen und einige Tongefäßfragmente. 1958 kamen bei Reinigungsarbeiten weitere 436 römische Münzen zutage. Der Erhaltungszustand der meisten Münzen war gut; durch das kohlensaure Quellwasser hatten sie ihren ursprünglichen Glanz bewahrt. Aus diesen Funden ergibt sich, dass die Roisdorfer Quelle vom ausgehenden 1. bis zu Ende des 4. Jahrhunderts von den Römern und danach, wie jüngere Funde beweisen, von den Franken benutzt wurde. Damit ist die Quelle die einzige Fundstelle im Stadtgebiet, die durchgehend vom 1. Jahrhundert bis in die Frankenzeit reicht.

Römische Münzen aus dem Roisdorfer Mineralbrunnen

scheinend mehr als die Hälfte der noch bestehenden Höfe verlassen. Es gab aber auch Neusiedlungen, wohl weil die nahe spätantike Lagerfestung Bonn Schutz gewährte und Absatzmöglichkeiten bot. In dieser Zeit verschmolzen die hier wohnenden Germanen und Romanen und stellten sich im 5. Jahrhundert gegenüber den eindringenden Franken als Gemeinschaft dar. Lediglich der Roisdorfer Brunnen wurde über das Ende der Römerzeit hinaus genutzt.

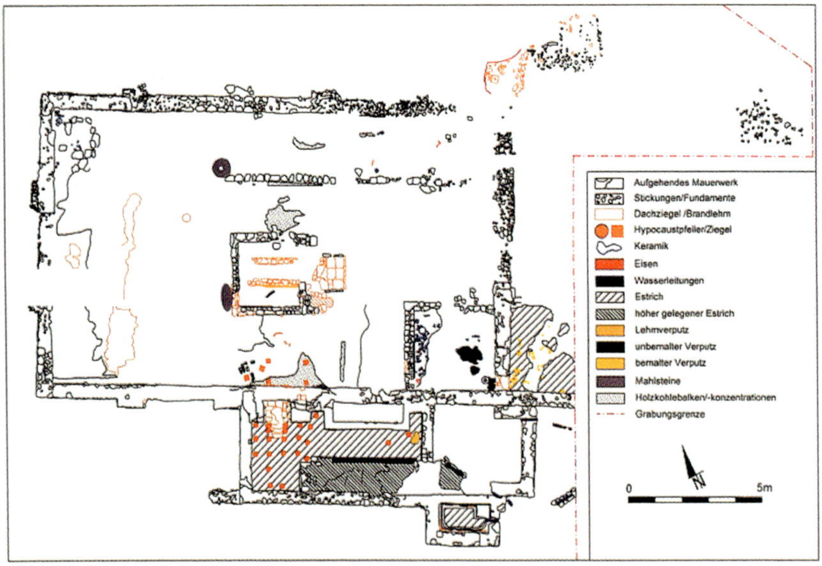

Plan des Wohngebäudes der villa rustica in Botzdorf

Die villae rusticae

Die Römer siedelten sich außerhalb der Städte in Form der villae rusticae, d. h. in Einzelhöfen an. Auch wenn von den Fundstellen der Römerzeit nur eindeutig zwölf als villae rusticae bestimmt sind, geht man davon aus, dass die Masse der 44 Siedlungsstellen und 36 »Trümmerstellen« von Ziegelresten und Scherben villae rusticae anzeigen. Sie finden sich besonders zahlreich in Sechtem (29), gefolgt von Walberberg und Bornheim.

Nur vereinzelt sind bisher villae rusticae archäologisch untersucht worden und ermöglichen eine nähere Anschauung ihrer Größe. Die um 1880 ausgegrabenen Grundmauern einer villa rustica in Bornheim-Brenig erstreckten sich auf etwa 50 Meter Breite und 170 Meter Länge auf einem Bergrücken zwischen Plonhof, Schule und Kirche in Bornheim-Brenig. Josef Dietz erwähnt römische Fundamente von 300 Meter Länge auf der Flur »Im Grünewald« oberhalb Bornheims. Dass villae rusticae häufiger so groß waren, zeigen zwei Siedlungsreste

Rekonstruktion der römischen villa rustica von Köln-Müngersdorf aus dem 3. Jahrhundert

in der Gemarkung Hersel von 200 Meter Länge und eine villa rustica von ca. 50 Meter mal 15 Meter Fläche in Sechtem. In der Regel bestanden die Villen aus dem steinernen Haupthaus für den Gutsherrn und seine Familie sowie mehreren Nebengebäuden aus Fachwerk mit Strohdach für das Gesinde und die Wirtschaft; von diesen haben sich kaum Überreste erhalten. Die Villen verfügten vielfach über eine Fußbodenheizung (Hypokaustum), gelegentlich über eine Zuleitung vom Eifelkanal und ein Badebecken. Nähere Anschauung bietet der Ausgrabungsbericht der villa rustica von Botzdorf.

Eine villa rustica in Botzdorf

Die villa rustica lag auf halber Höhe im Ostabhang der Ville an der Aeltersgasse in Botzdorf mit einem weiten Blick über die Bonn-Kölner Bucht. Es handelt sich um fünf Steingebäude aus dem späten 1. Jahrhundert, davon drei Nebengebäude mit Kochstellen. Das Hauptgebäude war 20 mal 11 Meter groß: Die Wohnräume mit der besten Aussicht lagen nach Osten. Besonders gut erhalten ist ein Bad an der Südseite mit Hypokaustum für Boden- und Wandheizung, Wasserbecken für unterschiedliche Temperaturen und mit Fresken bemaltem Tonnengewölbe. Die Wasserversorgung erfolgte durch eine tönerne Leitung aus Quellen oberhalb des Hauses. In einem kleinen Raum haben sich zahlreiche Schalen, Teller, Becher und eine Reibschale erhalten, daneben Flaschen, eine große Schüssel, Kochtöpfe, Vorratsgefäße, Steinmörser, Eisenmeißel und die Bronzegriffe eines Holzkästchens, das wegen der beiliegenden Münzen als Haushaltskasse anzusprechen ist. Das Geschirr wurde kurz vor 200 in Trier hergestellt. Damit wird der Zeitpunkt für den Brand festgelegt, der die erste Nutzungsphase der villa rustica beendete.

Römischer Töpferofen, gefunden in villa rustica in Botzdorf

Aus den wiederaufgebauten Teilen ist zu erkennen, dass man jetzt auf Luxuseinrichtungen verzichtete. Das Bad wurde nämlich aufgegeben und stattdessen eine Darre zur Röstung von Getreide und zum Trocknen von Obst gebaut, an die eine kleine Kochstelle angeschlossen war. Zwei Mühlsteine und verkohlte Getreidekörner vervollständigen das Bild. Das fünfte Gebäude liegt 20 Meter nördlich der übrigen Bauten und war offensichtlich nur ein Teil eines größeren Komplexes; Estrich und Wandverputz deuten darauf hin, dass es Teil des zerstörten Repräsentationsgebäudes der villa rustica war. Ein gut erhaltener Töpferofen aus dem 1. Jahrhundert lässt erkennen, wie von der Feuerstelle die heißen Gase durch eine Lochtenne in den Raum aufstiegen, in dem das Brenngut stand. Verglasungen zeugen von hohen dabei erreichten Temperaturen. Die bisher ausgegrabenen Teile der villa rustica machen trotz Wohngebäude mit Bad aus der Zeit vor 200 einen überwiegend landwirtschaftlich-handwerklichen Eindruck.

Bronzemodell eines römischen Pfluges

Wirtschaft und Infrastruktur

Landwirtschaft und Gewerbe

Welche Feldfrüchte am Vorgebirge angebaut wurden, wissen wir nicht. Sicher haben die Römer ertragreiche Getreide-, Gemüse- und Obstsorten sowie leistungsfähige Tierrassen eingeführt, um die zahlreiche Bevölkerung in Köln und Bonn ohne teure Importe aus den Mittelmeerländern ernähren zu können. Man vermutet, dass die Bauern aus dem Vorgebirge vor allem Bonn mit Obst und Gemüse versorgten, während das Getreide von der Rheinbacher Lössplatte geliefert wurde. Für diese Annahme spricht, dass die Höfe im Stadtgebiet verhältnismäßig klein waren, die Grabbeigaben aber einen gewissen Wohlstand vermuten lassen.

Fest steht, dass die Römer den Wein am Vorgebirge eingeführt haben. So wurde in Merten-Trippelsdorf ein römisches Rebmesser gefunden. Auf römische Weinbauern gehen wahrscheinlich die Terrassen zurück, die am Hang des Vorgebirges vielfach, zum Beispiel zwischen Merten bis Waldorf, zu sehen sind und auf denen sich römische Ziegel und Scherben gefunden haben. Auch eine Reihe von Flurnamen deuten auf Weinbau in der Römerzeit hin wie »uf Kadderet« in Bornheim, das sich von lat. Cataracta = steiler Abhang, Weinberg ableiten lässt.

Zeugnisse für Gewerbe sind selten. In Sechtem und Walberberg bestanden zur Römerzeit Ziegeleien, in denen auch Röhren hergestellt wurden. Töpferöfen gab es in der Botzdorfer villa rustica, aber auch in Walberberg wurde offensichtlich Ton gebrannt. In Bornheim lässt der Fund einer Terrakottaform darauf schließen, dass sich hier eine Werkstatt zur Herstellung von Terrakotten befand.

Die Eifelwasserleitung

Um die vielen Menschen in Städten und Lagern mit Trinkwasser versorgen zu können, errichteten die Römer eine Wasserleitung aus der Eifel bis nach Köln, die mit einer Länge von 94,5 Kilometer eines der längsten Aquädukte in der antiken Welt war. Sie muss in den Jahren 70 bis 90 gebaut worden sein und querte das Stadtgebiet zwischen Bornheim-Brenig und Walberberg. Der Abstieg von der Ville auf die Mittelterrasse erfolgte zwischen Brenig und Waldorf mit starkem Gefälle (65 Meter auf 1,5 Kilometer), damit die schwächer geneigten Hangausläufer auf gerader Strecke durchquert werden konnten. Nicht weniger als 19 Funde belegen bisher den Verlauf der Leitung im Stadtgebiet, aus der auch einzelne Höfe mit Wasser versorgt wurden. Andere Höfe bekamen ihr Wasser aus kleinen Leitungen, die aus benachbarten Quellen und Bächen gespeist wurden wie in Walberberg oder in Botzdorf. Der Eifelkanal funktionierte bis zu den Germaneneinfällen um 275. Im Mittelalter wurde das Mauerwerk der Leitung als Baumaterial benutzt, während die Kalkablagerungen, der sogenannte Sinter, für Säulen in Kirchen vor allem in Aachen, Bonn und Köln, darüber hinaus bis in die Niederlande, Essen, Paderborn und Maria Laach verwendet wurde.

Das römische Straßennetz

Eine wichtige Voraussetzung für die Lebensfähigkeit der römischen Großsiedlungen und Militärlager war der Aufbau eines leistungsfähigen Straßennetzes für schnelle Truppenbewegungen, zum Transport von Versorgungsgütern und zur Nachrichtenübermittlung. Die älteste und wichtigste Straße verlief am Rheinufer. Sie wurde nach einer neuen Interpretation der Florusstelle über die erste Erwähnung von Bonn um 10 v. Chr. schon von Drusus angelegt. Sicher ist sie als Limesstraße um 25 n. Chr. zu einer Straße von überregionaler Bedeutung ausgebaut worden. Sie bestand vorwiegend aus Kies, war sechs Meter breit und wuchs durch ständiges Ausbessern in mehreren Kiesschichten gegenüber dem umliegenden Land erheblich an.

Eine weitere römische Fernstraße von Trier über Marmagen nach Köln verlief durch Rösberg, Merten und Sechtem. Von dort gewann sie entlang der heutigen Kreisstraße 60 durch Keldenich in Wesseling Anschluss an die Limesstraße. Die Marmagen-Wesselinger Straße dürfte zwischen 50 und 100 entstanden sein und war als Nebenstraße nur fünf Meter breit.

Neben den Fernstraßen, für die der Staat aufkam, gab es die viae vicinalis, die Nachbarorte miteinander verbanden. Zu ihnen dürfte der Bonner Weg zu rechnen sein, der von Bonn über Endenich, Alfter am Fuße des Vorgebirges entlang durch Roisdorf, Bornheim und ab Waldorf parallel zum Römerkanal verlief; er wird ebenfalls auf die zweite Hälfte des 1. Jahrhunderts datiert. Eine Abzweigung der Limesstraße soll östlich von Sechtem über Bornheim und Roisdorf nach Bonn verlaufen sein. Der sogenannte Heerweg, der von Bonn aus über die Ville nach Nordwesten in Richtung Aachen ging, bestand möglicherweise schon in vorrömischer Zeit. Auf jeden Fall dürfte es zur Römerzeit zusätzlich zahlreiche viae agrariae gegeben haben, auf denen die Bauern auf ihre Äcker gelangten.

Freilegung der römischen Wasserleitung in Walberberg

Götter und Kulte

Sechtem als religiöses Zentrum

Mitteltteil des Merkuriusaltars in Sechtem

Mit den Römern kam der Kult ihrer Götter an den Rhein. Ein Schwerpunkt ihrer religiösen Verehrung war offensichtlich Sechtem, das damals als Straßenstation und wegen seiner vielen Höfe eine besondere Bedeutung gehabt haben muss. Nicht weniger als sechs dem Merkur geweihte Weihesteine und Statuetten sind festgestellt worden. Darüber hinaus fanden sich hier eine Statuette der Minerva, ein Matronenstein und eine Jupiterstatue. Noch bedeutsamer ist der Mithrastempel, der hier vom 2. bis zum Ende des 4. Jahrhunderts bestanden hat. Das Zusammentreffen dieses Heiligtums mit den zahlreichen, dem Merkur geweihten Weihesteinen legt die Vermutung nahe, dass es hier einen Tempelbezirk gab, wie er sich sonst nur in Städten oder Lagern findet.

Altäre und Weihesteine

Neben den reichen Funden in Sechtem dürfen die übrigen Zeugnisse nicht vergessen werden. In Hersel wurden bereits 1741 zwei Votivsteine im Gemäuer der mittelalterlichen Pfarrkirche entdeckt. Ein dritter Stein in der Herseler Friedhofsmauer stellt ein Ehrendenkmal für den Statthalter der Provinz Niedergermanien dar. Ein weiterer Merkurstein wurde 1985 in Hemmerich beim Pflügen gefunden. Beim Abbruch der mittelalterlichen Mertener Kirche fand sich ein Inschriftenstein, der von dem Adlerträger der XXX. Legion den Nymphen geweiht war. Im Jahre 1900 wurden auf einem Acker bei dem Hof Weiler bei Uellekoven drei Altäre entdeckt, die den Matronen Ruhamenis gewidmet waren. Weiter sind zu nennen: in Bornheim eine Merkurfigur, eine Minerva, eine kleine Terrakotta-Figur der Matronen, ein Weihestein sowie ein Sandsteinrelief der Fortuna mit Füllhorn, in Trippelsdorf eine Büste des Silen und in Walberberg eine Schutzgöttin aus weißem Ton.

Matronenverehrung und frühes Christentum

Unter den aufgeführten Weihesteinen fallen vor allem die für den Gott Merkur auf. An zweiter Stelle steht die Verehrung der Matronen; sie ist ein Zeichen, dass sich im 2. Jahrhundert neben den römischen Göttern der germanische Kult der Matronen durchsetzte. Beide Kulte standen vermutlich ab 200 in engem Zusammenhang. Dafür spricht, dass fünf der sechs genannten Stifter von Merkurweihungen Frauen waren und dass sich in Bonn neben dem Zentralheiligtum der Aufanischen Matronen ein Merkurtempel befand.

Zeugnisse über Christen finden sich in unserem Raum vor dem 5. Jahrhundert nicht. Sie traten zuerst in Städten wie Köln und Bonn auf und benutzten das Wort »pagani« nicht nur in der klassischen Bedeutung für Landbewohner, sondern auch als Bezeichnung für Menschen, die den alten Göttern anhingen. Der orientalische Mithraskult, der wegen seiner persönlichen Beziehung zu Gott dem Christentum nahestand, wurde nach 400 zerstört, ein Hinweis, dass sich um diese Zeit das Christentum auch auf dem Land ausbreitete.

Weihesteine überliefern römische Personennamen

Weihesteine sind nicht nur religiöse Zeugnisse, sondern sie bieten auch die ältesten Namen von Bewohnern unseres Gebietes. Der Veteran Lucius Stertinius dürfte nach seiner Verabschiedung in Hersel gewohnt haben, ebenso der C. Campanius Victor. In Üllekoven lebte vermutlich der F. oder P. Capitonius. Die ältesten Einwohnerinnen von Sechtem sind Julia Tertia, Julia Nativa, Amamdinia Quieta, Albania, Amma, Tochter des Clemens, und Pompoia Vera; sie haben Ende des zweiten Jahrhunderts dem Merkur Altäre geweiht. Die Nigrinia Titula scheint in Hemmerich gewohnt zu haben. Als einziger Mann für Sechtem ist der Mithras-Verehrer Begagius bezeugt. Dass eine der Damen mit lateinischen Namen eine Haube trägt, die zur ubischen Frauentracht gehört, zeigt, wie schwierig es ist, aus den wenigen Namen Schlüsse über die Herkunft zu ziehen.

Der Mithrastempel in Sechtem

Bei den Ausgrabungen in Sechtem an der Gebrüder-Gall-Straße fand sich 1999 neben einer villa rustica statt des vermuteten Merkurheiligtums ein »Mithräum«. Es bestand aus einem 13,50 mal 6,80 Meter großen Geviert, einem ebenerdigen Vorraum und einem um einen Meter vertieften Hauptraum, zu dem eine Treppe herabführte. Im Hauptraum erstreckte sich in der Mitte ein qualitätsvoller Estrichboden, an drei Seiten von sorgfältig gearbeiteten Blendmauern umgeben. Es ist bekannt, dass Mithrastempel einen vertieft angelegten Kultraum besaßen, das spelaeum oder die Höhle, der den Kosmos darstellen sollte. Zentrum jedes Heiligtums war das Bild des den Stier tötenden Mithras, von dem in Sechtem jedoch keine Spuren gefunden wurden. Dass es sich hier um ein Mithrasheiligtum handelt, wird durch ein Silberblatt mit einer Weiheformel für den unbesiegbaren Gott Mithras bestätigt. Für diese Zuordnung sprechen auch drei gelb glasierte Keramikstücke, die dem Kanon des Mithraskults zuzuordnen sind. Auf ihnen sind eine Schlange, ein Löwe und ein Fackelträger als Symbole für den zweiten, vierten und sechsten Weihegrad abgebildet. Wenn man alle Weihegrade durchlaufen hatte, war nach der Lehre des Mithraskults der Weg der Seele nach dem Tod vorweggenommen. Der Kult ist Ende des ersten Jahrhunderts aus dem Orient in die Länder nördlich der Alpen vorgedrungen. Das im 2. Jahrhundert gebaute erste Mithräum gehörte anscheinend zur danebenliegenden villa rustica. Wenn diese Vermutung zutrifft, dann könnte der Stifter auf dem Weiheblatt Begagius, der Besitzer der villa rustica, gewesen sein und es sich um ein privates Heiligtum handeln. Mithräen finden sich sonst meist in Städten und Militärlagern. Ein zweiter Bau entstand in der zweiten Hälfte des 4. Jahrhunderts kurz vor der Unterdrückung des Mithraskultes durch das Christentum. Angesichts weiterer Fundamentreste und der häufigen Merkurweihungen spricht viel dafür, dass das Mithräum ein Teil eines Tempelbezirks in Sechtem war.

Silberblatt mit einer Weiheformel für den unbesiegbaren Gott Mithras **aus dem Mithräum** in Sechtem

Die fränkischen Könige benutzten weiterhin den **römischen Stadthalterpalast** in Köln als Residenz

DIE FRANKENZEIT (450–925)

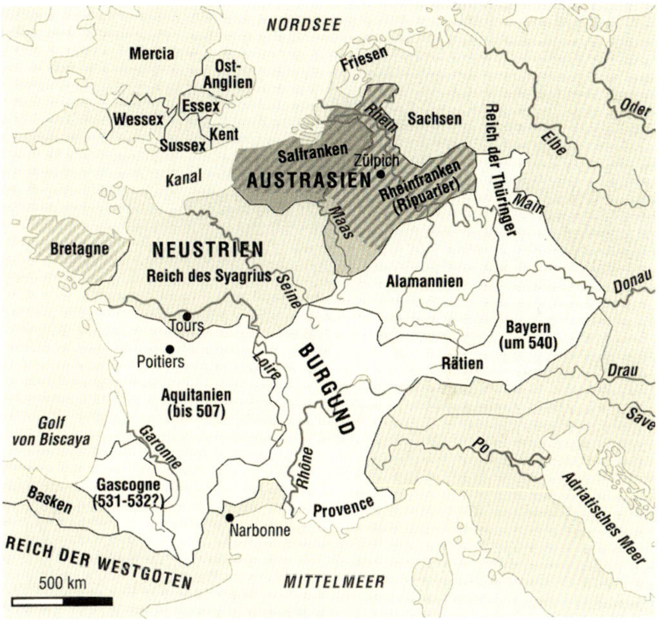

Das Reich der Franken im 5. und 6. Jahrhundert

Die politische Entwicklung

Merowinger und Karolinger

Unter den Franken blieb Köln der dominierende Ort in der Region, auch wenn die neuen Herren nicht die städtische Kultur der Römer fortsetzten. Hier nahm nach dem Sturz der römischen Herrschaft der König der Rheinfranken seinen Sitz. Hier ließ sich der Merowingerkönig Chlodwig als König auf den Schild erheben. Unter den Merowingern spielte Köln als Königssitz eine herausgehobene Rolle. Als um 700 die Hausmeier der Pippiniden die Herrscher der Merowinger ausschalteten, behielt der Raum zwischen Mosel, Maas und Rhein unter den Karolingern die Funktion einer zentralen Achse. Nach Zerbrechen der Reichseinheit unter den Söhnen und Enkeln Ludwigs des Frommen kam das Gebiet zum Mittelreich, aus dem das Herzogtum Lothringen hervorging. Dieses war in Gaue unterteilt. Die heutige Stadt Bornheim gehörte im Wesentlichen zum Bonngau; die Grenze zum nördlich anschließenden Kölngau verlief durch das nördliche Stadtgebiet, ist aber nicht klar zu erkennen.

Kontinuität zwischen Römern und Franken?

Dass die Gaugrafen ihren Sitz in den spätantiken Festungen Bonn und Köln nahmen, spricht für eine Kontinuität zwischen den Römern und Franken, doch gibt es dafür bis auf die Weiterbenutzung der Roisdorfer Quelle in fränkischer Zeit keine unmittelbaren Zeugnisse. Für ein längeres Neben- und Miteinander beider Bevölkerungsgruppen sprechen die häufigen hybriden, d. h. zweisprachig zusammengesetzten Namen der Bornheimer Ortsteile. Durch die Forschungen von Horst Bursch steht zum Beispiel fest, dass folgende Ortsnamen verschiedensprachig zusammengesetzt sind: Alteberg aus lateinisch ad altum montem und fränkisch -berg, Botzdorf aus dem Lateinischen puteus = Quelle, Brunnen und der fränkischen Endung -dorf, Roisdorf aus dem keltischen rud bzw. lateinischen russus, ruteus = rot und der fränkischen Endung -dorf. Im Namen Waldorf weist der rein fränkische Name Uuala = Fremder auf eine vorfränkische, d. h. romanische Bevölkerung hin.

Schwierige Quellenlage

Die Quellenlage für die fränkische Zeit ist nicht besser als für die römische Epoche. Wohl erscheinen in den schriftlichen Quellen erstmalig die Namen von Bornheim, Widdig und Botzdorf. Die Dörfer sind aber nicht in einer frühmittelalterlichen Urkunde, sondern nur in Auszügen des 16. Jahrhunderts überliefert und zwar bis auf eine Ausnahme nur als Namen ohne Bezug auf ein bestimmtes Jahr. So muss offenbleiben, ob sie ins 8. oder 9. Jahrhundert zu setzen sind.

Die Zahl der archäologischen Fundstellen beträgt nur etwa ein Drittel der aus der Römerzeit. Das liegt daran, dass die fränkischen Häuser aus Holz, Lehm und Flechtwerk sich im Humusboden nicht erhalten haben. So besteht die Mehrzahl der Funde vor allem aus Keramiköfen, -gefäßen und -scherben sowie aus Knochen und Beigaben in Gräbern. Datierungen von Funden – der Münzen und anderen Gegenständen im Roisdorfer Brunnen, einer Lanzenspitze aus dem 6. Jahrhundert in Waldorf oder eines Topfes aus der Zeit um 700 in Merten – sind die Ausnahme.

Angelsächsische Schmuckperlen und Bronzeringe aus dem Roisdorfer Mineralbrunnen

Fränkische Siedlung. Zeichnung von Andreas Schmickler

Besiedlung, Kirche und Wirtschaft

Bevölkerungsrückgang und Grundherrschaften

Die häufigen Ortsnamen mit den Endungen -dorf, -heim und -hofen weisen auf fränkischen Ursprung hin. Sie zeigen, dass das Land am Vorgebirge nicht wie in von der Natur weniger begünstigten Gegenden völlig verödet ist, mochte die Bevölkerung auch zurückgegangen sein. Die Siedlungsschwerpunkte lagen damals wie in der Frühgeschichte und Römerzeit am Rand des Vorgebirges und in Sechtem, weniger in den Rheinorten. Das Waldgebiet der Ville blieb dagegen unbesiedelt. In der Ebene gab es eine große Anzahl von Siedlungskernen mit einem oder mehreren Höfen, wie die ungewöhnlich dicht auftretenden fränkischen Friedhöfe beweisen. In der Karolingerzeit dürfte sich auch in unserem Raum das System der Grundherrschaft durchgesetzt haben. Sie bestand aus dem vom Grundherrn selbst bewirtschafteten Herrenhof, dem Saalhof, und einer Mehrzahl von abhängigen Bauernstellen. Einzelheiten sind aus den vorliegenden Quellen nicht zu erfahren.

Kirche Walberberg. Rekonstruktion der Saalkirche mit Altarhaus aus der Karolingerzeit

Die Grundherren bestimmten auch das kirchliche Leben, indem sie beim Herrenhof Eigenkirchen errichteten. In Walberberg sind unter der heutigen Kirche die Grundmauern einer kleinen Kirche entdeckt worden, die in die Zeit um 700 datiert wird. Sie dürfte nicht das einzige Gotteshaus in unserem Raum gewesen sein. Die anderen Kirchen waren wahrscheinlich nur aus Holz errichtet

Karolingischer Töpferofen in Walberberg. Im Vordergrund Arbeitsgrube mit Feuerungskanal

und haben deshalb keine Spuren hinterlassen. Für in der Frankenzeit gegründete Kirchen sprechen damals beliebte Heilige als Kirchenpatrone wie zum Beispiel St. Martin in Merten oder St. Gervasius und Protasius in Sechtem. Außer den genannten Hinweisen gibt es bisher keine Quellen über das kirchliche Leben zur Frankenzeit, sodass wir keine Aussagen über die Anfänge des Christentums am Vorgebirge machen können.

Töpfereien als Exportgewerbe

Dass nur die Walberberger Kirche in Stein gebaut worden ist, hatte einen bemerkenswerten wirtschaftlichen Hintergrund. In Walberberg beschäftigten nämlich die Grundherren nicht nur wie üblich Hofhandwerker für den eigenen Bedarf, sondern auch Töpfer für den Export. Nicht weniger als rund 40 Töpferofen sind dort bisher ausgegraben worden, die sich eng um befestigte Herrenhöfe, die Rheindorfer Burg im Norden, den sogenannten Hexenturm im Ortskern und der Kitzburg im Süden gruppierten. Ein weiterer karolingischer Töpfereibezirk in Sechtem zeigt, dass sich die Herstellung von Keramik in dieser Zeit auch in die Ebene erstreckte. Außerdem wurde jüngst ein Schmelzofen entdeckt, in dem um 800 Eisen und Bronze aus Metallresten der Römerzeit gewonnen wurden. Die Anfänge der Töpferei in Walberberg und Umgebung, die auf guten Tonlagern beruhten, werden in das letzte Drittel des 7. Jahrhunderts datiert. Ihre Waren wurden bis nach Skandinavien und in den slawischen Osten exportiert. Das ist deshalb von besonderer Bedeutung, weil es in unserem Raum bis in die jüngste Zeit keinen gewerblichen Export gab. Während im benachbarten Badorf-Pingsdorf die Produktion von Töpferwaren weiter fortbestand, bricht sie in Walberberg mit dem Ende der Karolingerzeit ab, ohne dass ein Grund festzustellen ist.

Fluchtburgen auf dem Vorgebirge

Über das Leben am Vorgebirge in fränkischer Zeit wissen wir sehr wenig. So ist unbekannt, ob das Land unter Plünderungen und Verwüstungen in den Wirren der Übergangszeit, den innerfränkischen Kämpfen oder den Einfällen der Normannen gelitten hat. Die Normannen dürften bei ihren Einfällen in den Jahren 881/82 und 892, als sie Bonn heimsuchten, auch das Vorgebirge in Mitleidenschaft gezogen haben. Dass für die Bewohner der Dörfer die Notwendigkeit, sich in Notfällen in eine Schutzburg zu flüchten, bestanden hat, beweist die »Alde Burg« oberhalb von Walberberg. Eine weitere Wehranlage, die möglicherweise als Fliehburg diente, bestand zwei Kilometer südwestlich von Rösberg in Richtung auf den Dobscheider Hof. Sie ist auf der Tranchotkarte von 1807 noch als Rechteck neben einem Weiher eingezeichnet und scheint nicht fertiggestellt worden zu sein.

Die Alde Burg bei Walberberg

Im Wald oberhalb von Walberberg etwa 1,2 Kilometer südsüdwestlich der Pfarrkirche liegt ein Ringwall, der zuerst 1530 als »Alde Burg« erscheint. Er befindet sich zwischen zwei tiefen Einschnitten auf einem leicht von West nach Ost abfallenden Hang. Die ovale Anlage mit einer 120 mal 65 Meter großen Innenfläche besteht aus einem Hauptwall mit einem westlich vorgelegten Graben. Dem Eingang an der Nordwestecke ist ein Vorwall mit Graben vorgelagert; ein flacher Graben mit davor liegendem Wall sichert die Anlage nach Osten. Die Anlage diente als Fluchtburg, wenn die Einwohner der umliegenden Orte von Feinden bedroht waren. Sie lag gut versteckt im Wald und konnte von einem durchziehenden Feind leicht übersehen werden. Leider wurde die Anlage bisher archäologisch nicht erforscht, sodass offenbleiben muss, ob sie bereits vor der fränkischen Zeit bestanden hat.

Frühmittelalterlicher **Ringwall »Alde Burg«** westlich von Walberberg

Urkunde mit der Ersterwähnung von Bornheim und des Bonner Gaugrafen Erenfried aus dem Jahre 945

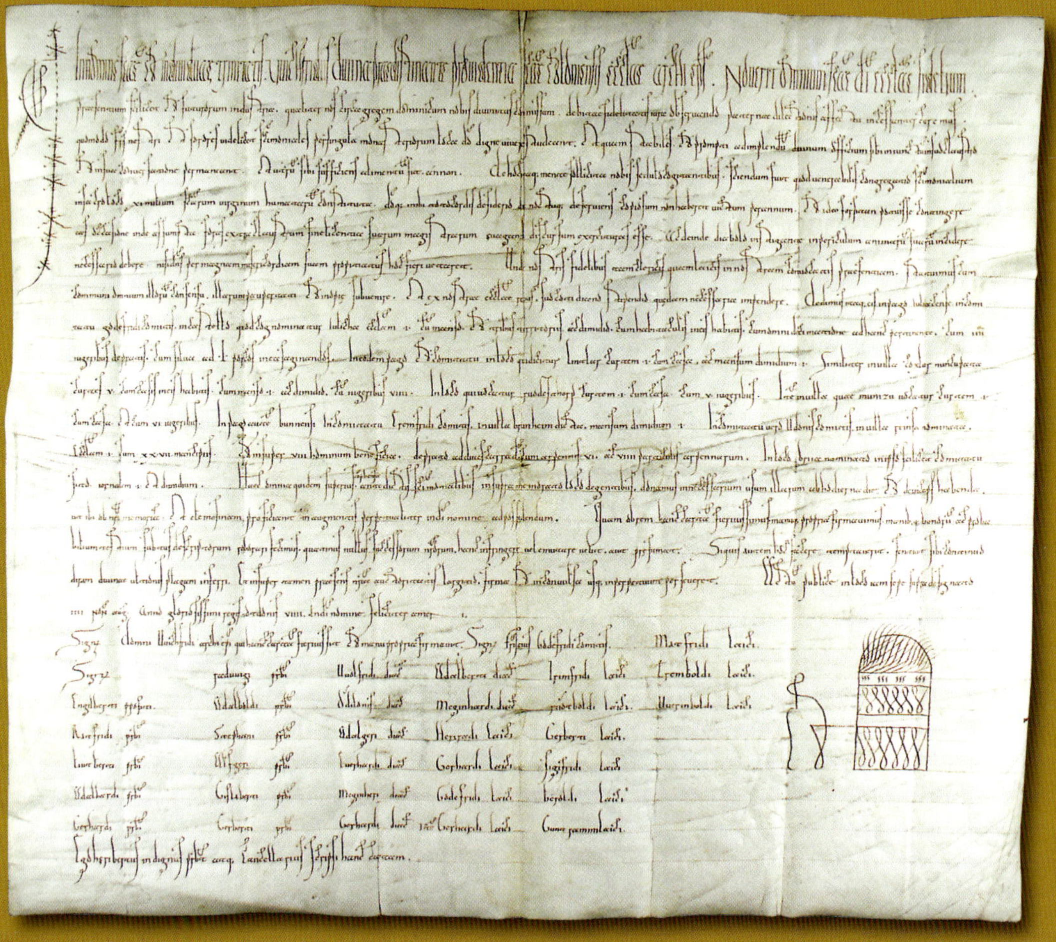

IM ALTEN REICH UNTER DEM KRUMMSTAB (925–1794)

1 000 Jahre Geschichte

Es mag überraschen, dass der folgende Abschnitt nahezu ein ganzes Jahrtausend umfasst und entgegen der üblichen Praxis keine Zäsur im 16. Jahrhundert macht. Das hat darin seinen Grund, dass die Reformation für unser ländliches Gebiet etwa im Gegensatz zur mehrfach umkämpften Stadt Bonn keinen Einschnitt bedeutet. Das andere Kriterium, welches das Mittelalter von der frühen Neuzeit trennt, die Ausbildung des absoluten, zuletzt aufgeklärten Staates hat sich im geistlichen Kurfürstentum Köln dank der Macht der Stände nur sehr eingeschränkt vollzogen und wird nahezu ausschließlich in den Städten sichtbar. Bis auf einzelne Ansätze, auf die besonders hingewiesen wird, blieb das flache Land und damit der Raum zwischen Köln und Bonn von den neuen Bestrebungen unberührt. Die geistlichen und weltlichen Gewalten, Rechts- und Besitzverhältnisse, wie sie sich im Mittelalter herausgebildet hatten, blieben hier bestehen. Die Autorität des Erzbischof-Kurfürsten reichte nicht einmal aus, die Katholische Reform auf dem Lande voll durchzusetzen. Erst der Einbruch der französischen Revolutionstruppen 1794 beendete hier die mittelalterlichen Verhältnisse und bedeutete einen tiefen, alle Ortschaften gleichermaßen betreffenden Einschnitt.

Landesherrschaft, Verwaltung und Gerichtswesen

Die Ausbildung der kurkölnischen Landesherrschaft

Seit 925 gehörte das Herzogtum Lothringen und damit auch der Raum zwischen Köln und Bonn zum Ostfränkischen Reich, aus dem das Heilige Reich Deutscher Nation hervorging. Die Herzöge von Lothringen sind in unserem Gebiet als Herren nicht hervorgetreten, vielmehr besaßen der Erzbischof von Köln und das Pfalzgrafengeschlecht der Ezzonen die weltliche Gewalt. Diesem Dualismus setzte Erzbischof Anno II. um 1060 durch die Verdrängung der Ezzonen aus unserem Raum

Anno II. war von 1056 bis 1075 Erzbischof von Köln, hier mit Modellen der von ihm gestifteten Klöster

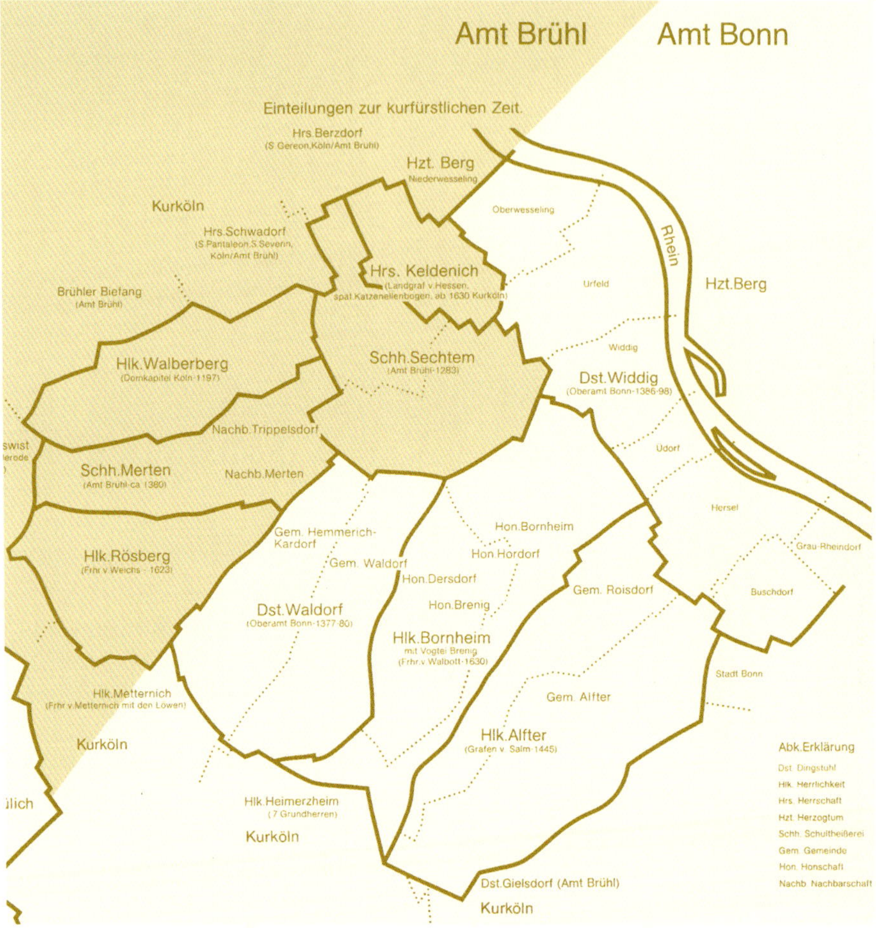

Karte mit den Grenzen der Ämter Köln und Bonn sowie der Herrlichkeiten, Dingstühlen, Schultheißereien und Gemeinden im heutigen Stadtgebiet

ein Ende. Seitdem waren die Erzbischöfe, die etwa ab 1250 als Kurfürsten zu den sieben Wählern des Deutschen Königs gehörten, bis zum Einbruch der französischen Revolutionstruppen 1794 neben ihrem geistlichen Amt die unbestrittenen domini terrae, d. h. die weltlichen Landesherren im Raum zwischen Köln und Bonn und zwar durch alle Höhen und Tiefen ihrer wechselvollen Geschichte.

Die kurfürstliche Amts- und Lokalverwaltung

Unter den Herzögen standen seit den Karolingern die Gaugrafen. Im Kölngau übten die Erzbischöfe die Grafengewalt aus. Im Bonngau hatten die Pfalzgrafen die Grafschaft im 10. Jahrhundert inne. Nach 1060 setzten die Erzbischöfe ihre Leute als Grafen bzw. Vögte von Bonn ein. Da das Amt im folgenden Jahrhundert erblich wurde, ging den Erzbischöfen die Verfügungsgewalt weitgehend verloren. In einem bis zum Jahre 1332 dauernden Prozess brachten sie alle Gebiete und Rechte der Grafen von Bonn durch Gewalt, Erbschaft und Kauf an sich.

Im 14. Jahrhundert teilten die Kölner Kurfürsten ihr Territorium in Ämter ein, an deren Spitze absetzbare Amtleute standen. Für unseren Raum waren die Ämter Bonn und Brühl zuständig, die 1332 bzw. 1320 zuerst erwähnt werden. Zum Amt Bonn gehörten im Bereich der heutigen Stadt der Dingstuhl (Bezirk eines Schöffengerichts) Waldorf mit den Dörfern Hemmerich, Kardorf und Waldorf, vom Dingstuhl Widdig die Dörfer Hersel, Uedorf und Widdig, die Herrlichkeit Bornheim mit den Dörfern Bisdorf, Bornheim, Brenig und Hordorf sowie Roisdorf von der Herrlichkeit Alfter. Zum Amt Brühl zählten die Herrlichkeiten Rösberg und Walberberg die Herrschaft Keldenich sowie die hier als Schultheißereien bezeichneten Gerichtsbezirke Merten und Sechtem.

In den Dingstühlen und Schultheißereien besaß der Kurfürst die Niedere und Höhere oder Blutgerichtsbarkeit sowie das Recht, Steuern zu erheben. Der Dingstuhl Hersel wurde im ausgehenden 14. Jahrhundert vom Bonner Schöffengericht abgetrennt. Etwa gleichzeitig bildete sich anscheinend aus einem Landgericht der Dingstuhl Waldorf. In der Schultheißerei Sechtem war das Fronhofgericht als kurkölnisches Lehen im Besitz der Grafen von Sayn die Rechtsgrundlage; Sechtem war 1280 an das Domkapitel gekommen, das seinerseits dem Kurfürsten die Hochgerichtsbarkeit überließ.

Eine Kopfsteuer für den Kurfürsten

Über Art und Höhe der kurfürstlichen Besteuerung in den Dingstühlen Widdig und Waldorf gibt die »Capitationssteuerrolle« von 1664 Auskunft. Wie der Name »caput« (= lateinisch Haupt) besagt, handelte es sich in erster Linie um eine Kopfsteuer. Die Hausväter zahlten einen Reichstaler Steuer, ihre Ehefrauen meist die Hälfte. Übten die Männer ein Handwerk aus, war ein Taler zusätzlich, bei weniger einträglichen Berufen wie dem Strohdecker, den Tagelöhnern oder Sauhirten war die Hälfte oder gar nichts fällig. Von den als Arbeitskräften erfassten erwachsenen Kindern zahlten Söhne einen halben bis ganzen Taler, die Töchter waren halb so hoch veranschlagt. Das Personal wurde nach dem Einkommen eingestuft. Mägde erhielten durchweg geringeren Lohn und zahlten entsprechend weniger Steuern. Die Grundstücke wurden ebenfalls erfasst und zwar der eigene Morgen Acker mit 4 Albus, gepachtet die Hälfte, der Morgen Weingarten 1 Reichstaler oder 78 Albus.

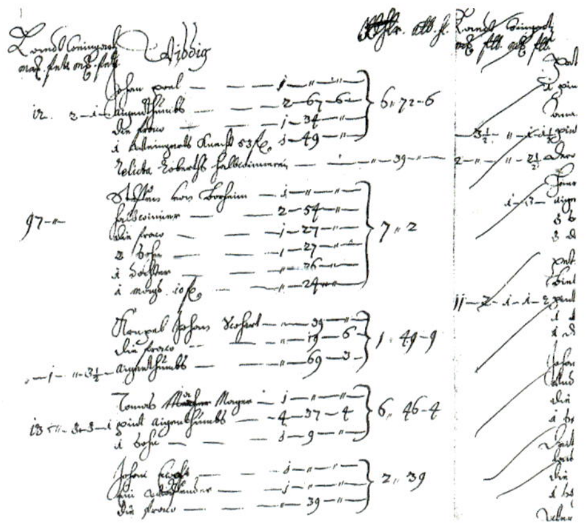

Ausschnitt aus der Capitationssteuerrolle von 1664 mit Angaben über Widdig

Weitgehend selbstständig: Die Herrlichkeiten

In den Herrlichkeiten oder Unterherrschaften war der Kurfürst wohl Landesherr, besaß aber keine Gerichtsrechte und konnte keine Steuern erheben. Die Inhaber der Herrlichkeiten verfügten über die Höhere Gerichtsbarkeit – das bezeugen die Galgen in Bornheim, Rösberg und Walberberg –, konnten Steuern erheben und besaßen Jagdrecht, freies Geleit sowie Wein- und Bierzapf.

Siegel des Gaudenz von Weichs, der 1623 in den Besitz der Herrlichkeit Rösberg gelangte

Die Herrlichkeit Rösberg

Die Unterherrschaft Rösberg scheint sich von den Pfalzgrafen herzuleiten und war deshalb ursprünglich kein kurkölnisches Lehen. Sicherheit ist erst durch eine Urkunde von 1298 gegeben, in der ein Erbe der Pfalzgrafen, Johann von Neuenahr, als Herr von Rösberg genannt wird. Welchen Wert die Kurfürsten auf die Lehnsabhängigkeit von Rösberg gelegt haben, wird dadurch deutlich, dass Erzbischof Friedrich III. das eroberte Rösberg 1405 den Herren von Neuenahr unter der Bedingung zurückgab, dass diese die Herrlichkeit von ihm zu Lehen nahmen.

Bis zum Ausgang des 16. Jahrhunderts ist die Herrlichkeit Rösberg im Besitz der Grafen von Neuenahr geblieben. Nach deren Niederlage in den Truchsessischen Wirren war sie in der Hand des Kurfürsten, der den Besitz vor 1600 für 12 000 Goldgulden an die Brüder von Kettler zu Nesselrodt, 1603 an Adam von Schwarzenberg, 1605 an die Jesuiten und schließlich 1623 an Gaudenz von Weichs verpfändete. Die mit den Wittelsbachern aus Bayern an den Rhein gekommene Familie von Weichs ist bis 1954 Eigentümerin der Burg Rösberg geblieben.

Die Herrlichkeit Bornheim

Die Anfänge der Herrlichkeit Bornheim sind schwer zu durchschauen. Einiges spricht dafür, dass sie auf die Bonner Grafschaft des 12. Jahrhunderts zurückgeht. 1147 ist als erster Namensträger ein Ritter Johannes von Burnheim genannt. Wenige Jahre später werden die Brüder Heinrich und Giso de Burnheim in den Urkunden erwähnt. In ihnen erscheinen seit 1226 die Schilling von Bornheim als Vögte von Bornheim; sie standen als Ministeriale und Kämmerer und damit als Lehnsleute im Dienste des Erzbischofs. 1271 ist Goswin Marschall von Alfter Vogt von Bornheim. Ab 1301 waren Vogtei und Herrlichkeit Bornheim sowie die Vogtei Brenig in mehrere Linien aufgespalten. Sie wurden 1462 durch die Heirat Gerhard Scheiffards von Merode mit Paitza von Gymnich wieder vereinigt. Ebenfalls durch Heirat ging die Herrlichkeit Bornheim 1629 von den Scheiffart von Merodes an die Familie Walbott v. Bassenheim über, die bis zum Jahre 1823 in Bornheim ansässig war.

Über Umfang, Rechte und Einkünfte der Herrlichkeit Bornheim lässt sich nur so viel sagen, dass die Herren von Bornheim im Spätmittelalter außer in der Herrlichkeit über Besitz in den Dörfern Rösberg, Sechtem, Waldorf, Dersdorf und Roisdorf verfügten. Das Rentenbuch der Herrlichkeit von 1736 verzeichnet die Abgaben und Dienste der Untertanen. Allein an Pacht gingen jährlich ein: 537 Malter Getreide, 4 Malter Erbsen, 81 Ahm Wein, 71/2 Schweine, 161/2 Kapaune, 148 Hühner und rund 400 Reichstaler.

Die Entwicklung zur Herrlichkeit Bornheim

Inhaber der erzbischöflichen Vogtei Bornheim waren ab 1301 die Herren v. Buschfeld, die sie 1322 bzw. 1343 in die Vogtei Bornheim mit den Dörfern Bornheim und Botzdorf und die Vogtei Brenig mit den Orten Brenig, Dersdorf und Hordorf teilten. In der Vogtei Bornheim folgten ab 1350 die Herren Beissel von Gymnich, in der Vogtei Brenig Rostgin v. Modeyssen bzw. Florkin von Dersdorf. Dessen Tochter Lisa heiratete Wilhelm Beissel von Gymnich und brachte ihm die Vogtei Brenig in die Ehe, sodass beide Vogteien um 1385 wiedervereinigt waren. Die Burg Bornheim ist anscheinend 1322 zwischen beiden Vogteien geteilt worden, jedenfalls erscheint 1340 Ludolf von Bornheim als Inhaber der halben Burg. Wohl seine Witwe Grita hat 1362 diese Hälfte an Florkin von Dersdorf verkauft, der 1370 kurz vor seinem Tode mit der ganzen Burg belehnt wurde. Während die Vogtei durch seine Tochter Lisa an die von Gymnich ging, gelangte die Burg mit den damit verbundenen Herrschaftsrechten und Besitzungen durch die Heirat der Schwester Gritas, Paitza, an Werner Scheiffard von Merode. Sein Urenkel Gerhard vereinigte 1462 durch die Heirat mit der Erbtochter Elisabeth Beissel von Gymnich Herrlichkeit und Vogtei in einer Hand.

Die Herrlichkeit Walberberg

Bei der Herrlichkeit Walberberg lagen die Verhältnisse anders. Eine Gräfin Alveradis hat die spätere Herrlichkeit in der zweiten Hälfte des 11. Jahrhunderts dem Domkapitel geschenkt. Damit hatte spätestens seit 1100 ein Gremium die Herrschaft inne, das als erster Stand im Erzbistum dem Erzbischof unmittelbar verbunden war.

Basis der Herrschaft: Gerichtswesen und Gemeindebildung

Aus den bisherigen Ausführungen wird deutlich, dass das Gerichtswesen eine wichtige Komponente bei der Ausgestaltung von Herrschaft und Verwaltung im Mittelalter darstellte. Ursprünglich lag die Hohe oder Blutgerichtsbarkeit bei den Grafen und für die kirchlichen oder adligen Immunitäten bei den Vögten. Die Niedere Gerichtsbarkeit befand sich in der Hand der Grundherrschaften. Als sich diese bis zum 13. Jahrhundert auflösten, bildeten sich territoriale Gemeinden und zwar meist um die Pfarrkirchen, denn die Schöffengerichte führten vielfach wie in Rösberg und Brenig den Pfarrpatron im Siegel. Die Gerichte tagten zunächst unter freiem Himmel, später in Wirtschaften. Es war die Ausnahme, wenn wie 1740 in Bornheim ein eigenes Gerichts- und Gemeindehaus errichtet wurde.

Die Gemeinden nahmen Selbstverwaltungsaufgaben wie die Regelung des Flurzwanges und der Termine für die Weinernte wahr. Sie mussten in Kriegs- und Notzeiten für Kontributionen und andere Kosten aufkommen. Ihre Vertretung bestand aus dem örtlichen Schöffengericht und den Gemeindeältesten, wie es 1538 in Rösberg der Fall war. Dieses Gremium tagte häufig unter dem Bau- oder Bauernmeis-

Das Bornheimer Gerichts- und Gemeindehaus, errichtet 1740

Siegel der Schöffen von Brenig aus dem 14. Jahrhundert mit dem Hl. Evergislus als Pfarrpatron von Brenig und dem gegitterten Querbalken im Wappen der Ritter von Bornheim und Dersdorf

ter. Schöffen und Gemeindeälteste wurden von den Amtleuten bzw. den Inhabern der Herrlichkeiten aus den »deftigen«, d. h. wohlhabenden Bauern und angesehenen Pächtern ernannt, die auf diese Weise erheblichen Einfluss besaßen.

Nach dem Grundsatz eines althochdeutschen Glossars, das antiquus = alt mit recht übersetzte, besaß althergebrachtes Recht bis 1794 Vorrang vor jüngeren Gebräuchen. So kam es, dass nicht Abmachungen der Inhaber von Herrlichkeiten einen Grenzstreit schlichteten, sondern das Urteil der Pächter, Schöffen und Ältesten des Dorfes, wie es beim Grenzstreit zwischen Alfter und Bornheim um 1500 der Fall war.

Die ständische Gesellschaft

Ein Wesensmerkmal der mittelalterlichen und frühneuzeitlichen Gesellschaft ist ihr ständischer Aufbau. Geistlichkeit, Adel und Städte bestimmten auf den Landtagen das Geschick der Territorien mit; Bauern und abhängig Beschäftigte in Stadt und Land waren davon ausgeschlossen.

Die Geistlichkeit

Den ersten Stand im Kurfürstentum Köln bildete das hochadlige Domkapitel. Dieses war zwar im Stadtgebiet vor allem als Inhaber der Herrlichkeit Walberberg begütert, aber seit dem 12. Jahrhundert nicht persönlich präsent. Das gilt auch für die Jesuitenpatres, die Äbtissin von Dietkirchen oder die Kanonissen von St. Caecilien in Köln, die sich lediglich im Sommer zur Erholung auf ihren Besitztümern am Vorgebirge aufhielten. Dagegen hatten die Nonnen und Mönche des Klosters Walberberg, die aus Adels- und Kölner Patrizierfamilien stammten, hier ihren festen Sitz.

Ebenfalls anwesend waren die Seelsorger in den Pfarreien und die wenigen Vikare, deren Einkünfte meist nur knapp zum Leben ausreichten. Ihre Vorbildung und ihr Ansehen ließen bis zum Konzil von Trient (1545–1653) sehr zu wünschen übrig. Seitdem die Katholische Reform die Priesterweihe vorgeschrieben hatte, besserten sich Herkunft und Bildung der Landgeistlichen, eine der wenigen Fälle, in denen mittelalterliche Verhältnisse auf dem Land überwunden werden konnten. Die Pfarrer stammten jetzt aus kleinbürgerlichen Kreisen, gelegentlich, wie in Rösberg und Waldorf, aus dem Ort. Ab dem 17. Jahrhundert hatten die meisten von ihnen Universitäten besucht, auch wenn sie noch kein theologisches Vollstudium vorweisen konnten.

Schloss Bornheim im 19. Jahrhundert

Der Adel

Der Adel spielte bis 1794 in unserem Gebiet die Hauptrolle. Das gilt vor allem für die Inhaber der Herrlichkeiten. Sie zählten zu den angesehenen rheinischen Adelsfamilien und waren nicht nur in unserem Raum begütert. Sie standen vielfach als Amtleute, Richter und Räte im Dienste ihres Landesherrn, des Kurfürsten von Köln, teilweise auch der Herzöge von Jülich. Jakob Walbott von Bassenheim brachte es sogar zum Minister des Kurfürsten Clemens August. Nur die Grafen von Neuenahr gerieten in der zweiten Hälfte des 14. und am Ende des 16. Jahrhunderts mit ihren Landesherren in Konflikt und mussten das mit der Zerstörung der Burg bzw. dem Verlust der Herrlichkeit Rösberg bezahlen.

Finanzminister des Kurfürsten: Johann Walbott von Bassenheim

Johann Walbott von Bassenheim (1689–1755) war unter Kurfürst Clemens August Konferenzminister und Hofkammerpräsident und damit, modern gesprochen, Finanzminister des Kurfürsten. Er war ein ausgesprochener Wohltäter der Armen, hat die Zivilgemeinden seiner Herrschaft von den drückenden, aus den Kriegszeiten herrührenden Schulden entlastet, unter anderem die Wolfsburg in Roisdorf erworben, die Kirchen in Bornheim und Brenig wiederhergestellt, die Burg Bornheim durch ein barockes Schloss ersetzt, die Donatuskapelle am Schloss, das einstöckige Gerichts- und Gemeindehaus sowie sieben Wegekreuze errichtet.

Die Freiherrn von Weichs

Am besten sind wir über die Lebensverhältnisse der Familie von Weichs auf der Burg Rösberg im 17. und 18. Jahrhundert unterrichtet. Sie stammte aus Bayern und war mit den Wittelsbacher Kurfürsten an den Rhein gekommen. Schon der erste Vertreter des Geschlechts, Gaudenz von Weichs, muss recht wohlhabend gewesen sein, denn er konnte den Kredit von 12 594 Gulden, den er 1623 für den Erwerb von Rösberg aufgenommen hatte, bereits nach drei Jahren zurückzahlen. 1639 wurden er und seine Nachkommen von Kaiser Ferdinand II. in den Freiherrenstand erhoben.

Die Familie von Weichs profitierte durch Heiraten und Erbschaften, musste aber für die Mitgift von Töchtern und Ausstattung der in den geistlichen Stand tretenden Söhne und Töchter erhebliche Mittel aufbringen; dabei fällt auf, dass sich die angehenden Stiftsdamen und vor allem Nonnen mit geringeren Mitteln

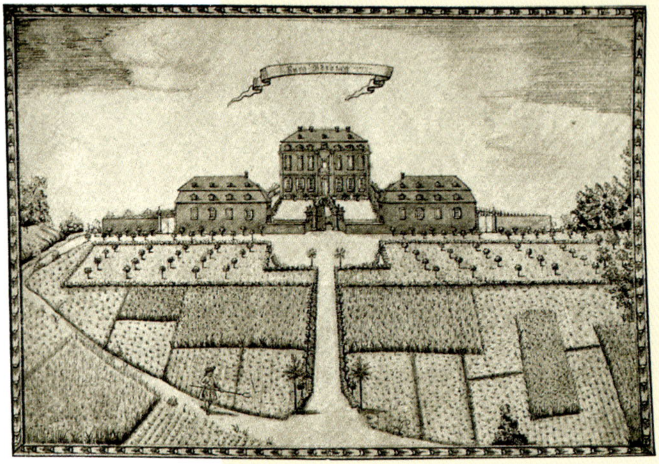

Schloss Rösberg.
Entwurf von Johann Konrad Schlaun aus dem Jahre 1731

Schloss Rösberg

Der Schlossbau wurde 1732 als Maison de Plaisance von Ferdinand Joseph Freiherr von Weichs in Auftrag gegeben und steht in engem Zusammenhang mit den Schlossbauten des Kurfürsten Clemens August zwischen Bonn und Brühl. »Das Haus schwebt geradezu über der Rheinebene. Bei klarem Wetter ist der sich durch die Ebene windende Fluss und die dahinterliegende Gebirgskette vor dem Betrachter ausgebreitet« (Karin Elisabeth Zinkann). In der Nacht vom 26. zum 27. Februar 1941 wurde das Schloss durch englische Brandbomben bis auf die Außenmauern zerstört und erst in den 1990er-Jahren wieder aufgebaut.

begnügen mussten als ihre Brüder. Im 18. Jahrhundert konnte Ferdinand Joseph von Weichs den Neubau der Burg finanzieren, rund 13 000 Taler verleihen, ein Gut und ein Haus kaufen sowie einen Neubau in Köln errichten. Zwischen 1708 und 1792 kauften die Herren von Weichs nicht weniger als 71 Grundstücke zwischen 30 Morgen und ein Achtel Morgen in und bei Rösberg, um ihren dortigen Besitz abzurunden. Sichtbares Zeugnis für den Wohlstand der Familie war der von Johann Konrad Schlaun 1732 als Maison de Plaisance errichtete Neubau der Burg am Rand des Vorgebirges.

Baumeister Schlaun

Johann Conrad Schlaun (1695–1773), Oberbaumeister des Kurfürsten Clemens August von Köln, wurde 1731 von dem Freiherrn Ferdinand Joseph von Weichs mit dem Bau des Schlosses Rösberg beauftragt. Der Bau ist bisher der einzige, der nachweislich von Schlaun selbst entworfen wurde, doch zeigen das 1728 bis 1732 errichtete Schloss Bornheim, der Torpavillon und der Gartenpavillon des Schlosses Hemmerich sowie die Nikolauskapelle in Sechtem Elemente der Schlaun'schen Formensprache, sodass von einer Beteiligung des Meisters oder von seinen Schülern auszugehen ist.

Der Reichtum der Familie von Weichs gründete sich auch auf die Besitzungen außerhalb von Rösberg, dem Haus Weyer und der Herrschaft Schweinheim bei Euskirchen, dem Gut Leidenhausen im Amt Porz und dem Gut Capellen bei Grevenbroich. In Westfalen lagen das Haus Nordkirchen und die Herrschaft Davensburg bei Coesfeld. Die Rösberger Linie hatte als Oberstjägermeister des Kurfürsten von Köln, zeitweise auch als Kämmerer und Forstmeister hohe Hofämter, aber keine Regierungsstellen inne. Häufig sind Angehörige der Linie als Amtleute von Bonn, Porz, Rachtig, Mülheim, Vilich und Zeltingen genannt. Viele Familienmitglieder waren Pröpste, Domherren und Deutschordensritter bzw. Äbtissinnen, Dechantinnen und Kanonissinnen an rheinischen und westfälischen Kirchen.

Burg Hemmerich. Ausschnitt aus einem Gemälde von Mathilde von Nordeck zu Nordeck von 1901

Weitere Adelsfamilien im heutigen Stadtgebiet

Der Neubau der Burg Rösberg ist nicht das einzige Zeugnis der hervorragenden Stellung des Adels im 18. Jahrhundert und seines Strebens, sich dem Vorbild seines Landesherrn, des kunstfreudigen Clemens August, anzunähern. Bereits 1724 hatten die Herren von Quentel in Walberberg die ansehnliche Kitzburg errichtet. Um 1730 folgten Caspar von und zum Pütz mit der Burg Hemmerich und die Walbott von Bassenheim mit der Burg von Bornheim.

Einige Adelsfamilien leiten ihren Namen von Orten im heutigen Stadtgebiet her. Die Herren von Hemberg saßen bis 1520 auf ihrer Burg Hemmerich. Mehrere Ritter und im Kloster Walberberg eine Nonne von Hemberg sind für das 14. Jahrhundert bezeugt.

Die Herren von Roisdorf auf dem Steffelshof oberhalb des Ortes erscheinen im 14. Jahrhundert als Richter bzw. Schöffen von Bonn und standen im Dienst des Erzbischofs. Aus diesem Geschlecht stammte im 15. Jahrhundert der Hochmeister des Deutschen Ordens Paul von Roisdorf.

Um 1400 waren die Ritter von Londorf Inhaber der gleichnamigen Burg.

Eine Tochter des Ritters von Rheindorf wurde 1347 auf erzbischöflichen Befehl in das Kloster Walberberg aufgenommen.

Die Kitzburg in Walberberg war von 1472 bis um 1600 Sitz des kurkölnischen Amtmanns von Brühl. Zeichnung von Renier Roidkin von 1725

Die Ritter von Roisdorf

Das Wappen des Ritters Paul von Rusdorf/Roisdorf. Die Familie ist im 14. und 15. Jahrhundert als Inhaber des 1969 abgerissenen Steffelshofs auf dem Donnerstein im Roisdorfer Oberdorf bezeugt. Bedeutendstes Mitglied war der Deutschordensritter Paul von Rusdorf, ab 1422 Hochmeister des Deutschen Ordens in einer besonders schwierigen Zeit nach der Niederlage von Tannenberg 1410. Er musste sich nicht nur gegen den übermächtigen König Jagiello von Polen und Litauen behaupten, sondern auch der aufsässigen Ritter und Städte im Ordensstaat erwehren, gegen die er Handwerker und Bauern förderte. Er resignierte 1441 vor diesen nicht zu bewältigenden Aufgaben und starb im folgenden Jahr.

Namensträger von Sechtem sind bereits im 12. Jahrhundert Ministeriale (adlige Dienstmannen) der Grafen von Saffenberg. Ob sie die Vorfahren der Ritter von Sechtem sind, die von 1347 bis 1413 bezeugt sind und einen Hof in Sechtem besaßen, ist nicht festzustellen; die Familie stand vielfach im Dienst des Erzbischofs und hatte geistliche Pfründen inne.

Die Familie von Hersel war mit dem Ort nur durch ein kleines Weingut verbunden. Sie ist um 1230 zuerst in Köln belegt und hatte seit 1311 in Brühl ihren Hauptsitz. Mitglieder der Familie erscheinen hauptsächlich als Marschall von Brühl und als Amtleute im Dienst des Erzbischofs von Köln.

Im Jahre 1372 wird ein Ritter Rutger von Waldorf mit Teilen der Burg Bettingen in der Eifel vom Kölner Erzbischof belehnt. Die Kleriker Rutger, Johann und Heinrich von Waldorf besaßen um 1400 mehrere Pfründen in der Erzdiözese Köln; eine Lucia von Waldorf war damals Nonne im Kloster Dietkirchen bei Bonn.

Um 1400 stiftete der Kanoniker Johann von Rösberg, Familiar des Erzbischofs, den St. Barbaraaltar in der Pfarrkirche Merten. Konrad von Rösberg muss als Ritter ebenfalls im Dienst des Erzbischofs gestanden haben, denn er erhielt von ihm um 1400 als Ersatz für drei Pferde 50 Gulden. Diese Herren von Rösberg dürfen nicht mit den Inhabern der Herrschaft verwechselt werden.

Die Bauern und Abhängigen

Die gesellschaftliche Stellung der Bauern war im Hochmittelalter dadurch bestimmt, dass sie persönlich vom Grundherrn abhängig waren. Diese Form der Abhängigkeit wandelte sich seit dem 13. Jahrhundert in Reallasten um; sie mussten für den Grund und Boden eine geringe Abgabe leisten, unterstanden aber nicht mehr der Botmäßigkeit der Herren.

Mitte des 15. Jahrhunderts besaßen rund 90 Prozent aller Bauern Haus und Hof. Zweihundert Jahre später war die Zahl der Häuser nur um knapp ein Viertel gewachsen. Die Größe der Hofanlagen war sehr unterschiedlich; gemeinsam war die rechteckige Anordnung der Gebäude um den Hof. Bis ins 18. Jahrhundert waren die Fachwerkgebäude mit Stroh gedeckt; danach setzten sich zunächst Holzschindeln und später die Dachpfannen durch. Das Fachwerk bestand bis ins 19. Jahrhundert aus Eichenstämmen und Lehmfüllungen. Nur die Fundamente waren aus Natur- oder Backsteinen gemauert.

Einen Einblick in die soziale Stellung der Einwohner in den Dingstühlen Hersel und Waldorf erlaubt die Steuerliste von 1664. Zur Unterschicht rechnen wir die Kleinbauern, Tagelöhner und Sauhirten sowie Knechte und Mägde. Unter allem Vorbehalt wird man sagen können, dass der Anteil dieser Menschen, die unter normalen Umständen gerade ihren Lebensunterhalt bestreiten konnten, bei schlechten Ernten oder anderen Notfällen in Existenznot gerieten, im Jahre 1664 etwa die Hälfte der Bevölkerung ausmachte. Als im 18. Jahrhundert die Bevölkerung auch am Vorgebirge zunahm, dürfte der Anteil der Unterschicht gewachsen sein. Die armen Dorfbewohner wurden 1772 vom Schöffengericht Merten als »Kötter« im Gegensatz zu den »Beerbten« bezeichnet. Zu ihnen gehörte, wer weniger als 18 Albus Grundsteuer zahlte; er durfte nicht mehr als eine Kuh besitzen und hatte das Recht, an Gemeindewegen Gras zu schneiden.

Zur Mittelschicht sind die Personen zu rechnen, deren Existenz auch in Notzeiten gesichert war; sie dürften rund ein Drittel der Einwohner ausgemacht haben. Zu ihnen zählten die Bauern mit über 5 bis 20 Morgen Land, die Weingärtner von einem bis zwei Morgen Weingarten, die Handwerker, Wirte, Müller und der eine Krämer. Über ihnen standen die 27 »deftigen« Bauern, Weingärtner und vor allem Pächter, die über mehr als 20 Morgen Acker oder zwei Morgen Weingärten verfügten, sowie vier Schöffen. Vor allem die Pächter der großen geistlichen und adligen Güter (»Halfen«, »Halbwinner«) gelangten bei guter Wirtschaftsführung zu Wohlstand. Dieser obere Mittelstand umfasste weniger als ein Zehntel der Bewohner. Er konnte sich nach Ansehen und Rechtsstellung nicht mit den Angehörigen der Oberschicht, dem Adel und der höheren Geistlichkeit messen. Dazu war in der ständisch gegliederten Gesellschaft vor 1800 die Kluft zwischen der Aristokratie und der übrigen Gesellschaft zu groß.

Das religiöse Leben

Die Pfarreien

Das Alter der Pfarreien

Sicheren Boden für das Alter der Pfarrkirchen in unserem Raum gewinnen wir erst durch schriftliche Quellen. 922 wird ein Kleriker von Waldorf erwähnt. Die Kirche in Brenig ist 941 als Schenkung an das Caecilienstift in Köln bezeugt. Bis ins 11. Jahrhundert reichen die Erwähnungen der Kirchen Walberberg (um 1065) und Rösberg (1067) zurück. Aus dem 12. Jahrhundert liegen sie erstmals für Sechtem – 1122 aus Anlass des

Urkunde von 941 mit der Ersterwähnung der Kirche in Brenig

Todes des Gründers von Klosterrath Ailbert, dessen Gebeine 1895 nach Klosterrath überführt worden sind –, Hersel (1136/1149), Widdig (1173), Bornheim (1181) und Merten vor. Das Statut des Ahrdekanats von 1173, zu dem alle Pfarreien im heutigen Stadtgebiet gehörten, nennt zusätzlich die Kirche in Waldorf und die aus einer Kapelle hervorgegangene Pfarrei Hemmerich; dafür fehlen Bornheim und Hersel, Hersel vielleicht, weil diese Kirche mit Augustinermönchen besetzt war. Das 13. Jahrhundert ist nur mit der Pfarre Uedorf vertreten.

Gerade diese Kirche – sie ist anscheinend durch das für den Winter 1306 bezeugte Hochwasser vom Rhein hinweggerissen worden – fehlt in dem auf 1307 datierten Liber valoris, einer Aufstellung über außerordentliche Steuerleistungen der Kirchen an den Erzbischof. Dieser ist zu entnehmen, dass die Kirchen in Hersel, Sechtem und Walberberg am besten ausgestattet waren. Im Mittelfeld finden sich Merten, Brenig und Waldorf. Mit weniger Einkünften mussten die Pfarrer in Widdig und Rösberg auskommen. Die von Brenig abhängige Kirche Bornheim ist ohne Einkünfte aufgeführt und die Pfarrei Hemmerich fehlt im Gegensatz zu den Dekanatstatuten von 1173 ganz. Pfarrrechte dürfte auch die 1398 genannte St. Vinzentiuskapelle in Trippelsdorf wenigstens zeitweise besessen haben, da sie einen eigenen Friedhof und Kirchmeister besaß.

Einsetzung der Pfarrer

Die Pfarrer wurden bis um 1200 vielfach von den Inhabern der Grundherrschaft eingesetzt. Gegen diese Investitur von Laien wandte sich mit Erfolg die Reformbewegung des 12. Jahrhunderts. Indessen ist für das 14. Jahrhundert die »Kirchengift« für Bornheim (das Recht, ein Kirchenamt zu vergeben) in der Hand der Ritter v. d. Hoene bezeugt; zuvor lag sie beim Kloster Heisterbach, nach 1371 beim Erzbischof. Die Pfarre Rösberg wurde durch den Propst von St. Georg in Köln und die von Brenig durch die Äbtissin von St. Caecilien in Köln, seit 1476 durch das Kölner Apostelstift besetzt. Das Stift Dietkirchen in Bonn setzte den Pfarrer in Sechtem einschließlich der Filialen Hemmerich und Waldorf ein. Die beiden Pfarrer von Hersel und Walberberg wurden vom Kloster Klosterrath dem Propst von Cassius in Bonn bzw. dem Dompropst als zuständigem Archidiakon präsentiert.

Kapellen und Kirchenbauten

Neben den Kirchen bestanden Kapellen, so die 1122 bezeugte Nikolauskapelle in Sechtem. In Walberberg wurde im 12. Jahrhundert die Jodocuskapelle angebaut, die von vielen Pilgern besucht wurde. Der St.-Anna-Altar in der Pfarrkirche Sechtem war seit dem 16. Jahrhundert mit einer Vikarie und einer Bruderschaft verbunden. Altarstiftungen sind für 1395 in der Pfarrkirche in Walberberg und für 1412 in der Pfarrkirche in Merten bezeugt. Eigenständige Kapellen bestanden 1434 in Bornheim, 1642 in Hersel, 1682 in Widdig und 1773 in Roisdorf. Die

Alte Pfarrkirche in Bornheim aus dem 12. Jahrhundert. Zeichnung nach einer Ansichtsskizze von 1848 von Hans Roos

meisten Kirchenbauten im Stadtgebiet stammten aus dem 12. und 13. Jahrhundert. Von ihnen haben sich nur die sogar aus dem frühen 11. Jahrhundert stammende Kirche in Walberberg und der gotische Turm der Kirche in Brenig bis in die Gegenwart erhalten. Die Kirche in Rösberg wurde 1371 bei der Eroberung zerstört. Der Neubau stand in enger Verbindung mit der ebenfalls wieder aufgebauten Burg, wurde aber 1707 durch den heute noch bestehenden Neubau ersetzt, in den der Burgturm integriert wurde.

Diese enge Verbindung zwischen Burg und Kirche ist auch bei Hemmerich festzustellen und hat mehrfach zu der Vermutung geführt, dass einige Kirchen sich aus Schlosskapellen entwickelt haben. Wegen Baufälligkeit wurde die Kirche in Hersel 1744 abgerissen und durch einen Neubau ersetzt. Die Kirchen in Trippelsdorf, Merten und Brenig mussten im 17. und 18. Jahrhundert restauriert werden; dabei kam es in Merten zwischen dem Freiherrn von Weichs und der Gemeinde zu Auseinandersetzungen über die Baupflicht. Am besten sind wir über den Bau der Kirche in Walberberg unterrichtet.

Barocke Innenausstattung der im 12. Jahrhundert errichteten Waldorfer Kirche

Die bauliche Entwicklung der Kirche Walberberg

Die Fundamente einer kleinen Pfarrkirche werden auf die Zeit um 700 datiert. Dieser um 900 erweiterte Bau wurde um 1020 durch eine größere Pfeilerbasilika ersetzt, deren Formen auf Einflüsse des Baus II von St. Pantaleon in Köln aus dem Jahre 980 verweisen und von der Reste einer ottonischen Wandmalerei erhalten sind. 1220 erfolgte im Rahmen des neuen Klosters zunächst der Bau einer Nonnenempore im Westen sowie eine Erhöhung des Schiffes um drei Meter. Ein Jahrzehnt später wurde im Osten der Nonnenchor errichtet, an den sich die Jodocuskapelle anschloss. In dieser Form bestand die Kirche bis 1860, als sie durch Seitenschiffe erweitert wurde. Bei Renovierungsarbeiten von 1981 bis 1988 wurden u. a. ottonische Wandmalereien aus der Zeit um 1 000 gefunden.

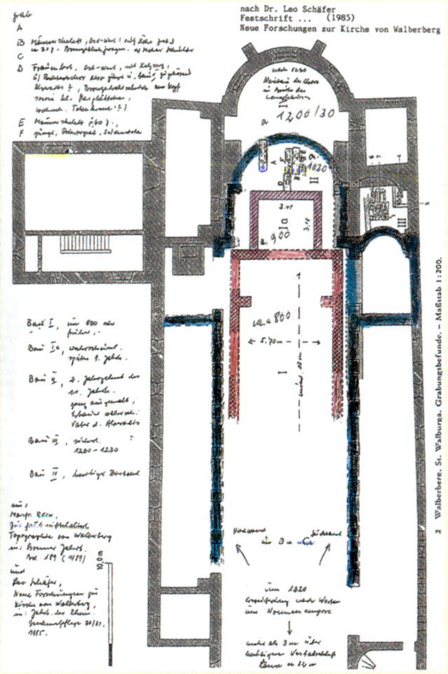

Bauliche Entwicklung der Kirche Walberberg, aus Leo Schäfer, Neue Forschungen zur Kirche Walberberg

Kirche mit Klostergebäuden und Hexenturm in Walberberg. Nachzeichnung nach dem Jodocusgemälde um 1700 in der Kirche

Geistliche Gemeinschaften

Das Kloster Walberberg

Die Kirche in Walberberg wurde mehrfach erweitert, weil hier die einzige größere geistliche Gemeinschaft im Stadtgebiet angesiedelt war. Erzbischof Anno II. hatte um 1065 Reliquien der heiligen Walburgis von Eichstätt nach Walberberg übertragen lassen und damit dem Ort, der sich bis dahin nur Berge nannte, seinen endgültigen Namen verschafft. Diese Übertragung steht anscheinend in Verbindung mit der etwa zeitgleichen Schenkung einer Gräfin Alveradis, die in der Kirche Walberberg zusammen mit ihrem Vater und ihrem Sohn, nicht aber mit ihrem Gatten beerdigt werden wollte. Sie schenkte dem Domstift so viele Güter, dass drei Kleriker davon leben konnten. Diesen wurde die eingegangene Verpflichtung zur Lesung von Seelenmessen Mitte des 12. Jahrhunderts offensichtlich so lästig, dass Erzbischof Philipp von Heinsberg dort einen Konvent von Klerikern einsetzte, die sein Nachfolger Adolf von Altena 1197 durch Zisterzienserinnen aus dem Kloster Hoven bei Zülpich ersetzte.

Das Nonnenkloster umfasste bis zu 41 Nonnen, darunter viele Töchter Kölner Patrizierfamilien. 1244 wurde das Verhältnis zwischen Kloster und dem Pfarrer dahin gehend geregelt, dass der Pfarrer ein festes Gehalt sowie die Messstiftungen und Opfergaben erhielt und dafür Pfarre und Kloster gottesdienstlich versorgte. Bis ins 14. Jahrhundert war die wirtschaftliche Lage gesund, dann setzte ein Rückgang ein. Als 1447 die Nonnen die Regeln nicht einhielten, verteilte Erzbischof Dietrich von Moers Äbtissin und Nonnen auf andere Zisterzienser-Klöster und berief an ihrer Stelle Mönche des Klosters Heisterbach nach Walberberg. Diese einigten sich 1478 mit der Gemeinde Walberberg über die Baupflicht der Kirche in der Weise, dass die Ostseite mit dem Chor bis zur Uhr vom Kloster, die Westseite durch die Gemeinde unterhalten werden musste.

Grabplatte der hl. Margarete, der Gründungsäbtissin des Zisterzienserklosters in Walberberg, um 1225 (frühestens 1224 – spätestens 1240)

Bei der Untersuchung von 1569 wurde bemängelt, dass die Mönche die klösterliche Zucht nicht streng genug einhielten und durch Wohlleben 2000 Taler Schulden angehäuft hatten. Die Schäden im Krieg um den Kurfürsten Truchsess von Waldburg haben das Kloster weiter so schwer geschädigt und verschuldet, dass es Erzbischof Ernst von Bayern 1591 an die Jesuiten in Köln übertrug. Sie haben in Walberberg keine Niederlassung unterhalten, sondern im Wesentlichen nur den Besitz für ihre Arbeit genutzt. Mit der Aufhebung des Ordens 1773 gingen alle Besitzungen und Rechte nach längerem Rechtsstreit an den Kölner Schulfonds über.

Augustinerchorherren, Benediktiner und Kanonissen

Außer dem Kloster Walberberg hat es in unserem Gebiet nur wenige geistliche Gemeinschaften gegeben. Zwischen 1136 und 1149 hat der Bonner Propst Gerhard von Are in Hersel ein »Oratorium« eingerichtet und mit Regularklerikern besetzt. Von den um 1170 bezeugten Augustinerchorherren ist bereits 1250 nicht mehr die Rede. Noch kürzere Wirksamkeit war der 1710 eingerichteten Niederlassung der Benediktiner in Merten beschieden. Obwohl für 1717 eine kleine Kapelle aus Lehmfachwerk bezeugt ist, die 1733 einem Steinbau wich, musste die Niederlassung bereits 1743 wieder geschlossen werden, weil die benachbarten Pfarrer beim Ordinariat in Köln die Unterdrückung durchsetzten. In Brenig existierte ein Filialkloster von St. Caecilien mit drei Schwestern und einem Vikar.

Kirchliches Leben

Memorienstiftungen und Reliquienverehrung

Der moderne Mensch kann sich nur schwer ein Bild machen, in welchem Maße die Kirche vom Mittelalter bis ins 19. Jahrhundert das Leben gerade auf dem Land bestimmt hat. Der regelmäßige Gottesdienst und die vielen Seelenmessen prägten die Vorstellungswelt der Menschen. Die zahlreichen Memorienstiftungen zeugen vom Wunsch der Menschen, für das Seelenheil der Angehörigen im Jenseits zu sorgen.

Große Bedeutung kam der Reliquienverehrung zu. So führte die Reliquie mit dem Blut des Hl. Erlösers so viele Pilger nach Brenig, dass die Predigt im Freien gehalten werden musste. Ebenso lockten die Reliquien der hl. Walburga und des hl. Jodocus in Walberberg Tausende von Pilgern an.

Reliquiar der heiligen Walburga in der Kirche Walberberg

Wundergeschichten

In den erzählenden Quellen kommen gelegentlich Wundergeschichten vor. So soll der Gründer des Augustinerstifts Klosterrath in Sechtem auf dem Totenbett mehrfach um Wasser gebeten und stattdessen Wein erhalten haben. In den Siegburger Mirakelbüchern aus der zweiten Hälfte des 12. Jahrhunderts ist von mehreren Heilungen durch den heiligen Anno die Rede: Ertrunkene Mädchen aus

Bornheim und Brenig kamen durch ihn wieder zum Leben, Ritter Gernandus aus Hersel gewann das Augenlicht wieder, Ysindrudis aus Hersel wurde vom Blutfluss, Gertrud aus Sechtem von Krankheit und Lahmheit sowie der Sohn einer Alveradis aus Widdig vom Durchfall geheilt. Caesarius von Heisterbach erzählt am Ende des 12. Jahrhunderts von einer frommen Jungfrau Richmodis, die bei einer Messfeier in der Walberberger Kirche die Hostie in der Hand des Priesters Wilhelm hat aufleuchten sehen. Um 1212/13 überstand ein Arm des hl. Simon in Hersel eine Feuersbrunst unbeschadet.

Prozessionen, Wallfahrten und Bruderschaften

Besonders beliebt waren Prozessionen und Wallfahrten; allein in Bornheim gab es seit dem Mittelalter die Servatiusprozession nach Schillingskapellen gegen Trockenheit und Dürre, die Gottestracht zu Christi Himmelfahrt, Wallfahrten am 7. Mai nach Arzdorf zum heiligen Stanislaus, Ende Mai nach Lüftelberg und zu den heiligen drei Jungfrauen auf dem Swisterberg, ab 1682 nach Sechtem und seit 1763 im Juli zum Kalvarienberg nach Ahrweiler. Mehrtägige Wallfahrten führten von Merten oder Waldorf zum Grab des hl. Matthias in Trier.

Von den Bruderschaften reichen die Gervasius- und Protasius-Fraternität in Sechtem und die Sebastianus-Bruderschaft in Hemmerich bis in das Mittelalter zurück. Bei ihnen handelte es sich um Vereinigungen, die neben der kirchlichen Bindung auch der Organisation von Festen dienten. Zu den Bruderschaften neuen Typs, die ihren Mitgliedern religiöse Pflichten auferlegten, gehörte dank der Jesuiten die Todesangstbruderschaft in Walberberg. Dass Anfang des 18. Jahrhunderts in fast allen Pfarreien des Vorgebirges Jesus-Maria-Josef-Bruderschaften entstanden, geht auf einen Erlass des Generalvikars zurück. Diese Fraternität widmete sich vor allem dem Katechismus-Unterricht, der zuvor in Brenig und Sechtem nur unregelmäßig, in Hemmerich gar nicht erteilt worden ist.

Barockstatue des hl. Markus in der Pfarrkirche Rösberg

Reformation und Katholische Reform

Fehlschlag der Reformation

Die Auseinandersetzungen um die Reformation im 16. Jahrhundert haben in unserem Raum keine Spuren hinterlassen. Zwar wurden die Inhaber der Unterherrschaften von Bornheim und Rösberg Anhänger der neuen Lehre, aber Ulrich Scheiffard von Merode, den Martin Bucer einen überzeugten Lutheraner nennt, starb bereits 1543 und sein Erbe kehrte zur alten Kirche zurück. Rösberg ist 1569 nicht visitiert (untersucht) worden, da die protestantischen Grafen von Neuenahr die Visitation verhindert haben dürften, doch gibt es keine Zeugnisse über evangelische Gottesdienste. Die späteren Inhaber von Rösberg mussten sich verpflichten, die Unterherrschaft bei der katholischen Konfession zu halten. In den anderen Pfarreien werden 1569 nur zwei Wiedertäufer

Siegel des protestantischen Parteigängers Hermann Graf von Neuenahr, Herr zu Rösberg aus dem Jahre 1571

in Hersel und ein Brautpaar in Trippelsdorf genannt, das sich in Büllesheim hat evangelisch trauen lassen. Spätere Visitationen lassen keine protestantischen Einflüsse im Vorgebirgsraum erkennen.

Eingeschränkter Erfolg der Katholischen Reform

Seit der zweiten Hälfte des 16. Jahrhunderts suchte die katholische Kirche die Schäden der Vergangenheit durch eigene Reformen zu beheben, nicht zuletzt, um sich gegenüber der neuen Lehre behaupten zu können. Aus den Visitationsberichten wird deutlich, wie schwierig es gerade auf dem Lande war, die neuen Regeln durchzusetzen, weil hier keine Reformorden tätig waren und die kurkölnische Obrigkeit wenig Autorität geltend machen konnte. Die angestrebte neue Form der Frömmigkeit wurde häufig von Elementen des dörflichen Lebens überdeckt. Das konnte so weit gehen, dass der Pfarrer von Hersel 1687 von der Flur- und Wetterprozession ganz allein zurückkehrte, während alle übrigen Teilnehmer Wirtshäuser aufgesucht hatten. Um solche Auswüchse zu vermeiden, durften die Prozessionen nur noch vor dem Mittagessen stattfinden. Noch bedenklicher waren in den Augen der kirchlichen Obrigkeit mehrtätige Wallfahrten, weil sie Gelegenheit bis hin zur »Unzucht« boten.

Überwachung der Gläubigen

Zur Überwachung des Wohlverhaltens dienten die geistlichen Sendgerichte, doch waren deren Schöffen als Zuträger nicht beliebt. In Hemmerich pflegten die Leute den Sendschöffen bei Erkrankung ihrer Schweine zuzurufen: »So gewiss alß ein Scheffen des Teufels ist, so gewiß wirdt die Sauw wieder gesundt werden.« Es war vor allem die Störung der Messe durch Umhergehen und Schwatzen während der Wandlung oder Zuspätkommen aus dem Wirtshaus, die kritisiert wurden. Für Nichteinhalten der Sonntagsruhe während der Erntezeit hatte man Verständnis, sofern nicht wie in Waldorf und Hemmerich Schnapsbrennerei oder Obstverkauf vorkamen. Ausschweifungen bei alten Volksbräuchen wie bei der Versteigerung von Mädchenlehen waren seit dem 16. Jahrhundert zwar rückläufig, doch erließ der Generalvikar dagegen 1663 einen geharnischten Rezess.

Ältester erhaltener jüdischer Grabstein von 1771 auf dem jüdischen Friedhof in Bornheim. Eliser, Sohn des Mosche Bornheim, war 1743 Vorsteher der Bornheimer Juden

Geduldet und bedroht: Die Juden

Erste Hinweise auf Juden finden sich bereits um 1400 in Waldorf und 1422 in Hersel in Form von Wegenamen und Flurbezeichnungen. Um 1500 hatte Hersel nach Deutz und Brühl eine größere jüdische Gemeinde. Weitere jüdische Gemeinden mit Friedhöfen bestanden in Waldorf (1465), Bornheim, Hemmerich, Hersel, Rösberg und Walberberg. Sie unterstanden im 18. Jahrhundert dem Rabbiner in Bonn. In Bornheim lebten im 18. Jahrhundert sechs jüdische Familien unter ihrem Vorsteher Jeschai Koppel, es gab eine Thoraschule, dort wohnte ein Kollektor, der die Geleitgelder einsammelte.

Der Kurkölnische Staat regelte 1599 in der ersten Judenordnung, unter welchen Bedingungen Juden im Land geduldet wurden. Sie mussten eine jährliche Abgabe (Geleit) zahlen, die 1681 in der Unterherrschaft Rösberg 2 Reichstaler, 1736 in der Herrlichkeit Bornheim 3 1/3 Reichstaler betrug; dort waren bei Zuzug 10 Reichstaler fällig. Darüber hinaus mussten die Juden unentgeltlich Botengänge und andere Dienste leisten. Neben den »vergleideten« Juden (die das Geleitgeld aufgebracht haben) gab es unvergleidete Juden, meist Dienstboten bei den Glaubensgenossen, die keine Christen beschäftigen durften, oder vagabundierende Betteljuden.

Titelblatt der kurkölnischen Judenordnung von 1700

Chur- und Ertzstiffts-Cöllnische
Jüden-Ordnung/
Wie selbige sich
In ihrem Wucher und Handel/ Kleydung/ Wohnung
und sonsten allem übrigen verhalten sollen.
BONN/
Getruckt bey Johann Egid Const. Müller Churf. Hof-Buchtruckern.
Nun mehr wohnhafft in Cöln vor den Minderbrüderen im gölden Drachen.

Die Judenordnung schloss die Juden von allen Handwerksberufen bis auf den des Glasers aus, doch finden sich Ende des 17. Jahrhunderts in Bornheim Metzger, Angehörige eines typisch jüdischen Berufszweiges. Auch das Verbot der Judenordnung, Häuser zu besitzen, wurde, wie Beispiele aus Walberberg und Bornheim 1774 beweisen, nicht strikt eingehalten. Als in Bornheim um 1700 der Jude Kain beim Branntweinbrennen erwischt wurde, musste er Strafe zahlen. Die meisten seiner Glaubensgenossen verdienten ihren Unterhalt als Händler, vor allem von Vieh, und als Geldverleiher.

Die Juden waren in Kurköln wie im übrigen Reich nur geduldet und nur aus fiskalischer Sicht interessant. Einige von ihnen besaßen am Bonner Hof als Hoffaktoren (Finanziers) Einfluss. Ihre Glaubensgenossen konnten sich im 18. Jahrhundert so gut im Fleischergewerbe und Hausierhandel entwickeln, dass sie Neidgefühle erweckten. Die kurkölnischen Stände bemühten sich mehrfach vergeblich, die Juden ausweisen zu lassen. Der Adel und nicht zuletzt die Inhaber der Herrlichkeiten schützten sie dagegen aus finanziellen Gründen.

Sache der Kirche: Das Schulwesen zwischen Klosterschule und Aufklärung

Bis 1794 war das Schulwesen Sache der Kirche. Wie es um die Schulen im Mittelalter bestellt war, wissen wir bis auf einen Beleg aus dem Jahre 1244 nicht. Damals verboten die Zisterzienserinnen des Klosters Walberberg dem Pfarrer, Schule zu halten. Das lässt vermuten, dass sie eine Klosterschule führten. Es war die Ausnahme, wenn 1506 ein Küster verpflichtet wurde, Schule zu halten und sich in Sechtem 1569 Stimmen für die Einrichtung einer Schule einsetzten.

Ältestes Schulhaus in Bornheim, erbaut 1740

Ab dem 17. Jahrhundert besserten sich wohl im Rahmen der Katholischen Reform die Verhältnisse. In Brenig gab es 1620 eine Schule, die aber im Dreißigjährigen Krieg unterging, sodass die Kinder 1663 nach Bornheim gingen. 1687 hielt anscheinend der Pfarrer in Rösberg selbst die Schule; sonst wurde diese Aufgabe meist einem Vikar und dem Küster überlassen, wie es seit der Zeit um 1700 in den meisten Pfarreien der Fall war. Dabei leisteten sich die wohlhabenden Dörfer auf der Mittelterrasse eher eine Schule als die Orte in ärmeren Landstrichen. Die Schulen mit 10 bis 30 Kindern dienten in erster Linie der religiösen Unterweisung.

Die Versuche der kurkölnischen Regierung nach 1761, das ländliche Schulsystem im Sinn der Aufklärung zu reformieren, hatten im Vorgebirge nach einem Visitationsbericht von 1794 im Gegensatz zu ärmeren Gegenden Erfolg. Hier ist einer der wenigen Fälle, in denen sich aufgeklärte, vom Landesherrn geförderte Vorstellungen gegen das Überkommene durchgesetzt haben. Wo es Widerstand gab, kam er nicht vom Klerus, sondern von den Eltern, die den Sinn des Unterrichts für das Leben nicht einsahen und die Belastung durch den Unterhalt des Lehrers fürchteten. Der einzige Lehrer, der als Teilnehmer an den Kursen der Normalschule in Bonn nachzuweisen ist, war der Sechtemer Küster Andreas Brand.

Kurfürst Max Franz von Österreich, wurde 1784 der letzte Kurfürst-Erzbischof von Köln. Er bemühte sich, seine geistlichen Fürstentümer nach aufgeklärten Vorstellungen zu reformieren. Dazu gehörte besonders die Verbesserung des Schulwesens

Siedlungs- und Bevölkerungsentwicklung

Dorfkerne und Einzelhöfe

Im Hohen Mittelalter gab es eine Vielzahl von kleinen Siedlungen und Einzelhöfen, nicht aber größere Dörfer. Das lässt sich daran erkennen, dass die heutigen Orte mehrere Kerne haben, so Hersel mit dem Beyerhof der Deutschherren im Süden, der Kirche in der Mitte und der Tränke im Norden. In Sechtem gab es die Graue Burg nördlich des Ortes, die Weiße Burg südlich der Kirche und den Saalweider Hof im Ort; in Walberberg den Hexenturm in der Ortsmitte, die Kitzburg im Süden, die Rheindorfer Burg im Norden sowie den Hof des Domkapitels. In Dersdorf finden sich die Burg gleichen Namens, die Burg Dromme und der Hof Altenberg am Hang. Auch in Bornheim, Hemmerich und Waldorf gab es Burgen im Ort. In Rösberg lag die älteste Burg- und Hofanlage an der Auelsgasse. Die 1372 zerstörte und danach wieder aufgebaute Burg lag in unmittelbarer Nähe der Kirche; der Kirchturm soll mit dem ehemaligen Schlossturm identisch sein. Roisdorf besaß den Broicher Hof, später Wolfsburg genannt, westlich des Ortes und den Steffelshof auf dem Donnerstein oberhalb des Oberdorfs.

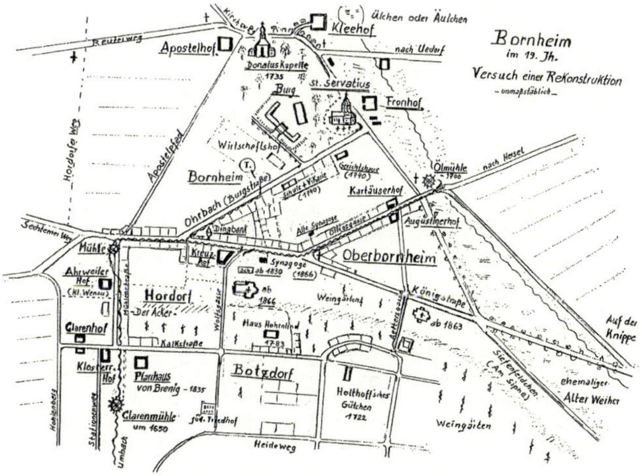

Plan von Bornheim mit Einzeichnung der historischen Ortsteile und Gebäude, Zeichnung von Heinrich Hennekeuser

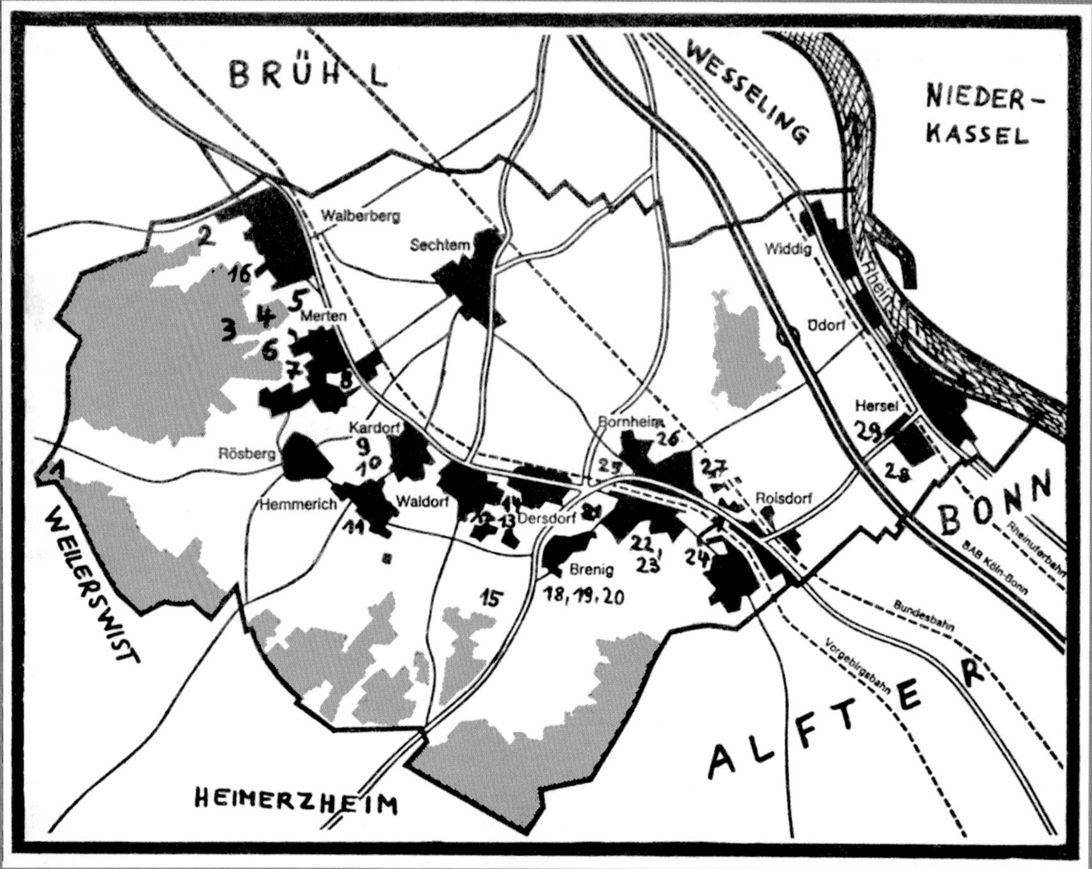

Karte der Siedlungen und Wüstungen

Folgende, außerhalb der heutigen Ortsteile gelegenen mittelalterlichen und frühneuzeitlichen Siedlungen sind im Stadtgebiet belegt (nach Horst Bursch mit Ersterwähnungen). Die untergegangenen Namen sind durch ein »u.« gekennzeichnet:

Gemarkung Bornheim:

- Niederbornheim 1348 (26)
- Oberbornheim 1248 (27)
- Botzdorf 722 (22)
- Birtzberg 1351 **u.** (23)
- Hordorf 1197 **u.** (25)

Gemarkung Brenig:

- Frimmersdorf 1197 **u.** (19)
- Bargene 1197 **u.** (18)
- Bisdorf 1351 (13)
- Dirzhoven 1293 (20)

Gemarkung Dersdorf:

- Reckofen um 1500 **u.** (15)
- Rankenberg 1405 (21)

Gemarkung Hersel:

- Muigtgen 1591 **u.** (28)
- Pelsdorf ? **u.** (29)

Gemarkung Hemmerich:

- Ginhofen 1357 **u.** (11)
- Cassel 1346 **u.** (10)
- Overshein 1197 **u.** (14)
- Üllekoven 1293 (12)

Gemarkung Merten:

- Kruchen um 1170 **u.** (8)
- Londorf 1316 (3)
- Marsdorf 1375 **u.** (7)
- Mertener Heide 1701 (6)

Gemarkung Kardorf:

- Altenberg 1304 (9)

Gemarkung Rösberg:

- Dobscheider Hof 1490 (1)
- Trippelsdorf 1126 (5)
- Trippelsdorfer Heide 1543 (4)

Gemarkung Roisdorf:

- Grippekoven 1422 (24)

Gemarkung Walberberg:

- Rheindorf 1140 (2)
- Luynrich **u.** (16)

Untergegangene und neu entstandene Siedlungen

Neben diesen Burgen und befestigten Einzelhöfen in den Dörfern bestanden im Mittelalter eine ganze Reihe von Siedlungen, die entweder in den heutigen Orten aufgegangen oder untergegangen sind. Über sie gibt die nebenstehende Karte Auskunft. Die Description von 1670 nennt Altenberg und Üllekoven im Dingstuhl Waldorf, Botzdorf, Dersdorf mit der Rankenburg, die Burg Bornheim sowie den Kleehof und Hordorf in der Herrlichkeit Bornheim, Trippelsddorf und Londorf bei Merten, die Graue und Weiße Burg bei Sechtem, den Dobscheider Hof in der Herrlichkeit Rösberg sowie die Kitzburg und die Rheindorfer Burg in Walberberg.

Wir haben wenige Anhaltspunkte, von welchem Zeitpunkt an eine Burg, Hof oder Siedlung bestand oder untergegangen war. Es ist eine Ausnahme, wenn wir bei Ginhoven erfahren, dass es im Dreißigjährigen Krieg verlassen wurde. Nach Walter Janssen sind zahlreiche Siedlungen und Höfe auf der Mittelterrasse in der Zeit nach 1250 wegen der zahlreichen Fehden aufgegeben worden. Dabei ist zu unterscheiden zwischen denen, die mit nahe gelegenen größeren Dörfern zusammengewachsen sind, wie zum Beispiel Bornheim und Brenig, und denen, die abgesetzt auf freiem Feld lagen wie Ginhoven oder Cassel in der Gemarkung Hemmerich. In den letztgenannten Fällen zogen die Bewohner nicht zuletzt aus Sicherheitsgründen in die größeren Orte um. Ganz offensichtlich haben sich die Siedlungen um die Pfarrkirchen konzentriert: Nicht weniger als neun, mit der ursprünglichen Pfarre Uedorf zehn der heutigen 14 Ortsteile waren vor 1800 Pfarreien.

Torturm der Weißen Burg in Sechtem. Aus alten Bauteilen 1846 wiederhergestellt

Bis ins 18. Jahrhundert hat es im Stadtgebiet keine Neusiedlungen gegeben. Diese finden sich erst nach 1700 auf der Höhe der Ville. Die Dörfer Merten und Trippelsdorf stellten Teile ihrer Allmende auf der Höhe für Neusiedlungen zur Verfügung, die als Mertener und Trippelsdorfer Heide bezeichnet wurden.

Bevölkerungsentwicklung

Über die Bevölkerungsentwicklung gibt es bis um 1800 wenig verlässliche Nachrichten. Aus der Tatsache, dass in der Rheinebene nur auf der Niederterrasse zwischen Sechtem und den Rheinorten wenige Rodungen nachzuweisen sind, ist zu schließen, dass die übrige Fläche landwirtschaftlich genutzt wurde. Ob die Bevölkerungszahl konstant blieb oder überzählige Menschen in den Osten wanderten, ist nicht festzustellen. Für dic frühe Neuzeit liefert die Steuerliste des Amtes Bonn von 1664 für die Orte einigermaßen verlässliche Anhaltspunkte. Unter der Voraussetzung, dass jedes Ehepaar durchschnittlich zwei unmündige Kinder hatte, betrug die Einwohnerzahl in Hersel zwischen 250 und 300, in Uedorf zwischen 45 und 55, in Widdig zwischen 90 und 120, in Waldorf zwischen 270 und 310 und in Kardorf/Hemmerich zwischen 240 und 270 Personen. Zieht man die überlieferten Angaben über die Häuser in den übrigen Orten heran, wird man für das heutige Stadtgebiet von einer Einwohnerzahl zwischen 2000 und 3000 Personen ausgehen können, also zwischen 30 und 40 Prozent der Einwohnerzahl von 1816. Dramatische Einbrüche, wie sie in anderen deutschen Landschaften durch den Dreißigjährigen Krieg erfolgten, gab es trotz zahlreicher Kriege und der Pest um 1664 anscheinend nicht. Für diese Annahme spricht, dass die Zahl der Häuser zwischen 1664 und 1670 nur wenig zurückging. Im 18. Jahrhundert wuchs die Bevölkerungszahl offensichtlich, sonst wären die Neusiedlungen Mertener und Trippelsdorfer Heide auf den ungünstigen Böden der Ville nicht zu erklären.

Landwirtschaft

Betriebsstruktur und Betriebsformen

Die Landwirtschaft spielt im Mittelalter und in der frühen Neuzeit am Vorgebirge eine derart beherrschende Rolle, dass ihr ein eigener Hauptabschnitt gewidmet werden muss.

Ablösung der Grundherrschaft durch die Dorfgemeinden

Bis ins Hohe Mittelalter war die vorherrschende Betriebsform die Grundherrschaft. Sie bestand aus dem vom Grundherrn bewirtschafteten Saalhof und einer Vielzahl von abhängigen Hufen, die aber keineswegs geschlossen um den Haupthof lagen. Von den beiden Fronhöfen des Domkapitels in Walberberg hingen zum Beispiel Mitte des 14. Jahrhunderts 17 Höfe ab, die sich außer auf Walberberg auf Kardorf, Waldorf, Hemmerich, Alfter, Bornheim, Sechtem, Trippelsdorf, Merten und Rösberg verteilten.

Bäuerliches Leben um 1470

Die autarken Grundherrschaften, für die hofabhängige Handwerker tätig waren, lösten sich nach 1200 auf, weil sich Gewerbe und Handel in den aufkommenden Städten konzentrierten. Etwa gleichzeitig verloren die Grundherrschaften durch zunehmende Besitz- und Herrschaftszersplitterung ihre Ordnung stiftende und Schutz bietende Funktion. Erbteilungen und unterschiedliche Vergabe- und Leiheformen führten zu einer Parzellierung und trugen dazu bei, dass die Grundherren die bisher selbst bewirtschafteten Güter verpachteten. Um eine Ent-

Feldbestellung um 1500. Holzschnitt aus dem Landbuch des Vergil von Sebastian Brand, 1502

fremdung durch Vererbung zu vermeiden, ging man im 14. Jahrhundert zur Zeitpacht über. Die Fronpflichten wurden in Geldzinse und Naturalabgaben umgewandelt.

Ein großer Fortschritt: Die Dreifelderwirtschaft

Die Gemeinden, die sich anstelle der Fronhofverbände bildeten, waren eine Voraussetzung für die Einführung der Dreifelderwirtschaft. Diese bestand darin, dass die Felder abwechselnd mit Sommer- und Wintergetreide bestellt wurden und im dritten Jahr unbebaut liegen blieben. Bei der Parzellierung der Flächen war es notwendig, dass sich die Besitzer in der Gemeindeversammlung über die Abfolge der Fruchtarten einigten. Um 1700 wurde die Dreifelderwirtschaft angesichts neuer Erkenntnisse aufgegeben. Die Brache wurde mit stickstoffhaltigen Futterpflanzen besetzt, die zugleich als Viehnahrung und zur Ertragssteigerung des Bodens dienten. Wälder, Büsche und Weiden blieben ungeteilt als Allmende im Gemeindebesitz.

Ackerbau

Auf den Feldern – sie machten 1449 rund zwei Drittel der bebauten Fläche aus – wurden im Mittelalter und in der frühen Neuzeit Weizen und vor allem Roggen als Brotgetreide, Hafer als Pferdefutter und Gerste zum Bierbrauen angebaut. Rüben wurden im 17. Jahrhundert, Kartoffeln nach 1750 eingeführt; Raps und Rübsamen dienten der Ölgewinnung. Auch gab es schon vor 1800 Gemüsefelder mit verschiedenen Kohlarten, Möhren, Erbsen und Bohnen. Spargel ist schon 1592 bei Üllekoven und 1675 auf der Binnendüne der Niederterrasse bezeugt; im 18. Jahrhundert wurden am Hang zwischen Hemmerich und Botzdorf Weingärten in Spargelfelder umgewandelt.

Winzer bei der Arbeit im Weingarten im 15. Jahrhundert

Weinbau

An Weingärten sind in der Steuerliste von 1449 in den Dingstühlen Hersel und Waldorf etwa 490 Morgen erfasst. Zusammen mit den übrigen Orten im heutigen Stadtgebiet dürfte um 1450 die Gesamtfläche etwa 1500 Morgen betragen haben. 1664 war nach Ausweis der Steuerliste die mit Weinstöcken bebaute Fläche im Dingstuhl Waldorf erheblich zurückgegangen. Der besondere Arbeitsaufwand und die unsicheren Ernteerträge führten offensichtlich schon im 17. Jahrhundert dazu, dass Weingärten in Obstgärten, Spargel- oder Gemüsefelder umgewandelt wurden. Im Dingstuhl Waldorf hat sich zum Beispiel der Bestand an Baumgärten von 1449 bis 1670 verdreifacht.

Wälder und Büsche

Zusammenhängender Wald fand sich vor allem auf der Hochfläche der Ville. Hier war er im Spätmittelalter bei Waldorf, Hemmerich und Rösberg gerodet, dafür reichte er bei Roisdorf, Bornheim und Walberberg über den Kamm bis an die Dörfer heran. Der Wald auf der Ville diente außer zur Schweinemast vor allem der Holzversorgung für den Bau und als Brennholz. Waldordnungen regelten die Nutzung und stellten sicher, dass die armen Leute nur totes Holz zum Heizen und Kochen sammeln durften. Das Jagdrecht, ursprünglich ein königliches Vorrecht, lag in der Hand der Inhaber der Herrlichkeiten.

Dass es auch auf der fruchtbaren Rheinebene zahlreiche kleinere Büsche gab, hängt damit zusammen, dass für die Rebstöcke sogenannte Rahmen, d. h. Pfähle benötigt wurden. Vielfach waren deshalb Weingärten mit bestimmten Büschen so eng verbunden, dass sie nur zusammen veräußert oder verpachtet werden konnten. Der Bedarf an Pfählen war so groß, dass die Weiden am Rheinufer dazu herangezogen werden mussten. Darüber hinaus dienten diese der Uferbefestigung und wurden zum Korbflechten benutzt.

Abgrenzung einer Dorfallmende und Eichelmast der Schweine, um 1500

Viehhaltung

Die Viehhaltung spielte am Vorgebirge von alters her nur eine untergeordnete Rolle. Im Sommer wurde das Vieh auf die wenigen Weiden und in den Wald getrieben; in den Rheinorten und im Dingstuhl Waldorf sind 1664 je zwei Sauhirten belegt. Im Winter erfolgte Stallfütterung. Nur Schafe wurden über den eigenen Bedarf hinaus gehalten. Bauern durften bis zu 30 Schafe halten; auf größeren Höfen gab es bis zu 80 Tiere. Pferde wurden außer für die Feldarbeit für Transporte in die Stadt und in den Rheinorten zum Treideln der Schiffe eingesetzt.

Die Besitzverhältnisse an Grund und Boden

Über die Besitzverhältnisse an landwirtschaftlichem Grund und Boden ist bis 1794 keine Klarheit zu gewinnen. In den Dingstühlen war 1449 der Adel unterrepräsentiert, weil sich seine Besitzungen in den Herrlichkeiten konzentrierten. Andererseits besaßen die Bauern in Hersel 1659 zwar die meisten Weingärten, aber der Adel etwa so viel Land wie Geistlichkeit und Bauern zusammen. Wie zersplittert die Besitzungen waren, beweist die Feststellung, dass allein in Bornheim 24 auswärtige Adelsfamilien und 18 geistliche Gemeinschaften Weingärten besaßen und in Hersel 23 Kirchen Besitzungen hatten. Ähnlich sah es in den anderen Orten aus.

Reichs- und fürstlicher Besitz

Reichsbesitz ist nur aus dem Ende des 10. Jahrhunderts in Widdig und Bornheim bezeugt. Eigengut des Erzbischofs von Köln ist seit dem 17. Jahrhundert – 1421 verpfändete Dietrich von Moers einen großen Hof in Hersel dem Deutschen Ritterorden und 1630 verkaufte Kurfürst Ferdinand dem Herren von Weichs den Hof Merten, um seine Verpflichtungen gegenüber dem Reich im damaligen Krieg zu decken – in nennenswertem Umfang nicht mehr im Stadtgebiet festzustellen. Ihre ursprünglich umfangreichen Besitzungen hatten die Erzbischöfe im Hochmittelalter zu Lehen ausgegeben und damit auf Dauer ihrer Botmäßigkeit entzogen, oder Kirchen geschenkt wie in Brenig 941 dem Kölner Stift St. Caecilien die Kirche mit dem Zehnten, 945 in Bornheim an St. Ursula in Köln eine halbe Hufe Land – übrigens die erste Erwähnung von Bornheim als Ort im Bonngau – und 1067 die Kirche Rösberg mit dem Zehnten an das Stift St. Georg in Köln.

Die Erfahrung, dass weit abgelegener Besitz im Mittelalter leicht durch Entfremdung verloren ging, musste der Bischof von Hildesheim in Hersel machen. Die Kirchen waren deshalb daran interessiert, ihn abzustoßen oder gegen näher gelegene Besitzungen einzutauschen, zumal es dank der städtischen Märkte nicht mehr notwendig war, den Wein aus fern gelegenen eigenen Besitzungen zu beziehen. So tauschte der Bischof von Worms seine Bornheimer Schenkung im 11. Jahrhundert mit dem Lütticher Martinsstift, das die Bornheimer Güter 1244 an das Kloster Heisterbach verpachtete und diese teilweise 1273 an das Kloster Val-Dieu nördlich von Lüttich weitergab. Reste der Besitzungen des Lütticher Martinsstiftes sind um 1800 als Güter der Klöster Heisterbach und Val-Dieu bezeugt.

Land in kirchlichem Besitz

Es verwundert deshalb nicht, dass kirchliche Besitzungen im Stadtgebiet bis 1800 zum größten Teil in der Hand nahe gelegener Kirchen waren. Nicht weniger als 26 Kölner Kirchen hatten hier Besitz, an ihrer Spitze das Domkapitel sowie die Kreuzherren und die Kartause St. Barbara. Von den Bonner Kirchen war vor allem das Stift Dietkirchen in der heutigen Stadt Bornheim begütert. Das Kloster Schillingskapellen bei Dünstekoven besaß die meisten Güter im Stadtgebiet, das Brühler Kloster Benden hatte Besitz in Kardorf und Walberberg.

Von weiter abgelegenen kirchlichen Eigentümern ist an erster Stelle der Deutsche Orden zu nennen. Über umfangreicheren Besitz verfügten die Klöster Siegburg und Heisterbach sowie das Frauenstift Gerresheim und das Augustinerchorherrenstift Klosterrath. Außer den genannten Kirchen hatten noch acht weitere rheinische Stifte und Klöster Besitzungen im heutigen Stadtgebiet.

Das Kloster Walberberg hatte bei der Gründung 1197 und in den folgenden Jahrzehnten ganz überwiegend Besitzungen im Ort selbst und seiner unmittelbaren Umgebung in Trippelsdorf, Kardorf, Gielsdorf, Keldenich, Pingsdorf, Fischenich und Hönigen erhalten; weiter ab lag nur ein Weingarten in Königswinter. Wirtschaftliche Schwierigkeiten zwangen zur Veräußerung der Höfe in Gielsdorf, Keldenich und Hönigen und der Mühle in Pingsdorf. Trotz dieser Verluste bestand der Klosterbesitz 1591 bei der Übergabe an die Jesuiten aus etwa 300 Morgen Acker, 20 Morgen Weingärten, 8 Morgen Baumgärten und Wiesen sowie 680 Morgen Wald.

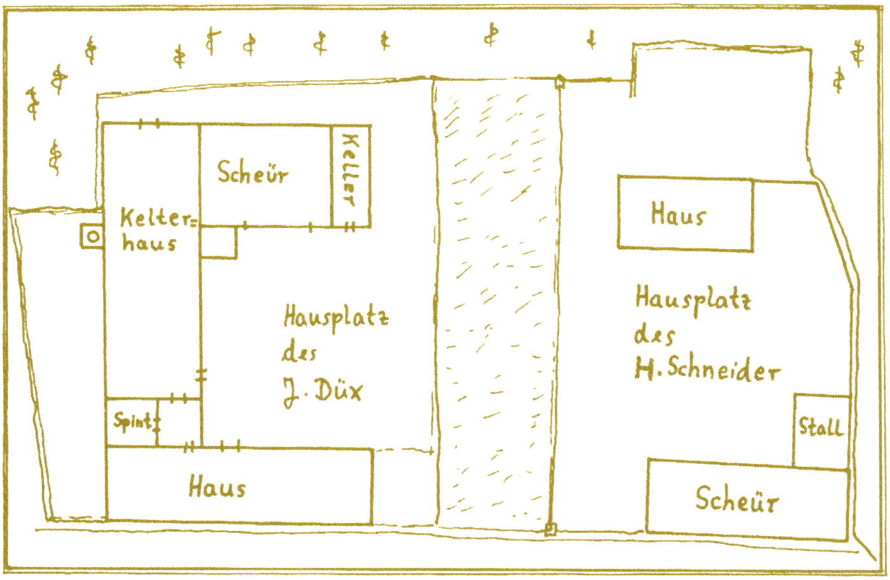

Plan des Heisterbacherhofs in Uedorf

Besitzungen des Adels

Aus dem Hochmittelalter sind nur wenige hochadlige Geschlechter als Eigentümer nachzuweisen, wie die Grafen von Neuenahr, die Familie der Gräfin Alveradis, die Grafen von Saffenberg und ihre Erben von Sayn sowie die gräflichen Familien von Virneburg, Manderscheid und von der Mark zu Schleiden. Als Erben der Grafen Sayn bzw. der Grafen von Katzenellenbogen waren die Landgrafen von Hessen in Sechtem begütert, übrigens neben den Kölner Kurfürsten die einzigen reichsunmittelbaren Grundherren in unserem Raum. Neben den bereits genannten Inhabern der Herrlichkeiten Rösberg und Bornheim hatten rund zwanzig weitere Adelsgeschlechter im Stadtgebiet Besitz, darunter eine Reihe von Kölner Patrizierfamilien.

Rodenkirchener Hof der Freiherrn von Weichs in Waldorf.
Aquarell von Horst Bursch

Besitzungen der Bauern und Weingärtner

Über die Bauern, Weingärtner und Pächter findet man in mittelalterlichen Quellen kaum etwas. In der frühen Neuzeit erscheinen sie zumeist in Verträgen, die sie mit Adligen oder Kirchen abschließen. Dank der Steuerliste von 1664 kennen wir die Zahl und den durchschnittlichen Umfang ihrer Besitzungen in den zum Amt Bonn gehörenden Dörfern Hersel, Uedorf und Widdig sowie den Orten des Dingstuhls Waldorf. Diese Aufstellung zeigt, dass 1664 gegenüber 1449 auf den guten Böden wie in Waldorf die Aufsplitterung vor allem der Weingärten weiter fortgeschritten war, weil hier auch Kleinbesitz eine Existenzmöglichkeit bot. Aus dem gleichen Grund ging in den Orten mit geringwertigen Äckern die Tendenz zu größeren Einheiten. Hemmreich, Kardorf sowie vor allem Hersel besaßen den höchsten Anteil an Höfen über 50 Morgen. Dass nur die wenigsten Bauern über mehr als 50 Morgen verfügten, zeigt die Tatsache, dass von 18 Höfen dieser Größenordnung zehn ganz und vier teilweise verpachtet waren.

Das Pachtwesen

Die Pachtverträge im Burgarchiv Rösberg zeigen, dass trotz Zeitpacht die Höfe über mehrere Generationen in einer Familie blieben. Bei den Pachten überwiegen bei den Weingärten die Halberträge – deshalb werden die Pächter auch Halfen genannt –, bei den Äckern Getreidelieferungen. Die Pächter mussten die Belastungen der Höfe übernehmen. Die Pachtleistungen waren offensichtlich konstant. Steigerungen gab es nur bei den Verpflichtungen, Fuhren nach Köln oder Bonn zu übernehmen; sie lassen erkennen, dass sich die Freiherren v. Weichs länger bei Hofe oder in der Reichsstadt als auf ihrer Burg aufhielten. Sehr eingehend sind die Vorschriften, wie die Pächter die Weingärten neu anlegen, pflegen und düngen sollten. Teilweise wurde genau vorgeschrieben, wie viele Morgen mit Wicken, Erbsen, Rüben und Möhren bepflanzt werden sollten und dass das Gras in den Weingärten ohne Beschädigung der Stöcke zu beseitigen sei; herrschaftliche Äcker waren zu kultivieren. Im letzten Pachtvertrag von 1798 wurde die Halbpacht in eine Lieferung von Getreide, Butter und Geflügel sowie eine Rente von 100 Reichstaler umgewandelt und dem Pächter und seinen Leuten verboten, auf dem Mist, in den Scheuern und Ställen Tabak zu rauchen. Dass es auch Verpachtungen gegen Geld gab, zeigt die Vergabe des 1695 für 14 500 Taler erworbenen Hofs in Merten an der Fußgasse im Jahre 1730 für 625 Reichstaler und zwei Ohm Rotwein.

Gewerbe, Handel & Verkehr

Handwerk

Vom 13. bis ins ausgehende 18. Jahrhundert waren Gewerbe und Handel in den Städten konzentriert; auf dem Land spielten sie nur eine untergeordnete Rolle. In der Steuerliste der Ämter Bonn und Godesberg von 1449 sind nur 23 Handwerker gegenüber 556 Bauern durch ihre Berufsbezeichnung als sicher auszumachen. Wahrscheinlich gab es mehr von ihnen, die ihr Handwerk nur im Nebenberuf ausübten. 1664 kamen im Amt Bonn auf über 900 in der Landwirtschaft tätige Personen 80 bis 90 Handwerker, davon 21 in den Rheinorten sowie in Waldorf und Kardorf/Hemmerich.

Aus Einzelnachrichten lassen sich für das Mittelalter und die frühe Neuzeit Zimmerleute, Dachdecker, Schreiner, Schmiede, Achsenmacher, Fassbinder, Schneider, Schuster und ein Bartscherer feststellen, Handwerkerberufe, die für den Hausbau, die Landwirtschaft und die Bekleidung benötigt wurden. Für schwierigere Aufgaben wie bei der Aufrichtung des Turmhelms der Kirche in Sechtem ließ man einen Zimmermann aus der Stadt Münstereifel kommen. Weber und Töpfer, die beiden wichtigsten Gewerbe im Mittelalter, fehlen ganz. Ebenso sucht man Angehörige des Nahrungsmittelgewerbes bis auf einen Kuchenbäcker und jüdischen Metzger vergebens, weil im Haushalt gebacken und geschlachtet wurde.

Die Windmühle in Rösberg. Zeichnung von Horst Bursch

Gewerbe, Handel und Bodenschätze

Nicht weniger als zehn Getreide- und vier Ölmühlen sind seit dem 14. Jahrhundert am Rand des Vorgebirges bezeugt, die durch herabstürzende Bäche angetrieben wurden; bei Wassermangel wurden Hunde eingesetzt. Windmühlen standen in Uedorf (1364), Bornheim (1445) und Rösberg (1614). Die Steuerliste von 1664 nennt zwei Müller. An Bodenschätzen wurde auf der Ville seit dem 18. Jahrhundert westlich von Walberberg Braunkohle abgebaut. Ob auch Eisen gewonnen wurde, muss offenbleiben. Die bereits in der Antike bekannten Roisdorfer Quellen waren nur in der näheren Umgebung bekannt, bis 1774 ihr medizinischer Wert wissenschaftlich erwiesen wurde. Kurfürst Max Franz hat kurzfristig ihren Ausbau zu einem Bad erwogen, sich dann aber doch für Godesberg entschieden.

Wirte, Brauer und Händler

Natürlich gab es Wirte und Brauer. 1520 sind die Weinschenke »Op dem Sande« und 1445 als »sure Born« (Sauerbrunnen) in Roisdorf am Heerweg, 1551 eine Taverne in Bornheim und 1603 zwei Wirte in Walberberg genannt. 1664 führt die Steuerliste in Waldorf eine Wirtin und einen Bierwirt sowie fünf Gastwirtschaften in Hersel und vier in Widdig auf; beide Orte lagen an der Straße von Köln nach Bonn. Brauereien gab es 1525 und 1603 je zwei in Walberberg, 1525 eine in Waldorf und ab unbekanntem Zeitpunkt die Burgbrauerei in Bornheim. Auf größeren Höfen wurde vielfach eigenes Bier gebraut. Branntwein wurde besonders nach dem Dreißigjährigen Krieg hergestellt; aus dieser Zeit sind Brennereien in Waldorf und Brenig bezeugt. Einzelhandel gab es hingegen kaum. Als einziger Krämer ist 1664 ein Johann Nußbaum in Hersel genannt. Ihren Bedarf deckten die Bewohner des Vorgebirges in erster Linie auf den Märkten in Brenig, die am Sonntag Laetare im März/Anfang April und zu Mariae Geburt am 9. September stattfanden. Sie hingen mit den Wallfahrten zusammen, lockten Händler bis aus Brabant an und standen an Bedeutung Pützchens Markt kaum nach. Daneben wurden die Märkte des nahe gelegenen Bonn besucht. Das Verkehrsgewerbe ist in der Aufstellung von 1664 nur mit einem Fuhrmann vertreten.

Die Verkehrswege

Unsicher und unbequem: die Straßen

Voraussetzung für Handel und Wandel sind brauchbare Verkehrswege. Über die ehemalige Römerstraße am Rhein, im Volksmund die »Miel« genannt, verlief seit dem ausgehenden 16. Jahrhundert die Linie der kaiserlichen Post von Köln nach Mainz. Ihr machte seit 1691 Kurköln auf derselben Straße mit einer eigenen Postlinie Köln – Bonn bei der Personenförderung Konkurrenz. Eine weitere Postlinie Bonn – Düren – Aachen benutzte ab 1791 die Straße, die durch Roisdorf, über die bereits 1272 erwähnte Königstraße in Bornheim nach Brenig auf die Ville und an Rösberg vorbeiführte. Bereits im Mittelalter herrschte auf dieser Straße reger Verkehr: 1194 erhob der Graf von Are in Rösberg Zölle von Aachener Kaufleuten, und 1396 gestattete König Wenzel dem Kölner Erzbischof, dort Geleitgelder zu verlangen. Der Handelsverkehr auf dieser Straße

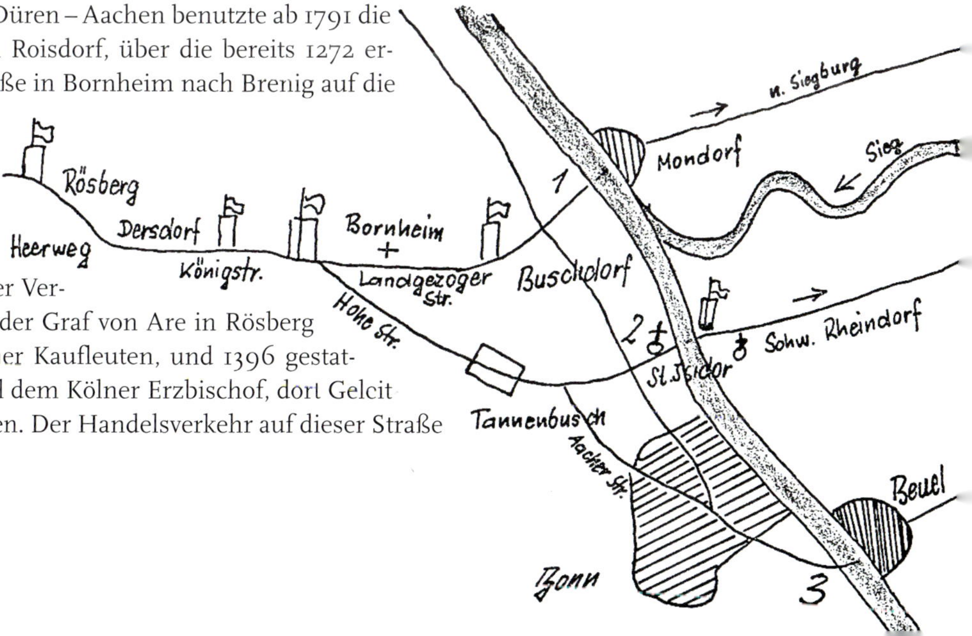

Plan des »Heerwegs«
Bonn-Düren-Aachen durch das Stadtgebiet

dürfte noch zugenommen haben, als vom 15. Jahrhundert an der Kölner Stapel – das heißt der Zwang, alle die Stadt passierenden Handelswaren in Köln auszuladen und feilzubieten – auf dem Landweg von Bonn nach Düren umgangen wurde. In Roisdorf zweigte ein Weg zur Mondorfer Fähre über Hersel ab.

Für den Marktverkehr nach der Stadt Köln, die im 15. Jahrhundert den Verkauf landwirtschaftlicher Produkte aus dem Vorgebirge marktpolizeilich regelte, diente der Roisdorfer Pfad, der von dort über Bornheim nach Urfeld zur Miel führte. Von Waldorf ging der »Breite Weg« in Richtung Sechtem. Die Mertener, Rösberger und Trippelsdorfer benutzten nach Köln die »Hitzeleerstroß«, die von Trippelsdorf zum Severinstor verlief, ohne einen anderen Ort zu berühren. Nach Bonn gingen die Vorgebirgler über die Bonn-Brühler-Landstraße, die von Roisdorf über den Tannenbusch schnurgerade nach Bonn führte. Nach Köln betrug der Landweg sechs bis sieben, nach Bonn nur ein bis zwei Stunden; trotzdem war der Gang nach Köln wegen der besseren Preise und Absatzmöglichkeiten beliebter.

Prozessionen benutzten den in Brenig beginnenden »Blutpfad«, ab Alfter Jungfernweg genannt, nach Lüftelberg. Die Wallfahrt vom Niederrhein nach Trier berührte Waldorf wegen der dortigen Matthiasbruderschaft.

Für die Straßen selbst wurde lange wenig getan. Erst Kurfürst Clemens August hat 1722 bis 1724 die Rheinstraße gepflastert und beidseitig mit Bäumen bepflanzt; seit dieser Zeit wurde ein Wegegeld erhoben.

Treidelschiff
auf dem Rhein

Der Rhein: Transportweg für Getreide, Wein und Kohle

Der andere wichtige Verkehrsweg vor 1800 war der Rhein. 1365 verpflichtete sich der Pächter des Deutschherrenhofes in Hersel, dem Kölner Kurfürsten Fuhrdienste auf dem Rhein zwischen Urfeld und Godesberg zu leisten. Stromauf wurden die Schiffe mit 16 bis 20 Pferden getreidelt, ein lohnender Neben-

verdienst für die Bauern und Pächter der größeren Güter am Rheinufer. Bereits im 16. Jahrhundert bestand eine Schiffsverbindung zwischen Köln und Bonn. Ab 1700 regelte eine kurfürstliche Ordnung den Verkehr der Marktschiffe und kleineren Nachen; diese legten in Widdig an. In Hersel und Widdig wurden bereits im 16. und 17. Jahrhundert Getreide an den Niederrhein und nach Holland sowie Wein nach Köln verschifft und Ladung für das Vorgebirge, wahrscheinlich vor allem Kohle gelöscht; dabei diente der Rheinarm zwischen Hersel und dem Herseler Werth als Hafen. Nur gelegentlich sind Ende des 17. und im 18. Jahrhundert Schiffsleute aus Hersel genannt; in der Steuerliste von 1664 fehlen sie. Die Fischerei und die Mondorfer Fähre gehörten zum Herzogtum Berg.

Ein niederländisches Großfloß auf dem Rhein unterhalb von Bonn. Rechts das Steilufer bei Hersel und darunter der Leinpfad. Kupferstich von Jan Evert Grave nach Jan Balthuis 1796

Kriege und andere Katastrophen

Kriege und Fehden im Mittelalter

Die Auseinandersetzungen im Hochmittelalter um den Kaiserthron 1106 oder 1198 haben das heutige Stadtgebiet wahrscheinlich betroffen, doch liegen darüber keine Nachrichten vor. Diese setzen erst im 13. Jahrhundert bei den Kämpfen zwischen den Territorialmächten ein und sind sehr spärlich. 1242 wurde Wilhelm von Jülich von Erzbischof Konrad von Hochstaden bei Brühl gestellt und geschlagen. 1252 erließ Konrad von Hochstaden dem Kloster Walberberg Abgaben in Sechtem wegen der in den Kriegen der Kölner Kirche erlittenen Verluste. Ein Vierteljahrhundert später verlor das Kloster durch Reinhard von Lindenberg mehrere Pferde. Nach der Schlacht von Worringen 1288 zog Herzog Johann von Brabant gegen Brühl und Bonn und verwüstete die dazwischenliegenden Dörfer.

Schlacht bei Worringen 1288 in einer Darstellung aus der Koelhoffschen Chronik 1499

Die Kämpfe um Rösberg

Im 14. Jahrhundert wurde das Vorgebirge in erster Linie durch die Auseinandersetzungen zwischen den Kölner Kurfürsten und den Herren von Neuenahr im Zusammenhang mit dem Saffenberger Erbstreit betroffen. Von ihrer Burg Rösberg aus überfielen 1360 die Brüder Dietrich und Johann von Neuenahr den kurkölnischen Amtmann und Rat Johann von Saffenberg, verwundeten ihn und nahmen Teile seines Gefolges gefangen. Kurfürst Wilhelm von Gennep hat daraufhin Burg und Dorf Rösberg mit der Begründung eingenommen, dass die Herrlichkeit Rösberg innerhalb seines Herrschaftsgebietes läge. Die Herren von Neuenahr haben aber auch danach keine Ruhe gegeben und von ihrer Burg Rösberg die Gegend beunruhigt. Erzbischof Friedrich III. von Saarwerden sah sich daraufhin veranlasst, 1372 die Burg nochmals einzunehmen und diesmal zusammen mit dem Dorf zu zerstören.

Die Kämpfe zwischen dem Kölner Kurfürsten und der Stadt Köln

Nach 1350 war unser Raum außerdem von den Kämpfen zwischen der Stadt Köln und ihrem nominellen Stadtherrn, dem Kurfürsten und Erzbischof von Köln betroffen. 1376 versuchte Friedrich III. im sogenannten Schöffenkrieg vergeblich, Köln einzunehmen. Kölner Söldner unter dem Grafen Engelbert von der Mark verfolgten die erzbischöflichen Truppen bis nach Bonn und brannten Uedorf und Sechtem nieder. Der Krieg wurde durch die Herseler Sühne im Januar 1377 beendet. 1391 fiel Engelbert von der Mark erneut im Auftrag der Stadt Köln in die kurkölnischen Lande zwischen Bonn und Köln ein und brannte die Dörfer am Rand des Vorgebirges nieder.

Auch im 15. Jahrhundert war unser Stadtgebiet mehrfach von den kriegerischen Auseinandersetzungen des Erzbischofs von Köln betroffen. 1408 zog der Kampf zwischen dem Herzog Reinald von Jülich und Erzbischof Friedrich III. das Land um Brühl und damit die nördlichen Dörfer in Mitleidenschaft. 1419 wurde im Krieg zwischen Stadt und Erzbischof von Köln der Hof des Herrn von Holtorp in Walberberg verbrannt und dieser gefoltert. In der Kölner Stiftsfehde von 1474 verbrannten Söldner der Stadt Köln mit anderen Dörfern auch Sechtem.

Kriege in der Frühen Neuzeit

Der Durchzug Karls V.

Selbst bloße Einquartierung konnte schwere Schäden verursachen. Als Karl V. am 20. August 1543 im Kampf um das Herzogtum Geldern auf seinem Zug von Bonn nach Düren mit mehr als 23 000 Mann in Bornheim übernachtete, raubten seine Leute Vieh, Vorräte und Hausgerät und richteten in den Weinbergen einen Schaden von 13 000 Gulden an. Ulrich Scheiffard von Merode hatte vorsichtshalber einige Spanier und Deutsche aus dem Gefolge des Kaisers zurückbehalten, die ihm halfen, die Burg gegen Plünderer mit Kanonen zu verteidigen.

Die Truchsesschen Wirren

Besonders schwer litt das Vorgebirge im ausgehenden 16. Jahrhundert durch die sogenannten Truchsesschen Wirren, dem Krieg zwischen dem Protestanten Gebhardt Truchsess von Waldburg und dem katholischen Wittelsbacher Ernst von Bayern um das Kurfürstentum Köln. 1582/83 kamen bayerische und spanische Soldaten »dem Landmann am Vorgebirge auf den Hals«. Bornheim wechselte mehrfach den Besitzer. Von Sechtem aus verheerten die katholischen Truppen so sehr das Land, dass Kurfürst Ernst von Bayern beklagte, seine Verbündeten schadeten dem Land mehr als der Feind. Der Kirche in Brenig wurde die Reliquie des Heiligen Blutes geraubt, Waldorf ging in Flammen auf, Walberberg wurde verwüstet, die Äcker konnten nicht bestellt werden, weil die Soldaten »einen Deutschen geringer achteten als einen Hund«. Im Dezember 1587 versteckte sich der protestantische Söldnerführer Martin Schenk von Nideggen vor seinem Überfall auf Bonn im Vorgebirgswald.

Der holländische Befreiungskampf

Nachdem 1589 die katholische Seite endgültig gesiegt hatte, wurde das Vorgebirge Nebenkriegsschauplatz des niederländischen Befreiungskampfes. Bereits im Oktober 1587 brannten holländische Marodeure halb Wesseling nieder, raubten bei Widdig 200 Ochsen und erschossen 24 Mann. 1589 und 1591 nahmen Freibeuter Schiffe auf der Fahrt von Köln nach Frankfurt am Main weg. 1593 bis 1595 richteten Holländer und andere Freibeuter in Walberberg, Hersel und Bornheim großen Schaden an und nahmen den Junker Wolfskehl in Walberberg gefangen. Mehrere hundert Holländer beunruhigten 1602 von ihrem Lager Wesseling aus die Umgebung.

Bauer und Söldner vor einem geplünderten, brennenden Gehöft

Der Dreißigjährige Krieg

Im Dreißigjährigen Krieg hatte das Vorgebirge mehrfach unter dem Kriegsgeschehen zu leiden. Kurköln blieb in diesem Krieg zwar neutral, konnte aber seinen

Berittener Söldner erschlägt flüchtenden Bauern. Radierung von Hanns-Ulrich Frankh

Untertanen keinen Schutz bieten. Zunächst belagerten Spanier die 1620 von niederländischen Truppen besetzte Insel Pfaffenmütze gegenüber der Siegmündung und zwangen sie 1623 zum Abzug. Der Schwedeneinfall von 1632 betraf in erster Linie das rechte Rheinufer und hatte nur in Widdig Schäden zur Folge. 1634 und 1637 verursachte der Durchzug von Truppen der Liga und des Kaisers Verluste. 1640 beschwerte sich der Burgherr von Hemmerich über Einquartierungslasten. Im sogenannten Hessenkrieg berannten hessische Truppen 1643 Brühl. 1645 wurde von ihnen die Burg Hemmerich zerstört und der Hof Ginhoven verwüstet, ein Jahr später Wesseling und die umliegenden Dörfer geplündert. Ein Hinterhalt, den kurkölnische Truppen bei Bornheim legten, misslang. Kurz vor Ende des Krieges schlugen die Hessen bei Wesseling und Godorf ein befestigtes Lager auf und forderten von den Bewohnern der umliegenden Dörfer 16 000 Taler.

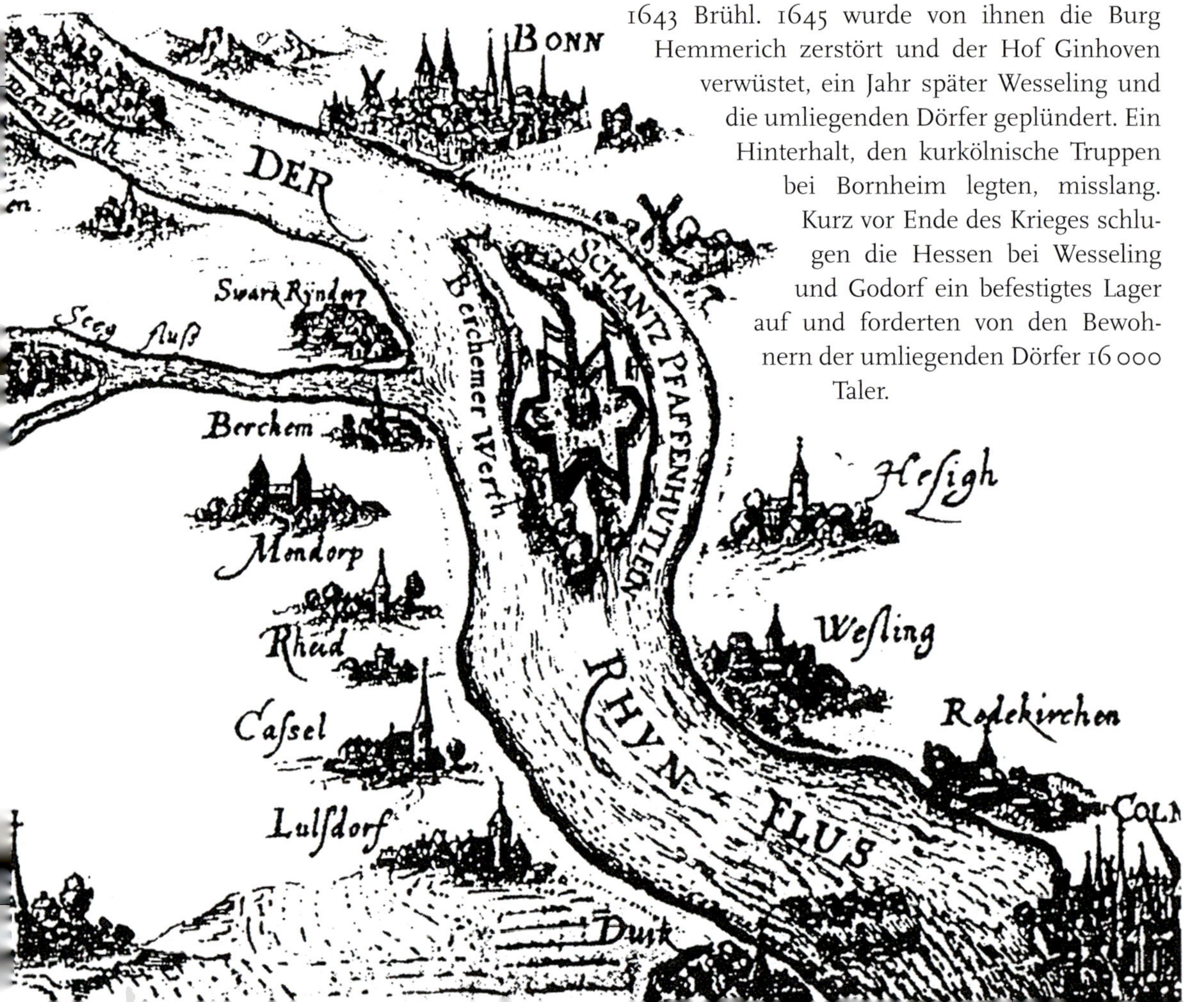

Lageplan der Schanze Pfaffenmütze gegenüber der Siegmündung. Ausschnitt aus einem Flugblatt von 1626

Überfall auf Reisende und Kaufleute durch Söldnertruppen. Radierung von Jacques Callot

Die Kriege gegen Ludwig XIV. und die Kriege im 18. Jahrhundert

In den Kriegen gegen Ludwig XIV., die 1673, 1689 und 1703 den Bonner Raum berührten, hatte das Aufkommen der stehenden Heere zur Folge, dass die Bewohner des flachen Landes jetzt weniger von plündernden Söldnern und umherschweifenden Räuberbanden gefährdet, sondern durch Einquartierungen, Kontributionen sowie Hand- und Spanndienste belastet wurden. Um die geforderten Leistungen erfüllen zu können, mussten die Gemeinden Schulden machen. Von der Zerstörung der Rheinlande im Frühjahr 1689 durch die Franzosen ist in unserem Raum nur Brühl betroffen worden. Immerhin sah Ferdinand Walbott von Bassenheim in Bornheim die Lage als so bedrohlich an, dass er sich an den Minister von Fürstenberg mit der Bitte um Schutz wandte. Bei der Belagerung Bonns durch die Brandenburger 1689 mussten die Bewohner der Dörfer um Bonn Schanzarbeiten leisten, die Kirche in Hersel ging in Flammen auf. 1691 verursachte der hessische Oberst Ophof in Sechtem mit seinen Soldaten einen Schaden von 9 550 Reichstalern.

Im Verlauf des 18. Jahrhunderts hatte der Köln-Bonner Raum im Polnischen und Österreichischen Erbfolgekrieg sowie im Siebenjährigen Krieg 1734, 1743 – 1745 sowie 1758 und 1761/62 lediglich unter durchziehenden Heeren zu leiden; 1734 zum Beispiel musste das Dorf Rösberg 100 Gulden zahlen und 100 französische Soldaten aufnehmen.

Selbstschutz der Dörfer

Die Dörfer waren dem Kriegsgeschehen nicht völlig ungeschützt ausgesetzt. Die Orte um Brühl gehörten zum sogenannten Bifang der Stadt und waren nach 1250 mit Wassergräben, Dornengestrüpp und Falltoren geschützt. Die Anlagen waren in Richtung Köln, von wo aus die größte Gefahr drohte, ausgerichtet; nur Rösberg sicherten sie nach Westen gegenüber der Heerstraße und nach Süden gegenüber Hemmerich. Weiter südlich und in den Rheinorten gab es keine

Schutzorganisation wie um Brühl. Hier versteckte man sich bei Gefahr lieber im unwegsamen Gelände wie dem Zent oberhalb Bornheims oder vertraute wie in Roisdorf auf die umliegenden sumpfigen Gewässer als Schutz.

Die »Befestigungen« boten jedoch nur gegen Gesindel und kleine Banden Schutz, nicht aber gegen größere Truppenverbände. Immerhin hat sich der Brühler Bifang noch im Dreißigjährigen Krieg bewährt, als die Hessen 1643/44 vergeblich die Stadt berannten, weil ihnen die Bauern der umliegenden Dörfer einschließlich Walberbergs in den Rücken fielen. Dass sich auch sonst gelegentlich Widerstand regte, zeigt die Befreiung eines Juden aus der Hand holländischer Freibeuter 1593 durch Bornheimer Bauern. Im Frühjahr 1595 töteten die Einwohner Mertens 18 ihrer Peiniger.

Zeichnung eines Aussätzigen mit Lazarusklapper von Rembrandt, 1631

Seuchen und Naturkatastrophen

Die Seuchen

Nach dem Kriegsgeschehen wurden die Bewohner von Seuchen, Missernten, Unwetter, Erdbeben, Hochwasser und Feuer betroffen. Ob und wie weit die große Pest in der Mitte des 14. Jahrhunderts auch die Dörfer am Vorgebirge betroffen hat, ist nicht bekannt. Anfang des 17. Jahrhunderts und vor allem zwischen 1665 und 1669 hat die Seuche unseren Raum heimgesucht. Die Pfarrer im Vorgebirge sollen sich geweigert haben, ihr Dorf wegen der Gefahr neuer Sterbefälle zu verlassen. Da man medizinisch nichts gegen die Pest tun konnte, suchte man mit Pestkreuzen wie in Trippelsdorf und Bittprozessionen den Schutz der Heiligen gegen das Unheil. Die Aussätzigen, deren Leiden man vom 15. Jahrhundert bis 1711 ebenso hilflos gegenüberstand, wurden in Leprosenhäusern untergebracht; sie sind durch Flur- und Straßennamen in Uedorf, Roisdorf und Waldorf belegt. Auch Viehseuchen wie 1751 in Hemmerich und 1763 in Bornheim sowie 1775/76 in Hersel lösten Wallfahrten aus.

Unbilden des Wetters

Lange und strenge Winter verursachten häufig große Verluste an Mensch und Vieh und schädigten immer wieder die Weinernte. In den Jahren 1739/40 hielt der Frost bis Ende Mai an. 1771/72 und 1783 lag in Walberberg der Schnee mannshoch. 1764 und 1770 wurde die Ernte durch Hagelwetter beeinträchtigt, 1789/90 in Waldorf, Sechtem und Hersel durch eine Mäuseplage bis zu zwei Drittel vernichtet. Für 1786 ist ein heftiger Sturm bezeugt. Erdbeben erschütterten das Land 1691 und 1756; der Pfarrer von Rösberg, der sich im Schloss aufhielt, fürchtete den Zusammensturz des Hauses. Wölfe in den Wäldern der Ville rissen im ausgehenden 17. Jahrhundert das Vieh.

Beim »großen Eisgang« von 1784 werden die Häuser von Deutz (im Vordergrund) bis zum Dach überschwemmt

Rheinhochwasser

Die Rheinorte hatten besonders unter Hochwasser zu leiden. Es war schon die Rede davon, dass der Strom irgendwann zwischen 1336 und 1371 Dorf und Kirche Uedorf weggerissen hat. Dabei entstand die Rheininsel Herseler Werth. Im Winter 1624/25 wurde die Pfaffenmütze vom Rhein zerstört, 1743 ein Haus des Kölner Karthäuserklosters in Uedorf »durch die starke Wassertrieb gantz ruiniert« und 1784 fielen in Widdig die Kapelle St. Georg und der Etzbacher Hof dem gewaltigen Eisgang zum Opfer. Die starken Verluste der Rheinorte sind durch die Verengung des Rheins unterhalb der Siegmündung verursacht worden. Durch den verlandeten Rheinarm, die Gumme, wurden 1651 und 1784 sogar Bornheim und Roisdorf von Hochwasser betroffen.

Großbrände

Schadensfeuer richteten in der Zeit, als die Häuser noch mit Stroh gedeckt waren, große Schäden an. Sechtem brannte 1569 zur Hälfte ab. Der Brand, der am 7. September 1793 Hersel heimsuchte, wirkte besonders verheerend, da die meisten Bewohner zu Pützchens Markt gegangen waren. 40 Häuser fielen ihm zum Opfer, und es hätten nach einer mündlichen Überlieferung noch mehr sein können, wenn ihm nicht ein Jude durch eine hebräische Inschrift auf der Kirchhofsmauer dem Brand Einhalt geboten hätte.

Französische Soldaten am Rhein. Zeitgenössisches Aquarell

DER SPRUNG IN DIE MODERNE: DAS FRANZÖSISCHE ZWISCHENSPIEL (1794–1815)

Epoche oder Episode?

Die Zeit zwischen 1794 und 1814 ist für das Rheinland zugleich Epoche und Episode (Edith Ennen). Episode, weil die zwei Jahrzehnte der Zugehörigkeit zu Frankreich nichts am deutschen Charakter unseres Raumes änderte. Epoche, weil mit dem Einbruch der Truppen der Französischen Revolution eine rund tausendjährige Herrschafts- und Gesellschaftsform zu Ende ging. Der Kurstaat des Erzbischofs von Köln wurde auf dem linken Rheinufer abgelöst durch den Großstaat Frankreich und nach 1815 durch das Königreich Preußen. Die bis dahin herrschende ständische Gesellschaft wurde abgeschafft. Die politischen und sozialen Gegebenheiten, die dem Einzelnen seinen Platz im Gesellschaftsgefüge bestimmt, ihn eingeengt, aber auch beschützt hatten, fielen weg. Das Lebensgefühl änderte sich: Die Sicherheit durch den ererbten Stand und Besitz ging verloren zugunsten der Möglichkeiten raschen sozialen Aufstiegs und schneller Gewinne, aber auch der Gefahr der Verelendung.

Im revolutionären Frankreich

Die Besetzung Bornheims durch französische Revolutionstruppen

Die französischen Revolutionstruppen besetzten am 4. Oktober 1794 Sechtem, am 6. Walberberg und am folgenden Tag Hersel. Am 9. Oktober lagerte die Sambre- und Maasarmee zwischen Hersel und Dransdorf. Die Bewohner erlitten durch Plünderungen, vor allem aber durch Requisitionen und Kontributionen große Verluste. So trieben Dragoner in Bornheim knapp 330 Taler ein, weitere rund 1 000 Taler mussten die Bornheimer für die Befestigung der bis 1796 umkämpften Rheinlinie aufbringen. Großen Schaden verursachten die Assignaten, das wertlose Papiergeld der Republik Frankreich, mit dem die Truppen Lieferungen und Leistungen bezahlten. Die Bewohner von Hersel leisteten Schanzarbeit für die Batterien am Rheinufer in Widdig und Graurheindorf; gleichzeitig wurden Verschanzungen auf dem Rand der Ville angelegt, doch traten diese nicht in Funktion, weil die französischen Truppen den Strom nicht überschreiten konnten. Pferde und Ochsen wurden in Walberberg, Sechtem, Rösberg und Merten requiriert, sodass für die Bestellung der Felder keine Zugtiere übrig blieben. Die Auflösung der kurfürstlichen Ordnung schuf freie Bahn für Räuberbanden, die die Straßen verunsicherten. Auf der anderen Seite nutzten die Bauern das Ende der kurfürstlichen Macht und die herrschende Unsicherheit aus, schlugen die vom Kurfürsten gepflanzten Alleebäume an der Landstraße Köln-Bonn und bedienten sich reichlich in den Waldungen auf der Ville.

Maßnahmen der Revolutionäre

Der Einbruch der französischen Revolutionstruppen ins Rheinland hatte ein doppeltes Gesicht. Nach ihren eigenen Vorstellungen brachten sie die Errungenschaften der Revolution: Befreiung von den Zwängen der feudalen Gesellschaft, von geburtsständischen Einschränkungen, von ungerechtfertigten Lasten durch Adel und Kirche und Freiheit der Religionsausübung. Äußeres Zeichen der neuen Zeit war die Errichtung der Freiheitsbäume. Auf der anderen Seite beuteten die Franzosen die besetzten Gebiete unter dem Druck großer Finanznot finanziell aus: Allein der Bezirk Bonn musste acht Millionen Livres im Metallwert, nicht wertlosen Assignaten aufbringen. »So hatte man sich die Göttin der Freiheit nicht vorgestellt«, schrieb ein »helldenkender Zeitgenosse« aus Dormagen 1795.

Viele der Maßnahmen richteten sich gegen die Kirche. Bereits am 15. Oktober 1794 wurden die kirchlichen Zehnten abgeschafft, die die Bauern weit mehr belasteten als die feudalen Abgaben. Später wurde der Kirche die Beurkundung des Personenstandes genommen und die Zahl der kirchlichen Feiertage drastisch reduziert. Übrig blieben nur Weihnachten, Ostern, Himmelfahrt und Pfingsten. Noch einschneidender war die Ablösung der Sonntage durch die sogenannten Dekadenfeste an jedem 10. Tag. Der Gottesdienst wurde auf das Kircheninnere beschränkt; alle Prozessionen und Wallfahrten waren verboten. Die geistlichen Gemeinschaften durften keine neuen Mitglieder mehr aufnehmen. In Bornheim wurde der gekreuzigte Christus aus dem Heiligenhäuschen genommen und an der Burgmauer aufgehängt.

Das Ziel der Maßnahmen gegen die Kirche war es, deren Einfluss zurückzudrängen und die Bevölkerung für die republikanische Sache zu gewinnen. Dieses Ziel wurde jedoch völlig verfehlt, denn die neuen Herren erregten mit ihren kirchenfeindlichen Aktionen bei der Bevölkerung nur Anstoß. Ebenso wenig trafen die übrigen Parolen der Revolution im ländlich geprägten Vorgebirge auf Resonanz. So gibt es keinen Beleg dafür, dass sich in unserem Raum wie in den benachbarten Städten Sympathien für die Anhänger einer Cisrhenanischen Republik gezeigt haben, deren Errichtung 1797 zeitweise von den Franzosen gefördert wurde.

Die Neuordnung der Verwaltung und andere Änderungen

Im Januar 1798 wurde das eroberte linksrheinische Gebiet wie Frankreich in Departements eingeteilt. Dabei nahm man bewusst auf historisch gewachsene Beziehungen keine Rücksicht. Die südliche Grenze des heutigen Stadtgebietes trennte das Rhein-Mosel- vom Roer-Departement und unseren Raum vom nahe gelegenen Bonn. Hauptort des Roer-Departements wurde nicht die alte Rheinmetropole Köln, sondern Aachen. Die Departements wurden zunächst in Kantone, später in Arrondissements eingeteilt. Die Kantone blieben für die Gerichte, die Steuerverwaltung und die Kirchenorganisation bestehen. Sitz der zuständigen Kantonsverwaltung war Brühl, des Arrondissements Köln.

Auch die Kommunalverwaltung wurde 1798 neu geordnet: An die Spitze der Gemeinde trat ein Agent municipal, dem Adjoints beigeordnet wurden. Zwei Jahre später schloss die französische Verwaltung mehrere Gemeinden unter einem Maire zusammen. Dabei erhielten die Gemeinden keine Selbstverwaltungsrechte; die Maires, ihre Adjoints und die Gemeinderäte wurden vom Präfekten des Departements aus den besten Steuerzahlern ernannt und waren ihm untergeordnet. An die Spitze der Mairien wurden angesehene und wohlhabende Einwohner berufen: in Hersel der Gutsbesitzer Peter Joseph Schmitz, in Sechtem der Landwirt Peter Bollig und in Waldorf der Rentmeister Jakob Meurer. Auch die Unterpräfekten der Arrondissements, die Richter des Kantongerichts Brühl und der für den Kanton Brühl zuständige Steuerempfänger Scholl in Hürth waren Deutsche, während die Departements von Franzosen geleitet wurden. Auch die Spezialbehörden wie der Zoll waren mit Franzosen besetzt.

Die Einteilung des Stadtgebietes in Mairien, 1802

Etwa gleichzeitig mit der Einführung der republikanischen Verwaltungs- und Gerichtsformen gab es eine Vielzahl von Änderungen. Die Feudallasten wurden abgeschafft, Zivilstandsregister ersetzten die Kirchenbücher. Es wurden neu eingeführt die dezimalen Maß- und Gewichtseinheiten, die Franc-Währung, das Tragen der Nationalkokarde und der republikanische Kalender. Polizei, Presse und Post erhielten neue Ordnungen. Die Zollgrenze wurde von der Maas an den Rhein verlegt.

Die Einteilung des heutigen Stadtgebiets in Mairien 1802

Mairie Waldorf mit den Gemeinden Hemmerich/Kardorf, Waldorf, Bornheim/Brenig und dem bis dahin zur Herrlichkeit Alfter gehörenden Roisdorf

Mairie Sechtem mit den Dörfern Merten, Rösberg, Sechtem und Walberberg

Mairie Hersel mit den Gemeinden Keldenich, Wesseling, Urfeld, Widdig, Uedorf und Hersel

Die neue Ordnung: Bornheim unter Napoleons Herrschaft

Das kirchliche Leben

1799 machte sich der 30-jährige Revolutionsgeneral Napoleon Bonaparte per Staatsstreich zum Alleinherrscher Frankreichs, 1804 krönte er sich zum Kaiser. Um die Royalisten wieder an den Staat zu binden, schloss er 1801 durch ein Konkordat mit Papst Pius XII. Friede mit der Kirche. 1802 wurde das Konkordat auch in den Departements am Rhein eingeführt. Gleichzeitig allerdings säkularisierte Napoleon den Besitz der Stifte und Klöster: Er erklärte sie zum Nationaleigentum und ließ sie in den Folgejahren versteigern. Als Ausgleich übernahm der Staat die Besoldung der Geistlichen. Die Säkularisation schadete dem Ansehen Napoleons bei der rheinischen Bevölkerung nicht, der es mehr darauf ankam, dass statt der republikanischen Dekadenfeste wieder die Sonntage gefeiert werden konnten. Seit 1806 waren auch wieder Prozessionen erlaubt. Im gleichen Jahr gab Napoleon den Pfarreien ihren Besitz und damit rund ein Zehntel des kirchlichen Grundeigentums zurück, ab 1811 waren Pilgerfahrten eingeschränkt wieder gestattet.

Napoleon, 1840 am Niederrhein entstandene Tonfigur

Die Veräußerung des säkularisierten Kirchenbesitzes im Stadtgebiet

Im heutigen Stadtgebiet kam der umfangreiche Besitz auswärtiger Kirchen mit rund 60 Höfen, einer Mühle und 1 344,4 ha bewirtschaftetem Land unter den Hammer. Dabei versteigerte der französische Staat nur etwa 55 Prozent der geistlichen Besitzungen; große Teile der geistlichen Güter wurden verschwiegen oder entfremdet. Insgesamt erbrachten die Versteigerungen 763 895 Francs. Von den Gemeinden war Bornheim mit 372,5 ha am meisten, Hersel mit 21,9 ha am wenigsten betroffen. 59 Bürger, vor allem aus Köln und Aachen, 46 Bauern und andere Einwohner aus unserem Gebiet, darunter ein Müller und ein Jude aus Hersel, 17 ehemalige Pächter (Halfen) und sechs Adlige erwarben ehemaliges Kirchengut. Bei den Erwerbern der größeren Lose bildeten elf Pächter die größte Gruppe, gefolgt von fünf Bürgern, vier Bauern, dem Freiherrn Walbott von Bassenheim und dem Müller. Offensichtlich erwarben vor allem die ehemaligen Halfen große Höfe, während sich die Bürger und Bauern auf den Kleinbesitz konzentrierten.

Auf der anderen Seite sicherte sich Napoleon in den sogenannten Organischen Artikeln den entscheidenden Einfluss auf alle Kirchen: Alle Geistlichen waren verpflichtet, den Korsen in ihr Gebet einzubeziehen. Die neuen Bistümer deckten sich mit den Departements, die Pfarreien wurden nach den Kantonen gegliedert, sodass das heutige Stadtgebiet dem Bischof in Aachen und dem Kantonalpfarrer in Brühl unterstand. Vor Ort übten die sogenannten Succursalpfarrer in Hersel, Sechtem, Walberberg, Merten, Rösberg, Hemmerich, Waldorf und Brenig die Seelsorge aus. Roisdorf wurde von der Pfarre Alfter, Widdig von Urfeld außerhalb der heutigen Stadt geistlich versorgt.

Die wenigen Einzelnachrichten, die wir über die Verhältnisse in den einzelnen Gemeinden besitzen, lassen unterschiedliche Schicksale erkennen. Der

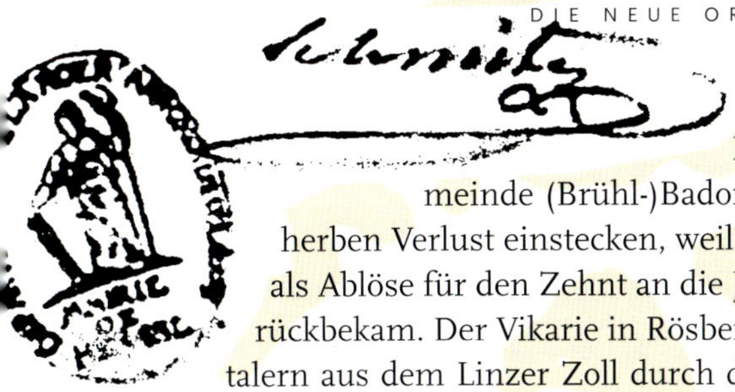

Stempel der Mairie Hersel mit Unterschrift des Maire Peter Joseph Schmitz

Pfarrei Walberberg wurde die Gemeinde (Brühl-)Badorf zugeschlagen. Sie musste einen herben Verlust einstecken, weil die Gemeinde ihren Wald, den sie als Ablöse für den Zehnt an die Jesuiten abgetreten hatte, nicht zurückbekam. Der Vikarie in Rösberg ging eine Rente von 199 Reichstalern aus dem Linzer Zoll durch die Grenzziehung am Rhein verloren. Immerhin konnte in der Pfarrkirche 1804 eine neue Glocke geweiht werden. Die einsturzgefährdete Kirche im Hemmerich wurde 1805/06 für 2300 Francs mithilfe des Bischofs Bertolet von Aachen notdürftig wiederhergestellt.

Die eingeschränkte Befreiung der Juden

Die durch die Revolution proklamierte Religionsfreiheit kam nur den Juden zugute, denn Protestanten gab es vor 1815 am Vorgebirge nicht. Die Freiheit der Juden von allen Beschränkungen dauerte allerdings nur bis zum Erlass des sogenannten Infamen Edikts von 1808. Danach durften sie Handel und Gewerbe nur mit einem jährlich zu erneuernden Patent betreiben und mussten feste Familiennamen annehmen. Bei der Namensänderung sind erstmals alle Israeliten erfasst: 34 Personen in der Mairie Sechtem, 70 in der Mairie Hersel und 65 in der Mairie Waldorf. Bei den Unterschriften zeigte sich, dass die meisten Juden nicht schreiben konnten, einige schrieben ihren Namen hebräisch, nur einzelne deutsch oder französisch. Der einzige genannte jüdische Lehrer Hermann Löwenberg in der Marie Waldorf weigerte sich mit Erfolg, seinen Namen zu ändern. Die Familie Bock in Hersel, die große Güter aus säkularisiertem Kirchenbesitz in Hersel und Oberwesseling erwerben konnte, beweist, dass es in unserem Raum auch wohlhabende Juden gab. Im Übrigen unterlag auch der israelitische Kultus strenger Staatsaufsicht. Das vorgesetzte Konsistorium war in Krefeld angesiedelt, während sich das Konsistorium für die Juden im Rhein-Mosel-Departement im nahen Bonn befand.

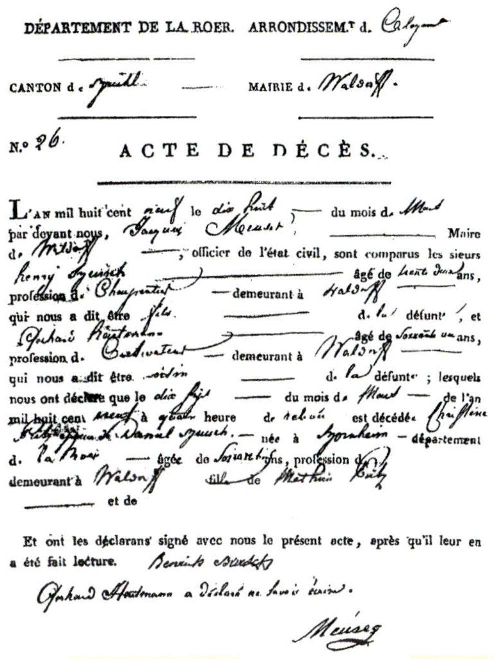

DÉPARTEMENT DE LA ROER. ARRONDISSEM.T d. Cologne

CANTON d. Brühl — MAIRIE d. Waldorff.

N.o 26. ACTE DE DÉCÈS.

L'an mil huit cent neuf le dix huit du mois d. Mars par devant nous, Jacques Meuser, Maire d. Waldorff, officier de l'état civil, sont comparus les sieurs henry Sgueich âgé de trente deux ans, profession d. Charpentier demeurant à Waldorff qui nous a dit être fils d. la défunte, et Gerhard Hartmann âgé de soixante un ans, profession d. Cultivateur demeurant à Waldorff qui nous a dit être voisin d. la défunte; lesquels nous ont déclaré que le dix huit du mois d. Mars de l'an mil huit cent neuf à quatre heure d. matin est décédée Christine ... Daniel Sgueich, née à ... département d. la Roer âgée de soixante ... ans, profession d. ... demeurant à Waldorff fille de Mathias ... et de

Et ont les déclarans signé avec nous le présent acte, après qu'il leur en a été fait lecture.

Gerhard Hartmann a déclaré ne savoir écrire.

Meuser

Sterbeurkunde aus dem Standesamtsregister der Mairie Waldorf vom 18. März 1809, unterzeichnet vom Standesbeamten J. Meuser

Die Schulen

Die Franzosen schlossen 1802 die kirchlichen Schulen und übertrugen das Unterrichtswesen den Zivilgemeinden. Da Staat und Gemeinden die Schulen nicht finanzierten, waren die Lehrer auf das unzureichende Schulgeld angewiesen; kein Wunder, dass die meisten für ihren Beruf nicht ausgebildet waren und neben dem Schuldienst einen weiteren Beruf ausübten. Der Unterricht

Andreas Walraf, Bornheimer Lehrer und später Wirt

fand ohnehin nur in den Wintermonaten statt, weil die Kinder im Sommer auf dem Feld gebraucht wurden. Eine Schulpflicht gab es nicht.

In Bornheim und Widdig wurden 1805 Schullehrer von den Gemeinden eingestellt. Der Herseler Lehrer Peter Joseph Fabri entstammte einer alten Schulmeisterfamilie. Der Bornheimer Lehrer Andreas Walraf unterrichtete auch Kinder aus Sechtem, Roisdorf, Brenig und Dersdorf. In Alfter wirkte nach 1802 der Schreinermeister Christian Clemens als Hilfslehrer für die Kinder der Umgebung. Neben ihm erteilte der Schneider Knott Unterricht. In Sechtem war Wilhelm Steinhauser Lehrer; in der Mairie Sechtem gingen angeblich 350 Kinder regelmäßig zur Schule. Der ehemalige Schulvikar Johann Georgius Majères unterrichtete in Waldorf unter anderem Französisch. Außer ihm beherrschte diese Sprache nur der Lehrer Walraf in Bornheim. Französischkenntnisse aber waren ab 1810 notwendig, weil damals alle Schulen geschlossen wurden, deren Lehrer diese Sprache nicht beherrschten. Diesem Verdikt scheinen die Schulen in Sechtem, Walberberg, Merten und Rösberg zum Opfer gefallen zu sein.

Herstellung der Ordnung

Halbmeilenstein aus der französischen Zeit in Uedorf

Napoleon sorgte zunächst als Konsul Ende 1799, ab Dezember 1804 als Kaiser auch am Rhein wieder für geordnete Verhältnisse. So wurden die Räuberbanden beseitigt. Wichtiger war die Einführung des Code Napoléon. Er verbürgte die Gleichheit vor dem Gesetz und schuf klare Rechtsverhältnisse. Unter der Leitung des Obersten Tranchot fand die erste exakte topografische Aufnahme unseres Raumes statt. Die 1807 eingeführte Impfung gegen die Pocken, denen damals viele Kinder zum Opfer fielen, stieß bei der Bevölkerung trotzdem auf starken Widerstand. Als der Kaiser mit seiner Gemahlin 1804 von Bonn nach Köln fuhr, wurde er von der Bevölkerung jubelnd begrüßt. Die Bevölkerung beteiligte sich an den Plebisziten – wie für die Annahme der Kaiserkrone – und beging wie alle Einwohner Frankreichs Festtage wie den Napoleonstag am 15. August oder die Geburt seines Sohnes, des Königs von Rom.

Die Wirtschaft unter der Kontinentalsperre

Die Wirtschaft wurde durch die Veränderungen unterschiedlich beeinflusst. Ackerbau und Viehzucht wurden gefördert, gute Straßen gebaut. Mit den Wallfahrten wurden die Breniger Märkte im Frühjahr und im Herbst, auf denen die Landbevölkerung ihren Bedarf bezogen hatte, aufgehoben. Der Verlust der Märkte führte dazu, dass sich der Verkehr von der Ville ins Tal verlagerte und damit Bornheim gegenüber Brenig begünstigte. Noch stärker wirkte sich die 1798 eingeführte Zollgrenze am Rhein aus: Die Abschließung vom übrigen Deutschland förderte Schmiede, Töpfer und Tabakfabriken. Der Versand des Roisdorfer Wassers auf dem Rhein kam hingegen vollständig zum Erliegen. Da auch die Tongefäße für den Versand des Wassers aus dem Westerwald wegen der Zollbelastung nicht mehr eingeführt werden konnten, entstanden in und bei Roisdorf neue Töpfereien.

Ansicht des Mineralbrunnens in Roisdorf, aus Gustav Bischof, Der Mineralbrunnen in Roisdorf, 1826

M. Brunnen zu Roisdorf.

Die 1806 erlassene Kontinentalsperre gegen England stoppte die Einfuhr von überseeischen Produkten wie Rohrzucker, Kaffee, Tee, Tabak und Seide. Während Zucker auch aus Rüben gewonnen werden konnte – in Hersel entstand auf dem Bayerhof eine Rübenzuckerfabrik –, gab es für Kaffee, Tee, Tabak und Seide keinen Ersatz, sodass der Schmuggel über den Rhein blühte. Das Schmuggelgut wurde in Kähnen über den Rhein gebracht und durch Träger bis auf die Ville geschafft. Obwohl die Zöllner am Rhein nach 1806 auf zehn bis zwölf Douaniers, im Volksmund nach ihrer Uniform Kamiser (camisol = knielange Ärmelweste als Unterjacke) genannt, vermehrt wurden, hatten sie gegenüber der Bevölkerung einen schweren Stand. Viele Geschichten erzählen, wie sie zum Narren gehalten wurden; einige von ihnen scheinen allerdings auch von den Schmugglern getötet worden zu sein. Bei den Zollbeamten handelte es sich ausnahmslos um Franzosen. Die Offiziere und höheren Chargen brachten ihre Familien mit; eine ganze Reihe von jüngeren Zöllnern hat einheimische Mädchen geheiratet.

Wachsende Kriegslasten: Napoleons Feldzüge und der Befreiungskrieg

Die Popularität Napoleons nahm deutlich ab, nachdem seit 1808 immer mehr junge Männer zum Heeresdienst eingezogen wurden. Da sich viele der Einberufung durch Flucht entzogen, versuchten die Franzosen, die Deserteure durch sogenannte Colonnes mobiles zu fangen. In Sechtem protestierte man gegen deren Unterbringung, weil sich niemand aus dem Ort der Heerespflicht entzogen hatte. Eine ganze Anzahl junger Männer machten im Dienste Napoleons dessen Feldzüge in Spanien, Russland und während der Freiheitskriege in Deutschland mit. Genaue Zahlen und Namen sind nicht bekannt. Zwei Bornheimer fielen 1812 in Russland, drei wurden 1813 von den Preußen gefangen genommen.

Nach dem Untergang der »Grande Armée« in Russland mehrten sich die Lasten erheblich. »Zur Erlangung eines dauerhaften Friedens« hob Napoleon im Januar 1813 erneut viele junge Männer aus. Außerdem belastete er die Gemeinden mit hohen Kontributionen: Die Mairie Hersel musste 1813 bei einem Jahresetat von 1 000 bis 2 000 Francs nicht weniger als 8 847 Francs zahlen. Im Frühjahr zogen Teile der neu aufgestellten Armee durch den Kanton Brühl und forderten Quartier, Spanndienste und andere Leistungen. Als sich die Franzosen nach der Niederlage bei Leipzig am 18.10.1813 auf das linke Rheinufer zurückzogen, stiegen die Lasten noch weiter an. Nachdem der preußische General Blücher in der Neujahrsnacht 1813/14 bei Kaub mit seinen Truppen den Rhein überschritten hatte, setzten sich am 8. Januar die französischen Truppen und Beamten Richtung Aachen ab. Um ihre Zugtiere vor weiteren Spanndiensten zu schützen, versteckten die Bornheimer Bauern ihre Pferde im unzugänglichen Zent auf der Ville oberhalb des Ortes.

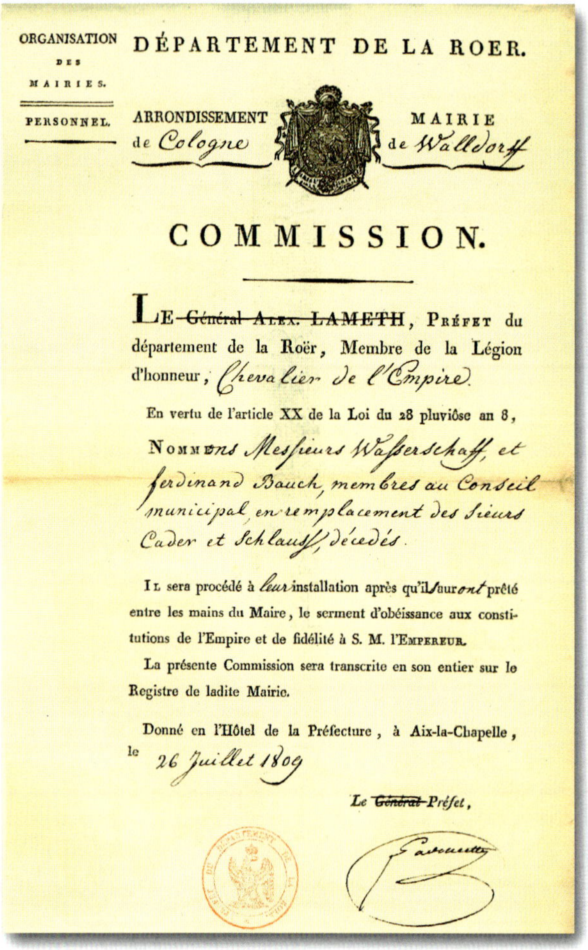
ORGANISATION DES MAIRIES.

PERSONNEL.

DÉPARTEMENT DE LA ROER.

ARRONDISSEMENT de Cologne

MAIRIE de Walldorff

COMMISSION.

LE ~~Général Alex. LAMETH~~, Préfet du département de la Roër, Membre de la Légion d'honneur, Chevalier de l'Empire.

En vertu de l'article XX de la Loi du 28 pluviôse an 8,

Nommons Messieurs Wasserschaff, et Ferdinand Bauch, membres au Conseil municipal, en remplacement des Sieurs Cader et Schlauff, décédés.

Il sera procédé à leur installation après qu'ils auront prêté entre les mains du Maire, le serment d'obéissance aux constitutions de l'Empire et de fidélité à S. M. l'Empereur.

La présente Commission sera transcrite en son entier sur le Registre de ladite Mairie.

Donné en l'Hôtel de la Préfecture, à Aix-la-Chapelle, le 26 Juillet 1809

Le ~~Général~~ Préfet,

Die Herren Wasserschaff und Ferdinand Bauch werden vom Präfekten des Rur-Departments in den Waldorfer Gemeinderat berufen, 26. Juli 1809

Von Frankreich nach Preußen: die Übergangszeit

Kosaken in Bornheim

In der Nacht vom 13. auf den 14. Januar 1814 zog ein kleiner Kosakenverband als erste Truppe der Verbündeten gegen Napoleon durch Bornheim. Das war der Auftakt zu einer wachsenden Zahl von Truppendurchzügen, Einquartierungen, Spanndiensten und Requisitionen, die bis 1816 anhielten und damit die schlimmen Erfahrungen aus der Franzosenzeit fortsetzten. Allein der Ophof in Sechtem hatte von 1794 bis 1816 rund 24 000 Soldaten unterzubringen. Besonders die Kosaken erlaubten sich Übergriffe, stellten den Frauen nach, verprügelten den Pfarrer von Brenig und andere Personen. Als der Roisdorfer Ortsvorsteher Lambert Schmitz kein Heu für die Pferde beschaffen konnte, banden sie ihn aufs Rad und machten ihn erst los, als die Roisdorfer getrocknetes Schilf herbeibrachten. Die Bewohner wehrten sich zum Teil wie der Rösberger Schmied, der einem Kosaken, der sich weigerte, die Beschlagung seines Pferdes zu bezahlen und dem Schmied die Peitsche um den Hals schlug, mit der Feuerzange in die Nase kniff. Die Leistungen der Bürgermeisterei Hersel betrugen allein über 7 000 Francs. Als schwere Last wurde der große Arbeitsaufwand für die Wiederherstellung der Straßen gesehen, die vom Durchzug der Truppen mit ihrem Tross ruiniert waren.

In dieser Situation besaßen die Einwohner des Vorgebirges keinen Schutz durch eine Regierung. Das von den Verbündeten eingerichtete Generalgouvernement Niederrhein in Aachen, zu dem auch das Vorgebirge gehörte, war zunächst mehr am Wohl der Truppen als an dem der eingesessenen Bevölkerung interessiert. Wer am Rhein die Regierung übernehmen würde, hat – im Gegensatz zur Stadtbevölkerung – auf dem Land anscheinend niemanden interessiert. Die Entscheidung für Preußen fiel 1815 auf dem Wiener Kongress.

Ortsschild von Botzdorf
mit Angabe der zugehörigen Landwehreinheit

UNTER DER PREUSSISCHEN KRONE (1815–1914)

Die Rheinlande und Preußen

»Do hierode mir in en ärm Familisch«

Im April 1815 übernahm der König von Preußen am Rhein und damit auch in unserem Raum die Herrschaft. Er tat es weniger aus eigenem Antrieb als auf Drängen Englands, das am Rhein kein schwaches deutsches Territorium, sondern einen starken Staat als Sicherheit gegenüber Frankreich haben wollte. Und in der Tat betraten bis 1918 keine feindlichen Truppen das Rheinland. Die Sorge bei Ausbruch des Krieges 1870/71, dass die Franzosen ins Rheinland eindringen würden, verflogen nach den ersten Siegesnachrichten. Die Verluste in diesem und den vorangegangenen Kriegen von 1864 und 1866 waren minimal; es sind 1866 nur drei Gefallene und 1870/71 im deutsch-französischen Krieg fünf bekannt. Allerdings dürften die Verluste höher gewesen sein.

Die Tatsache, dass weder der preußische Staat das Rheinland gewollt noch die Bewohner sich den evangelischen König als Landesherrn gewünscht hatten, belastete das Verhältnis zum Staat der Hohenzollern und zwar umso mehr, als man sich gesellschaftlich und wirtschaftlich gegenüber Brandenburg und Preußen für überlegen hielt – das Wort von der armen Familie, in die man einheirate, machte die Runde. Wehr- und Schulpflicht machten den neuen Landesherrn nicht gerade beliebter. Vor allem

Erinnerungsfeier an den Krieg 1870/71 im Ehrenhof des Schlosses Hemmerich mit Anheften der Kaiserschleife und des silbernen Ehrennagels an die Kriegserinnerungsfahne, 1908

aber die Auseinandersetzungen des preußischen Staates mit der katholischen Kirche aus Anlass der Verhaftung des Erzbischofs Droste, das sogenannte Kölner Ereignis von 1837, und der Kulturkampf nach 1871 überschatteten das Verhältnis zwischen Preußen und den Rheinländern, das sich auch nach dem Ersten Weltkrieg nicht völlig entspannte.

Andererseits taten die Bornheimer ihre patriotische Pflicht: Als der damalige Kronprinz und spätere König Friedrich Wilhelm IV. 1833 mit einem der ersten Dampfer die Insel Herseler Werth passierte, wurde er von dort mit einem Transparent, Pyramidenfeuer, brennenden Kränzen und Fackeln begrüßt. Bei einem späteren Besuch in Roisdorf kostete er das dortige Mineralwasser. Auch die Anwesenheit des Kaisers bei Manövern im Schloss Brühl bot den Schulkindern der nördlichen Orte Gelegenheit zu patriotischen Demonstrationen. Das 1871 gegründete Kaiserreich wurde von den Rheinländern uneingeschränkt begrüßt. Wilhelm II. fuhr nach der Enthüllung des Denkmals seines Großvaters auf dem Bonner Kaiserplatz im Kraftwagen durch das festlich geschmückte Hersel. Feierlich begangene Kaisergeburtstage und Sedanfeiern machten deutlich, dass die Ablehnung Preußens nach dem siegreichen Krieg gegen Frankreich und der Reichsgründung von einem reichsdeutschen Patriotismus überdeckt wurde, der auch den verlorenen Ersten Weltkrieg überstand.

Industrie und Militär

Die großen Veränderungen des Jahrhunderts, der nach 1840 einsetzende technisch-wissenschaftliche Fortschritt und die damit verbundene Industrialisierung und Urbanisierung glichen das östlich der Elbe gelegene und landwirtschaftlich geprägte Kernland der Hohenzollern dem industriereichen Rheinland an und machten Preußen zu einem modernen Industriestaat. Diese Entwicklung hat sich im landwirtschaftlich bestimmten Vorgebirge erst ganz allmählich und stärker dann gegen Ausgang des 19. Jahrhunderts ausgewirkt. Die Revolution von 1848/49 blieb Episode und die Reichsgründung von 1871 änderte für die Bewohner im alltäglichen Leben wenig, da für sie die preußischen Behörden zuständig blieben.

Vom preußischen Militär war Bornheim wie die ganze Rheinprovinz vor allem durch die 1814 eingeführte Wehrpflicht betroffen, doch war trotz der Bemühungen des Bürgermeisters Dengler um eine Garnison keine Truppe im heutigen Stadtgebiet stationiert. Im Verlauf von Manövern und Übungen gab es Einquartierungen, die bis zu 600 Mann in Walberberg oder 400 Soldaten in Hersel gehen konnten und angesichts der geringen Entschädigungen als Last empfunden wurden.

Auf der anderen Seite boten die Manöver mit Bällen, Paraden und Konzerten Abwechslung im täglichen Einerlei. Bei Hersel übte um die Jahrhundertwende mehrfach das Deutzer Pionierbataillon. Aufmerksamkeit erregten am Rhein die Torpedoboote, die 1895, 1900 und 1912 die Rheindörfer passierten, um für den Flottenbau zu werben.

Verfassung und Verwaltung

Bürgermeistereien statt Mairien

Die preußische Regierung richtete im Frühjahr 1816 die Regionalverwaltung neu ein: Das Gebiet der heutigen Stadt Bornheim kam zum Kreis Bonn, der dem Regierungspräsidenten in Köln unterstand. Damit war die von den Franzosen geschaffene, unnatürliche Trennung vom nahe gelegenen Bonn beseitigt. Dagegen beließen es die neuen Herren bei der Einteilung auf der unteren Ebene in Mairien, jetzt Bürgermeistereien genannt. Die Mairie Bornheim wurde in Bürgermeisterei Waldorf umbenannt, weil Bürgermeister Meurer im Untersten Dützhof residierte, der damals zur Gemeinde Waldorf gehörte.

Die preußische Gemeindeordnung

Die französische Gemeindeverfassung blieb bis zum Erlass der Rheinischen Gemeindeordnung 1845 in Kraft, weil sich die Rheinländer mit Erfolg gegen die unterschiedliche Behandlung von Stadt und Land sträubten und um jeden Preis den bewährten Zusammenschluss mehrerer Gemeinden zu einer Bürgermeisterei bewahren wollten. Die Gemeindeordnung von 1845 gewährte eine eingeschränkte Selbstverwaltung: Die Gemeindevertreter wurden von den männlichen Einwohnern nach dem Dreiklassenwahlrecht gewählt: Die Höchstbesteuerten, mittleren Einkommen und Geringverdienenden bestimmten jeweils die gleiche Zahl von Gemeindevertretern. Das Prinzip, die besitzenden Einwohner stärker zu berücksichtigen, wurde noch dadurch verstärkt, dass jeder Grundbesitzer, der mehr als 50 Taler Grundsteuer zahlte, zusätzlich zu den gewählten Vertretern Mitglied der Gemeindeversammlungen war. Ein weit gespanntes Aufsichtsrecht und die Ernennung der Bürgermeister stellte sicher, dass der Staat den beherrschenden Einfluss behielt.

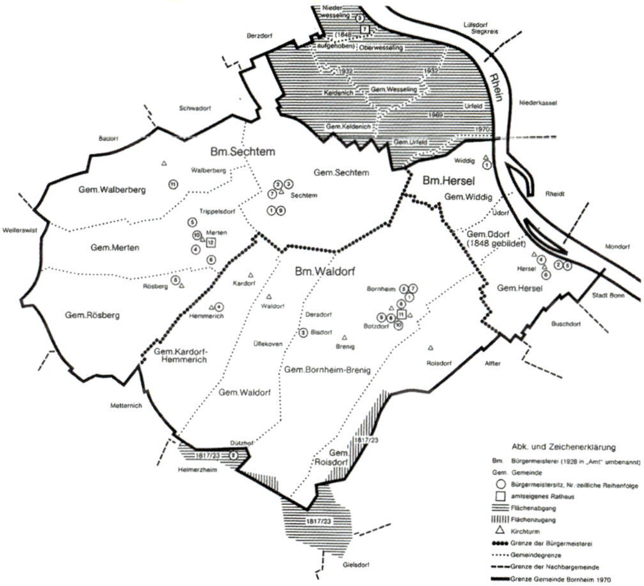

Grenzen der Bürgermeistereien und Gemeinden im Stadtgebiet 1815 bis 1969

Die Bürgermeister

Selbst nach der Revolution von 1848 regte sich gegen die Ernennung der Bürgermeister durch den Staat kein Widerstand, weil die Preußen als Bürgermeister keine landfremden Beamten, sondern zunächst wie in französischer Zeit möglichst eingesessene Grundbesitzer einsetzten. Bei dieser Gewohnheit blieb es in der Bürgermeisterei Waldorf bis 1880. In Hersel folgte 1869 ein Einheimischer mit Verwaltungserfahrung, aber ohne Ausbildung, im Amt des Bürgermeisters. In Sechtem wurde 1842 ein Geschäftsmann und Bahnhofswirt Bürgermeister. Er wurde wegen schlechter Amtsführung abgesetzt. Sein Nachfolger war zwar ein erfahrener Verwaltungsbeamter, verließ aber bereits nach zwei Jahren Sechtem für eine besser dotierte Stelle, sodass man wieder dazu überging, eingesessene Gutsbesitzer zu ernennen. Dabei blieb es bis über den Ersten Weltkrieg hinaus.

Einer der Gründe, weshalb vielfach wohlhabende Einwohner zum Bürgermeister bestellt wurden, lag darin, dass deren Besoldung gering war: Sie bezogen zunächst pro Einwohner drei Silbergroschen und mussten davon noch ein Drittel für die Bezahlung der Hilfskräfte aufwenden. Mitte der 1850er-Jahre wurde das Gehalt des Bürgermeisters in Waldorf von 200 auf 560 Taler, in Sechtem von 400 auf 500 Taler und in Hersel von 400 auf 560 Taler erhöht; zum Vergleich: Der Oberbürgermeister der Stadt Bonn verdiente zur gleichen Zeit 1400 Taler, ohne davon die Hilfskräfte bezahlen zu müssen.

Die Besetzung der Verwaltungen

Die Bürgermeisterei-Verwaltungen waren im 19. Jahrhundert für heutige Verhältnisse unglaublich schwach besetzt. Unter dem Bürgermeister fungierten mehrere Beigeordnete, angesehene Einwohner, die das öffentliche Amt unbesoldet neben ihrem Hauptberuf ausübten. Die Verwaltungsarbeit erledigte ein Sekretär, ein nebenamtlicher Kommunalempfänger bearbeitete die Finanzgeschäfte. Ein Polizeidiener, ein Wegewärter sowie eine Hebamme vervollständigten das Personal des Bürgermeisterei-Amtes. Bis zum Ersten Weltkrieg wurde es nur um wenige Kräfte, vielfach Auszubildende, verstärkt. So verwundert es nicht, dass die Bürgermeisterei-Ämter in den Wohnungen der Bürgermeister oder in angemieteten Räumen untergebracht waren mit der Folge häufiger Umzüge. Erst 1883 erhielten die Bürgermeistereien Waldorf in Bornheim, 1913 Hersel in Wesseling und 1928 Sechtem in Merten eigene Rathäuser. Auf Gemeindeebene wirkte ein ehrenamtlicher Gemeindevorsteher. Ihm unterstanden Feldhüter und Nachtwächter, die für Ordnung sorgten.

Rathaus der Bürgermeisterei Waldorf in Bornheim, erbaut 1883

Uedorfer Schöpfbrunnen mit Holzwelle und Kalle

Wachsende Aufgaben der Verwaltung

Trinkwasserversorgung

Diese schwache Besetzung reichte aus, weil sich die Aufgaben der Kommunen auf dem Lande bis ins 20. Jahrhundert neben der Verwaltung des Gemeindevermögens auf die Wahrung von Ordnung und Sicherheit beschränkten. Dazu gehörte die Versorgung mit Trinkwasser. Sie erforderte bis nach 1850 keine besonderen Aufwendungen. Dann wurde sie, wie sich am Beispiel Walberberg zeigen lässt, schrittweise den Bedürfnissen angepasst, indem zunächst neue Quellen erschlossen und dann Wasserleitungen mit entsprechenden Pumpen und Türmen gebaut wurden. Die erheblichen Aufwendungen machten die Erhebung eines Wasserzinses durch die Gemeinde erforderlich. Die meisten Orte außer Rösberg erhielten zwischen 1889 und 1912 eine zentrale Wasserversorgung. Für die Bürgermeisterei Hersel baute eine private Gesellschaft 1904 ein Wasserwerk in der Gemarkung Urfeld, das 1917 in den Besitz der Bürgermeisterei überging.

Feuerbekämpfung

Vereinsfahne der Sechtemer Feuerwehr von 1902

Die Pflicht zur Feuerbekämpfung war ursprünglich eine Aufgabe der gesamten Einwohnerschaft, doch genügten die ungeübten Einwohnerwehren nicht. Wie in den Städten bildeten sich Freiwillige Feuerwehren als Vereine. Die Gemeinden stellten ihnen Geräte zur Verfügung. 1884 wurde die erste Freiwillige Feuerwehr in Hersel gegründet. 1902/03 folgten Walberberg, Sechtem, Roisdorf und Rösberg. In Merten, Brenig und Roisdorf entstanden sie 1908. Nur in Bornheim gab es eine sogenannte Pflichtwehr.

Trotz dieser Wehren richteten Feuer immer wieder verheerende Schäden an, denn die Geräteausstattung reichte für eine wirksame Bekämpfung großer Brände noch nicht aus. So vernichteten Großfeuer 1819 das Konventshaus des ehemaligen Klosters Walberberg, 1834 die Burg Rösberg, 1858 die Lederfabrik Gammersbach mit allen Vorräten und zwei Wohnhäusern in Roisdorf, 1869 Schloss Hemmerich und 1915 das Kloster Maria Hilf in Bornheim. Flächenmäßig waren die Waldbrände auf der Ville verheerend: 1834 brannte es oberhalb Roisdorfs, sechs Jahre später nach großer Trockenheit in den Gemarkungen Bornheim und Roisdorf. Dieser Brand wurde durch starken Südostwind angefacht und breitete sich bis in den Alfterer Wald aus. Dem Waldbrand von 1911 südlich des Zent fiel nahezu der gesamte Bestand des seltenen Birkwildes zum Opfer.

Verlegung eines Kabels für elektrischen Strom in Bornheim, 1898

Armenwesen

Das Armenwesen war bis zur Franzosenzeit Aufgabe der Kirche gewesen. Danach wurde es »Wohltätigkeitsbüros« übertragen, die nach 1814 als Armenverbände neben den Gemeindeverwaltungen fortbestanden. Wenn Spenden und Armenvermögen nicht ausreichten, mussten die Gemeinden das Defizit ausgleichen. Nach 1871 wurden die Armenverbände mit den Gemeindeverwaltungen vereinigt.

Die Städte übernahmen nach 1870 neue Bereiche, für die der Ausdruck »Daseinsvorsorge« geprägt worden ist. Hierzu gehörten Bauordnung, Gesundheitspflege, Jugendpflege, Nahverkehr, Energieversorgung usw. Für diese Aufgaben waren die Ämter und Landgemeinden nach ihrer Verwaltungskraft und ihren Finanzen viel zu schwach. Ihre Steuerkraft betrug vor dem Ersten Weltkrieg pro Einwohner nur etwa ein Zehntel einer Stadt wie Bonn und reichte kaum aus, um die Aufwendungen für die Schulen, das Armenwesen und die innerörtlichen Straßen zu decken. Für die weitergehenden Aufgaben sprang um 1900 der Landkreis Bonn ein und sorgte dafür, dass der Abstand zu den Städten nicht zu groß wurde. Er gründete eine Kreissparkasse, war an der Vorgebirgs- und Rheinuferbahn beteiligt, unterhielt das Kreisbauamt, den Kreisarzt mit der Fürsorgestelle für Tuberkulosekranke, den Kreistierarzt, die Kreisjugendpflegerin und die Säuglingsfürsorge. Bei der Jugendpflege wirkten in allen Bürgermeistereien des Kreises außer Sechtem Jugendorganisationen mit. In Roisdorf unterhielt der Marianische Jungfrauenverein eine Berufsberatungsstelle für Mädchen, um der Abwanderung in die Städte entgegenzuwirken.

Bei der Energieversorgung brauchten sich am Vorgebirge hinsichtlich des Stromes Kreis und Gemeinden nicht zu engagieren, weil diese bereits um 1900 durch das Elektrizitätswerk »Berggeist« in unmittelbarer Nähe von Walberberg übernommen wurde.

Die politische Entwicklung

Ein allgemeines Interesse an Politik hat sich in Deutschland erst unter dem Eindruck der Französischen Revolution und Napoleons in den gebildeten Schichten herausgebildet. Die Unterschichten und damit die Masse der Landbevölkerung sind davon mit erheblicher Verzögerung und dann auch vor allem in kirchlicher Hinsicht ergriffen worden, weil die Vorstellungen der einfachen Leute durch den regelmäßigen Gottesdienst christlich-religiös geprägt waren.

Die Revolution von 1848/49

Am politischen Geschehen war die Bevölkerung des Vorgebirges zum ersten Mal während der Revolution von 1848/49 aktiv beteiligt. In allen Bürgermeistereien wurden Bürgerwehren zur Aufrechterhaltung der Ordnung eingerichtet. In Bornheim kam es zu Demonstrationen. Der Tapetenfabrikant Witthoff hielt eine Ansprache für Demokratie und Freiheit und der ehemalige Lehrer Wallraf für Zucht und Ordnung; er war im Gegensatz zu vielen seiner Landsleute der Meinung, »dass wir in den vergangenen 20 Jahren gut unter den Preußen gestanden« haben. In Versammlungen in Wesseling und in Hersel wurden Bürgervereine ins Leben gerufen, um gegen die Behörden und die Bürgermeister zu agitieren.

Besonders unbeliebt war wegen seiner energischen Amtsführung der Herseler Bürgermeister Maximilian von Geyr zu Schweppenburg. Im Anschluss an eine demokratische Versammlung im Oktober 1848 mit Gottfried Kinkel in Hersel warf ihm die Menge die Fenster seines Hauses in Wesseling ein und zwei Monate später wurden nach einer Versammlung des demokratischen Bürgervereins zu mitternächtlicher Stunde sogar Schüsse auf seine Wohnung abgegeben. Wesseling wurde daraufhin monatelang von Militär besetzt. Nachdem der Bürgermeister und der Landrat in der Rheinischen Zeitung lächerlich gemacht worden waren, verlegte Geyr das Bürgermeisteramt von Wesseling nach Hersel, wo es bis zum Rathausbau in Wesseling 1913 verblieb.

Parteien und Wahlen 1849 bis 1914

Preußen hatte sich 1849 am Ende der Revolution eine Verfassung gegeben und besaß seitdem ein Parlament, das von den Bürgern nach dem Dreiklassenwahlrecht gewählt wurde. Es gab auf der lokalen Ebene zunächst keine orga-

Aufruf des Roisdorfer Wahlkomitees, 1863

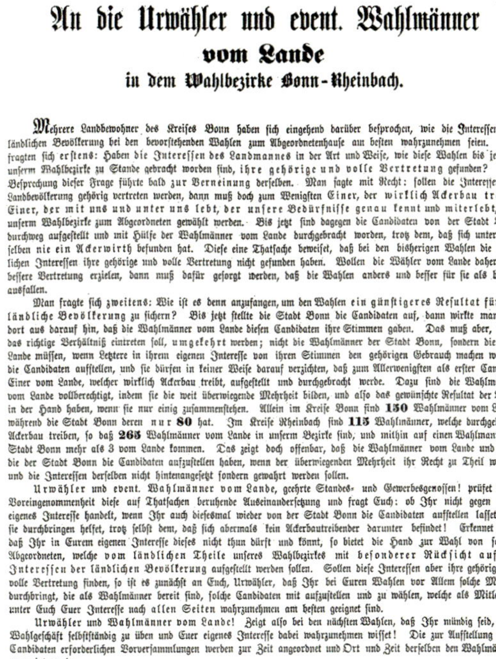

An die Urwähler und event. Wahlmänner
vom Lande
in dem Wahlbezirke Bonn-Rheinbach.

Mehrere Landbewohner des Kreises Bonn haben sich eingehend darüber besprochen, wie die Interessen der ländlichen Bevölkerung bei den bevorstehenden Wahlen zum Abgeordnetenhause am besten wahrzunehmen seien. Sie fragten sich erstens: Haben die Interessen des Landmannes in der Art und Weise, wie diese Wahlen bis jetzt in unserm Wahlbezirke zu Stande gebracht worden sind, ihre gehörige und volle Vertretung gefunden? Die Besprechung dieser Frage führte bald zur Verneinung derselben. Man sagte mit Recht: sollen die Interessen der Landbevölkerung gehörig vertreten werden, dann muß doch zum Wenigsten Einer, der wirklich Ackerbau treibt, Einer, der mit uns und unter uns lebt, der unsere Bedürfnisse genau kennt und miterlebt, aus unserm Wahlbezirke zum Abgeordneten gewählt werden. Bis jetzt sind dagegen die Candidaten von der Stadt Bonn durchweg aufgestellt und mit Hülfe der Wahlmänner vom Lande durchgebracht worden, trotz dem, daß sich unter denselben nie ein Ackerwirth befunden hat. Diese eine Thatsache beweiset, daß bei den bisherigen Wahlen die ländlichen Interessen ihre gehörige und volle Vertretung nicht gefunden haben. Wollen die Wähler vom Lande daher eine bessere Vertretung erzielen, dann muß dafür gesorgt werden, daß die Wahlen anders und besser für sie als bisher ausfallen.

Man fragte sich zweitens: Wie ist es denn anzufangen, um den Wahlen ein günstigeres Resultat für die ländliche Bevölkerung zu sichern? Bis jetzt stellte die Stadt Bonn die Candidaten auf, dann wirkte man von dort aus darauf hin, daß die Wahlmänner vom Lande diesen Candidaten ihre Stimmen gaben. Das muß aber, wenn das richtige Verhältniß eintreten soll, umgekehrt werden; nicht die Wahlmänner der Stadt Bonn, sondern die vom Lande müssen, wenn Letztere in ihrem eigenen Interesse von ihren Stimmen den gehörigen Gebrauch machen wollen, die Candidaten aufstellen, und sie dürfen in keiner Weise darauf verzichten, daß zum Allerwenigsten als erster Candidat Einer vom Lande, welcher wirklich Ackerbau treibt, aufgestellt und durchgebracht werde. Dazu sind die Wahlmänner vom Lande vollberechtigt, indem sie die weit überwiegende Mehrheit bilden, und also das gewünschte Resultat der Wahl in der Hand haben, wenn sie nur einig zusammenstehen. Allein im Kreise Bonn sind **150** Wahlmänner vom Lande, während die Stadt Bonn deren nur **80** hat. Im Kreise Rheinbach sind **115** Wahlmänner, welche durchgehends Ackerbau treiben, so daß **265** Wahlmänner vom Lande in unserm Bezirke sind, und mithin auf einen Wahlmann der Stadt Bonn mehr als 3 vom Lande kommen. Das zeigt doch offenbar, daß die Wahlmänner vom Lande und nicht die der Stadt Bonn die Candidaten aufzustellen haben, wenn der überwiegenden Mehrheit ihr Recht zu Theil werden und die Interessen derselben nicht hintenangesetzt sondern gewahrt werden sollen.

Urwähler und event. Wahlmänner vom Lande, geehrte Standes- und Gewerbesgenossen! prüfet ohne Voreingenommenheit diese auf Thatsachen beruhende Auseinandersetzung und fragt Euch: ob Ihr nicht gegen Euer eigenes Interesse handelt, wenn Ihr auch diesesmal wieder von der Stadt Bonn die Candidaten aufstellen lasset und sie durchbringen helfet, trotz selbst dem, daß sich abermals kein Ackerbautreibender darunter befindet! Erkennet Ihr, daß Ihr in Eurem eigenen Interesse dieses nicht thun dürft und könnt, so bietet die Hand zur Wahl von solchen Abgeordneten, welche vom ländlichen Theile unseres Wahlbezirkes mit besonderer Rücksicht auf die Interessen der ländlichen Bevölkerung aufgestellt werden sollen. Sollen diese Interessen aber ihre gehörige und volle Vertretung finden, so ist es zunächst an Euch, Urwähler, daß Ihr bei Euren Wahlen vor Allem solche Männer durchbringt, die als Wahlmänner bereit sind, solche Candidaten mit aufzustellen und zu wählen, welche als Mitlebende unter Euch Euer Interesse nach allen Seiten wahrzunehmen am besten geeignet sind.

Urwähler und Wahlmänner vom Lande! Zeigt also bei den nächsten Wahlen, daß Ihr mündig seid, Euer Wahlgeschäft selbstständig zu üben und Euer eigenes Interesse dabei wahrzunehmen wisset! Die zur Aufstellung dieser Candidaten erforderlichen Vorversammlungen werden zur Zeit angeordnet und Ort und Zeit derselben den Wahlmännern angezeigt werden.

Buschdorf, Dransdorf und **Hersel** im October 1863.

Das am 4. October in Roisdorf gewählte Comitee.

Bonn, Druck von Carl Georgi.

nisierten Parteien, wie wir sie heute kennen, sondern nur Vereine, die sich zu der Vorbereitung von Wahlen bildeten; erst gegen Ende des 19. Jahrhunderts bauten die Parteien in den Städten eine feste Organisation auf.

In den Landgemeinden des Wahlkreises Bonn-Rheinbach und damit im Bereich des Vorgebirges war die Wahlbeteiligung zunächst sehr gering. In der Bürgermeisterei Hersel 1849 betrug sie nur zwei Prozent! Es wurden bis über den Ersten Weltkrieg hinaus katholisch eingestellte, d. h. nach 1870 Zentrumsabgeordnete gewählt. Liberale erreichten 1877 in den drei Bürgermeistereien nur zwischen 2,6 bis 11,6 Prozent und blieben bis 1918 in hoffnungsloser Minderheit. Die SPD konnte bis zum Ausbruch des Ersten Weltkrieges im heutigen Stadtgebiet kaum Stimmen erringen. Nur im damals zur Bürgermeisterei Hersel gehörenden Wesseling hatte sie geringe Erfolge. Den fehlenden Erfolg in den ländlichen Gebieten begründete der Landrat mit »dem gesunden Sinn der Bevölkerung«. Die SPD selbst merkte selbstkritisch an, dass die Agitatoren glaubten, »die Aufklärung des ganzen Jahrhunderts mit Löffeln gefressen zu haben, und jeden religiös Überzeugten für einen Schafskopf halten«. Dass die Arbeiterbewegung trotzdem in den größeren Betrieben unseres Raumes Fuß gefasst hat, beweist der Streik von 1895 in der Lederfabrik Gammersbach in Roisdorf.

Ansicht von Roisdorf von 1840 mit Wolfsburg und Villa Wittgenstein

Bevölkerung und Bauwesen

Wachsende Einwohnerzahlen

Seit Beginn des 19. Jahrhunderts ist ein sicherer Überblick über die Einwohnerentwicklung möglich. Dabei stellt sich heraus, dass alle Gemeinden in unserem Bereich bis um 1850 ziemlich gleichmäßig gewachsen sind. Bis zur Reichsgründung flaute das Wachstum ab; Uedorf, Widdig, Sechtem und Walberberg zeigen negative Werte, nur Hersel, Bornheim-Brenig und vor allem Roisdorf verzeichnen deutliche Zuwächse. Bis 1885 setzt sich die geschilderte Entwicklung mit einigen Varianten fort. Jetzt haben Kardorf-Hemmerich, Waldorf und Hersel negative Werte, Merten und Sechtem dagegen überwinden die Stagnation, und Bornheim-Brenig überholt Roisdorf. Bis 1905 wachsen fast alle Orte deutlich schneller: Roisdorf, Merten und Bornheim liegen an der Spitze; Kardorf, Hersel und Walberberg im Mittelfeld, mehr oder weniger stagnieren Uedorf, Rösberg und mit negativen Vorzeichen Widdig.

Bis in die 1860er-Jahre überwog der Geburtenüberschuss. Danach dürften in den überwiegend landwirtschaftlich geprägten Orten die Beschäftigungsmöglichkeiten erschöpft gewesen sein. Dauerhaftes Wachstum verzeichneten jetzt nur Gemeinden, die Arbeitsplätze außerhalb der Landwirtschaft anbieten konnten, vor allem Bornheim-Brenig und Roisdorf.

Die Königstraße in Bornheim mit den Gleisen der Vorgebirgsbahn, um 1905

Einwohner, die im Ort keine Beschäftigung fanden, wanderten bevorzugt in die nahe gelegenen Städte Köln und Bonn ab. Die Auswanderung nach Übersee spielte keine große Rolle. Im Vergleich zu den anderen Orten in der Rhein-Sieg-Region konnten die Gemeinden am Vorgebirge im Wachstum nicht mit den Bonn benachbarten Dörfern sowie dem Badeort Godesberg Schritt halten, übertrafen aber stadtferne Orte.

Die soziale Entwicklung

Für die Sozialstruktur lassen sich für die Mitte des 19. Jahrhunderts Rückschlüsse nur für die Bürgermeisterei Waldorf ziehen: Danach lebten dort elf Grundbesitzer mit über 100 Morgen, fünf Geistliche, der Arzt und Apotheker, das heißt, es gab 18 Haushaltungen, die zur Oberschicht zu rechnen sind. Zur Mittelschicht zählen wir 160 Bauern mit zwischen 10 und 100 Morgen Land, acht Lehrer und drei Küster, einen Stationsvorsteher, einen Sekretär, zwölf Brauer, Branntweinbrenner und Müller, also 180 Familien. Auf die 823 Familien gerechnet, gehörten 2,2 Prozent zur Ober- und 22,4 Prozent zur Mittelschicht. Die Unterschicht machte mit 621 Haushaltungen oder rund 75 Prozent den Löwenanteil aus. Darunter waren 500 Tagelöhnerfamilien, von denen nur 100 keinen Landbesitz hatten und sich nicht selbst ernähren konnten.

Dass der größte Teil der Unterschichten nicht völlig arm war, bestätigt eine Äußerung des Herseler Gemeinderates von 1851, »dass, ohne zu übertreiben, ein Drittel der Bevölkerung aus Armen oder der geringsten Klasse besteht«. Hausbesitz war offensichtlich auch bei den Angehörigen der Unterschicht die Regel, denn es gab bei 823 Haushaltungen immerhin 811 Häuser. Hinzu kommt, dass wahrscheinlich zumindest die Mittelschicht stärker als berechnet war, denn es fehlen in unserer Aufstellung die Handwerker und Händler.

Besser sind wir durch das Adressbuch von 1907 – es enthält allerdings nur die selbstständigen Haushalte, nicht die Untermieter und im Haushalt lebenden Beschäftigten – über alle Orte der heutigen Stadt unterrichtet. Aus diesen Zahlen ergibt sich, dass hinsichtlich der Ober- und Mittelschichten die Bürgermeisterei Waldorf die höchsten Werte aufweist und zwar vor allem durch Bornheim, weil sich hier der kleinstädtische Charakter abzuzeichnen beginnt, sowie Roisdorf durch den Brunnen, die Lederfabrik Gammersbach und den Markt für landwirtschaftliche Produkte. Nur Hersel erreicht bei den Ober- und Mittelschichten ähnliche Werte, wahrscheinlich wegen der Nähe der gewerblich orientierten Bonner Nordstadt, die jetzt durch die Rheinuferbahn schnell zu erreichen war. Bei der Bürgermeisterei Sechtem macht sich bemerkbar, dass viele Bewohner von Walberberg und Merten in den Gruben und Fabriken um Brühl arbeiteten. Sechtem konnte, obwohl ebenfalls an der Eisenbahn gelegen, nicht mit Roisdorf mithalten. Im Ganzen lassen sich die Werte für die Bürgermeisterei Waldorf eher mit Bonn, Köln und Koblenz, die der Bürgermeisterei Sechtem eher mit Industriestädten wie Barmen und Essen vergleichen.

Die Sozialstruktur im Jahre 1907

Bürgermeistereien	Oberschicht		Mittelschicht		Unterschicht	
Hersel	7	2,5%	102	36,2%	173	61,3 %
Sechtem	20	2,0%	241	24,3%	730	73,7%
Waldorf	40	3,0%	497	37,5%	790	59,5%
Gesamt	67	2,6%	840	32,6%	1.693	65,9%

Entwicklung der Bebauung

Die wachsende Bevölkerung konnte zunächst in den Ortskernen untergebracht werden. Seit der Mitte des 19. Jahrhunderts rückten die Dörfer am Rand des Vorgebirges zur Straße in der Ebene hin, allerdings mit einer Ausnahme: In Bornheim verlagerte sich der Ortskern von der Burg, nach Westen zur Königsstraße. Die Dörfer auf der Ville vergrößerten sich gleichmäßig um den Ortskern herum. Dabei verdoppelte sich die Zahl der Wohnhäuser zwischen 1828 und 1905 in der Bürgermeisterei Waldorf beinahe, während der Zuwachs in der Bürgermeisterei Sechtem nur rund 50 Prozent betrug und in der Bürgermeisterei Hersel sich die Wohnhäuser kaum vermehrt haben.

Ein Ansatz einer Neugestaltung findet sich in Roisdorf bei dem zwischen 1840 und 1850 erfolgten Ausbau zum Bad; nach Scheitern des Projekts nahm die Lederwarenfabrik Gammersbach den Platz ein. Den offensichtlich einzigen Versuch, einen Bebauungsplan zu erstellen, hat Anton Dengler unternommen. Baufluchtlinien vor 1914 sind außer für Roisdorf bisher nur für Walberberg, nicht aber für die übrigen Orte bezeugt.

Anton Dengler

Anton Dengler (1852–1914), bayerischer Ingenieurleutnant a. D., 1880 bis 1888 Bürgermeister von Waldorf. Er war ein energischer Verwaltungsbeamter, baute 1883 das erste Rathaus, legte in Bornheim die erste Wasserleitung an und stellte Fluchtlinienpläne auf. Er wollte Roisdorf zu einem Badeort mit Militärgarnison ausbauen und hierfür einen Bebauungsplan aufstellen. Als er im Bürgermeisterbeirat mit diesen Planungen auf Widerstand stieß, nahm er 1888 die Wahl zum Bürgermeister in Godesberg an, das er zu einem angesehenen Bad ausbaute.

Ansichtspostkarte von Bornheim mit katholischer und evangelischer Kirche, Schloss und Synagoge, um 1900

Öffentliche Bauten

Unter den öffentlichen Bauten nehmen die Kirchen und Klöster die erste Stelle ein. Nicht weniger als acht katholische Kirchen entstanden zwischen 1845 und 1900. Dazu kamen die Kloster- und Schulbauten der Ursulinen in Hersel, die Um- und Erweiterungsbauten des Klosters Maria Hilf in Bornheim sowie die Klöster zur Heiligen Familie in Merten und das St. Josephskloster in Waldorf. Die Protestanten und Juden waren nur mit einer Kirche (1865) bzw. Synagoge (1866) an der Königsstraße in Bornheim vertreten. Die aufwendigen Kirchen unseres Raumes zeugen ebenso von wachsendem Wohlstand – Kunsthistoriker sprechen von »Kunstdüngerkirchen« – wie von der Opferbereitschaft der Gemeindeglieder. Kollekten in der Rheinprovinz und Zuschüsse der Kirchenoberen halfen bei der Finanzierung mit.

Die zahlreichen Neu- und Erweiterungsbauten für die Schulen fielen dagegen einfach und schmucklos aus, weil der Staat die Kosten allein den finanzschwachen Zivilgemeinden aufbürdete. Sie mussten für die Finanzierung Kredite aufnehmen, die sie so schnell wie möglich zurückzahlten.

Die übrigen öffentlichen Bauten fallen wenig ins Gewicht. An den Eisenbahnstrecken entstanden 1844 in Roisdorf und Sechtem Stationsgebäude. Bescheidener fielen die Bahnhöfe an der Vorgebirgsbahn innerhalb der Ortschaften aus, etwas stattlicher 1908 an der Rheinuferbahn.

Schlösser und Denkmalschutz

An schlossähnlichen Gebäuden ist das von der Familie Kempis 1869 erbaute und 1897/98 umgestaltete Haus Rankenberg zu nennen. Etwas bescheidener stellen sich in Roisdorf das 1844/45 vom Dombaumeister Ernst Friedrich Zwirner errichtete Haus Wittgenstein und die 1872 vom schwedischen Maler Wilhelm Gräf Mörner erbaute Haus Wrede als Villen dar. Die Burgen Rösberg und Hemme-

Haus Wittgenstein in Roisdorf, um 1860

Postkarte von Haus Rankenberg nach dem Umbau, 1900

rich wurden nach Bränden 1833 bzw. 1869 wiederhergestellt. Die Weiße Burg in Sechtem wurde 1843 völlig renoviert und die Kitzburg in Walberberg um 1850 umgebaut.

Ansätze zum Schutz historischer Denkmäler finden sich vereinzelt wie 1858 bei dem Erwerb des Hexenturmes in Walberberg durch den Staat; Pfarrer und Zivilgemeinde hatten den Turm wegen der dort nistenden Dohlen abreißen lassen wollen. Bemühungen, ältere Kirchen zu erhalten, finden sich kaum: Nur der Turm der Breniger Pfarrkirche aus dem 14. Jahrhundert und der romanische Chor der Martinskirche in Merten fielen nicht der Spitzhacke zum Opfer.

Chörchen der Martinskirche in Merten

Die Landwirtschaft

Die allgemeine Entwicklung

Die Landwirtschaft war nach 1815 der dominierende Wirtschaftsfaktor am Vorgebirge. Sie blieb es auch, als nach 1840 zunächst langsam, nach 1871 beschleunigt die stürmische Industrialisierung und die mit ihr eng verbundene Urbanisierung einsetzte, denn diese Veränderungen wirkten sich nur verzögert auf unseren Raum aus. Den Wünschen der Städter nach Weizenprodukten, feinen Gemüsesorten, Frühkartoffeln und Edelobst wurde beim Anbau Rechnung getragen und damit die Erlöse und Kaufkraft der Landwirte kräftig erhöht. Das hatte entsprechend gesteigerte Ansprüche der Dorfbewohner zur Folge mit der Konsequenz, dass in unserem Raum offensichtlich im letzten Jahrzehnt des 19. Jahrhunderts die Zahl der Arbeitsplätze im Gewerbe- und Dienstleistungssektor wuchs. Jedenfalls ergibt sich aus den Angaben des Adressbuches von 1907, dass beide Sektoren 20 Prozent bzw. 17 Prozent aller Arbeitsplätze ausmachten. Diese Beobachtung zeigt eine erstaunliche Parallele zur benachbarten Universitäts- und Rentnerstadt Bonn, in der das Gewerbe vor allem in den 1890er-Jahren überdurchschnittlich gewachsen ist.

In den einzelnen Orten zeigen sich allerdings deutliche Unterschiede. In Hersel (61 Prozent), Roisdorf (59 Prozent), Bornheim (56 Prozent) und Sechtem (50 Prozent) hatten die Beschäftigten im Gewerbe und bei den Dienstleistungen die in der Landwirtschaft Tätigen überholt. Dagegen überwogen diese immer noch in den kleineren Orten wie Üllekoven, Uedorf, Dersdorf und Hemmerich mit mehr als drei Viertel der Berufstätigen.

Produktvielfalt aus dem Vorgebirge

Der Ackerbau

Bis in die zweite Hälfte des 19. Jahrhunderts dominierte der Ackerbau mit rund 90 Prozent der landwirtschaftlich genutzten Fläche. Angebaut wurden in erster Linie Winterroggen als Brotgetreide und Wintergerste zum Bierbrauen und als

Lieferant von Stroh. Daneben traten Hafer als Pferdefutter und Weizen nur in der Herseler Flur hervor. Das änderte sich nach 1850, als die wachsende Stadtbevölkerung Weizenprodukte verlangte. Zum Viehfutter wurden Futterrüben, Klee und erst spät Luzerne, für die Gewinnung von Speiseöl Raps und Rübsamen auf Feldern angebaut. Wie vor 1800 gab es Gemüsefelder mit Kohl, Möhren, Erbsen, Bohnen, Spargel. Ende des 19. Jahrhunderts wurde dort, wo Zuckerfabriken leicht erreichbar waren, die Futter- durch die Zuckerrübe ersetzt. Bei den Kartoffeln spielte seit 1900 die Frühkartoffel eine wachsende Rolle, weil sie zu guten Preisen abgesetzt werden konnte und eine zweite Bestellung auf den abgeernteten Flächen ermöglichte.

Mertener **Bauer pflügt sein Feld** mit einem Ochsen, um 1912

Der Weinbau

In der Franzosenzeit hatten die durchziehenden Truppen viele Weingärten verwüstet. Nach 1815 erholte sich der Weinbau unter dem Schutz des preußischen Zollgesetzes zunächst. Andererseits war die staatliche Moststeuer nachteilig. Ab Mitte des 1830er-Jahre kam die Konkurrenz des pfälzischen Weines hinzu. Der am Vorgebirgsrand gekelterte Wein war von geringer Menge und mittlerer Qualität, bei Hersel wuchs viel, aber schlechter Wein. Nach vorsichtiger Schätzung gab es um 1800 im Stadtgebiet knapp 500 Morgen Weingärten. 50 Jahre später waren es nach Auskunft des Katasters noch 201 Morgen. Wegen besonders schlechter Ernten waren zu dieser Zeit vermutlich nur etwa zwei Drittel davon wirklich mit Wein bepflanzt. In der zweiten Hälfte des Jahrhunderts ging der Anbau von Rebstöcken immer weiter zurück, verursacht durch das hohe Risiko von Missernten und die hohen, vor allem sicheren Erträge aus dem Gemüseanbau. Um 1910 wurde z. B. in Roisdorf der letzte Wein geerntet.

Letzte Weinernte in Roisdorf, 1910

Der Gemüsebau

Um 1850 übertrafen die rund 1160 Morgen Gemüseland die Weingärten um mehr als das Doppelte. Sie lagen am Vorgebirgsrand und in der Ebene vor allem um Sechtem. Sicher ist, dass die Anbauflächen in den folgenden Jahrzehnten weiter stark auf Kosten der Äcker wuchsen. Sie breiteten sich nach 1870 auf alle Flächen am Hang sowie um Sechtem, nach 1900 auch auf der Mittelterrasse aus. Reine Gartenbaubetriebe bildeten sich anscheinend erst nach 1880 in größerem Umfang aus.

Der **»Extirpator« zur Bodenauflockerung und Rodung** von Gemüsestielen

1837 war der Anbau von Gemüse im Wesentlichen auf die Hausgärten beschränkt und diente der Selbstversorgung, denn die Städte Köln und Bonn versorgten sich damals aus ihren stadtnahen Gemüsegürteln. Diese wurden nach 1850 durch die Stadterweiterungen nach und nach aufgezehrt, sodass das Gemüse aus der weiteren Umgebung wie aus dem Vorgebirge bezogen werden musste. Für unseren Raum erleichterte die Eröffnung der Eisenbahn zwischen Köln und Bonn ab 1844 die Anlieferung.

Beliebt waren Spinat und Rosenkohl als Vor- bzw. Nachfrüchte. Um 1900 wurden in Roisdorf und Bornheim überwiegend Erdbeeren, Erbsen, Stangenbohnen und Spinat, in Hersel und Widdig Spargel und Löwenzahn und in der Rheinebene Rosen- und Krauskohl, Buschbohnen und Spinat angebaut. In Roisdorf wurden nach 1900 Blumen für den Großhandel gezüchtet. Charakteristisch für den Vorgebirgsrand war die optimale Ausnutzung des Bodens mit Gemüse als Bodenkultur, Beerensträucher und Hochstammobst. Selbst die Wege wurden mit Salat besetzt, um ja keinen Quadratmeter ungenutzt zu lassen.

Apfelernte nach alter Art

Der Obstbau

Die Obstgärten umfassten 1850 640 Morgen und lagen am Vorgebirgsrand. Der Bonner Landwirtschaftsprofessor Eduard Hartstein beklagt in seiner 1850 erschienenen Topografie des Kreises Bonn, dass die Vorgebirgsbauern beim Obst zu wenig Wert auf Qualität legten. Das hat sich nach 1870 geändert, weil die wachsende Stadtbevölkerung in erster Linie Edelobst verzehrte. Das Vorgebirge wurde vor allem als Lieferant von Erdbeeren und Kirschen über die nächste Umgebung hinaus bis nach Holland bekannt. Allerdings war der Obstanbau mit Risiken behaftet: Bei guten Ernten verfielen die Preise so sehr, dass gelegentlich der Verkauf nicht einmal die Pflückkosten deckte.

Wald und Wiesen

Die Wiesen spielten im 19. Jahrhundert keine Rolle, der Wald dagegen machte mit 9400 Morgen rund ein Viertel der land- und forstwirtschaftlichen Fläche aus; er verminderte sich bis um 1900 auf 7200 Morgen. Um 1800 fiel die Möglichkeit weg, das Vieh in den Wald zu treiben, weil die Wälder auf der Höhe nicht mehr als Allmende genutzt werden konnten, sondern in der Franzosenzeit in den Besitz der Gemeinden übergingen. Die Laubholzbüsche, aus denen zuvor die Pfähle für den Weinbau genommen worden waren, lieferten jetzt die Stangen für den Anbau von Bohnen.

Die Viehhaltung

Bereits im 18. Jahrhundert waren die Landwirte am Vorgebirge auch im Sommer zur Viehhaltung im Stall übergegangen. Die Schafhaltung ging vor 1850 stark zurück und hörte bis 1900 praktisch ganz auf. Der Rindviehbestand war leichten Schwankungen unterworfen und nahm nach 1900 deutlich ab. Dagegen hatten die Ziegen als »Kuh des kleinen Mannes« nach 1850, besonders nach 1900 deutliche Zuwachsraten. Das gilt auch für die Schweine. Die Zahl der Pferde stieg bis zum Ersten Weltkrieg fast in allen Orten deutlich an. Als Zugtier machten ihnen die Esel nach der Jahrhundertwende bescheidene Konkurrenz.

Besitzverhältnisse und Beschäftigung

Die Rittergüter entgehen der Aufteilung

Im Bereich des Vorgebirges galt von alters her das Erbsystem der Realteilung, das durch den Code Civil bestätigt wurde und bis zur Einführung des Bürgerlichen Gesetzbuches im Jahre 1900 Bestand hatte. Ausgenommen waren seit 1826 nur die sechs Rittergüter in unserem Bereich, deren Umfang zwischen 2 260 und 212 Morgen schwankte. Ein siebtes Rittergut in Sechtem war um 1855 parzelliert worden und hatte damit seine Eigenschaft als landtagsfähiges Rittergut verloren. Das war nicht der Fall, als die Freiherren von Weichs und von Nordeck den Wiederaufbau ihrer abgebrannten Burgen Rösberg bzw. Hemmerich durch Landverkauf finanzierten und der Freiherr von Carnap einen großen Teil seiner Ländereien verkaufen musste. Von den Besitzern der großen Güter aus der Zeit vor 1800 haben sich nur die Freiherrn von Weichs auf Rösberg halten können.

Burg Rösberg

Der **Schriftsteller Hans Eschelbach** (1868–1948) war von 1889 bis 1892 Lehrer in Merten

Zunahme der Klein- und Kleinstbetriebe

Die großen Höfe nahmen nach 1850 zu, die mittleren Bauernhöfe, die der Realteilung unterlagen, ab und die Kleinstbetriebe, vor allem die sogenannten Spatenbauern, vermehrten sich. Allerdings wurde die Tendenz zu kleineren Betrieben durch das Streben der Bauern gemildert, ihren kleinen ererbten Besitz durch fleißige Arbeit und Zupachten zu vergrößern. Der Schriftsteller Hans Eschelbach (1868–1948), der als Lehrer in Merten die Verhältnisse kannte, stellt in seinem Roman »Michel Michels« am Beispiel des Vaters seines Helden dar, wie dieser mit Einsatz, Fleiß und Geschick seinen Hof vergrößerte, dann aber Unglück und Tod seine Familien in große Not brachte, die sie mit großem Einsatz und der Hilfe der Nachbarn, nicht von Staat oder Gemeinde überwand.

Das Streben der Bauern nach Vergrößerung ihrer Höfe konnte den Trend zu Kleinbetrieben aber nur unwesentlich aufhalten. Dieser wurde unterstützt durch die geschilderten Landverkäufe der Freiherren von Weichs, von Nordeck und von Carnap, die zu weiterer Parzellierung führten, weil das Preisniveau dank der großen Nachfrage und des guten Bodens hoch war. Viele größere Güter verpachteten Teile ihres Areals an kleine Landwirte, die auf diese Weise ihren Betrieb rentabel machen wollten, oder an Tagelöhner. Nach Hartstein genügten um 1850 in den Bürgermeistereien Waldorf und Hersel als Existenzgrundlage sechs bis zwölf Morgen Acker- und Gartenland. Noch kleinere Betriebe der so genannten Spatenbauern waren keine Vollerwerbsstellen, sie ermöglichten aber vor allem Tagelöhnern, die von ihrem Lohn keine Familie ernähren konnten, eine halbwegs gesicherte Existenz. Nach 1880 spezialisierten sich viele der Kleinbetriebe auf reinen Gartenbau, mittlere und größere bauten Zuckerrüben und Viehfutter für die Melkwirtschaft an.

Zögernde Modernisierung

Moderne landwirtschaftliche Methoden waren am Vorgebirge wenig gefragt. Die Bauern dachten konservativ und waren nicht zur Kooperation in Gemeinschaften bereit. So stand dem Einsatz von Maschinen nicht nur die enge Parzellierung des bäuerlichen Grundbesitzes entgegen. Für eine Umlegung zur Erleichterung der Bewirtschaftung bestand wenig Neigung. Von den modernen Mitteln zur Steigerung des Ertrags setzte sich allein der Kunstdünger mit gutem Erfolg durch.

Mit der Bereitschaft zur Weiterbildung haperte es bis zur Jahrhundertwende. Nur einzelne Lehrer wie der Schulmeister Thiesen in Roisdorf unterrichten bereits vor 1850 die Schuljugend im Obstbau. In der zweiten Hälfte des Jahrhunderts versuchte der Landwirtschaftliche Verein für Rheinpreußen durch sogenannte Landwirtschaftliche Casinos, wie sie der Lehrer Anton Wichterich in Waldorf 1863 gründete, den Kleinbauern und vor allem der Schuljugend das notwendige Wissen für eine erfolgreiche Landwirtschaft zu vermitteln. Um 1900 gründeten sich Spezialvereine wie der Bienenzüchterverein von

1899 in Walberberg, der Garten- und Gemüsebauverein Vorgebirge in Bornheim von 1908, ein Ziegenzuchtverein von 1910 in Sechtem und ein Fischereiverein in Hersel.

Die Beschäftigungsverhältnisse

Nach Hartstein gab es um 1850 auf dem Land außer bei der Bestellung und in der Erntezeit einen Überschuss an Arbeitskräften. Daher bestehe ein Drang zur Stadt und zum gut bezahlten Eisenbahn- und Straßenbau, da es vor Ort an Nebenbeschäftigungen im Gewerbe und auf dem Bau mangelte. Besitzlose Tagelöhnerfamilien könnten vom Lohn des Mannes nicht leben; hier sei die Mitarbeit von Frau und Kindern notwendig oder es müsse die Armenverwaltung helfen. Die Tagelöhner mit kleinem Landbesitz hätten dagegen ein gesichertes Auskommen.

Alter Weiher zwischen Roisdorf und Bornheim als **Teil der ehemaligen Gumme,** im Hintergrund die Roisdorfer Pfarrkirche 1912

Der Drang in die Städte verstärkte sich bis zur Jahrhundertwende weiter. Besonders die Jugend wanderte ab, weil in der Stadt mit geringerem körperlichen Aufwand mehr verdient wurde und man dem ländlichen Einerlei sowie der Sozialkontrolle der Nachbarschaft entfliehen konnte. Dieser Trend zeichnete sich am deutlichsten beim Rückgang der Tagelöhner ab, die man jetzt ganzjährig beschäftigte, um sie halten zu können. Zur Erntezeit musste man auf Wanderarbeiter vor allem aus der Eifel, weniger aus dem Osten, zurückgreifen. Daneben halfen Gruben- und andere Arbeiter in ihren Freistunden bei der Ernte aus.

Missernten und Hungersnöte

1817 kam es nach einer allgemeinen Missernte infolge eines Vulkanausbruchs in der Südsee in ganz Mitteleuropa zu einer Hungersnot, die am Vorgebirge durch Spenden des Landrats, der Bürgermeister und wohlhabender Einwohner gemildert wurde. Sie war mit einer Wolfsplage verbunden. Die große Trockenheit im Jahre 1822 traf das Vorgebirge besonders hart. Um ihre Tiere vor dem Verdursten zu retten, trieben die Bauern selbst aus den Rheindörfern ihr Vieh in den wasserreichen Zent oberhalb Bornheims; man nahm bis zu zwölf Stunden Weg in Kauf, um im Bergischen Kartoffeln zu erstehen. Verschärft wurde die Situation durch eine riesige Mäuseplage: Allein in Hersel wurden über 250 000 Mäuse gefangen. Das letzte Hunger- und Teuerungsjahr war 1846, verschärft von schlechten Erträgen der Weingärten über mehrere Jahre hinweg, die wesentlich zum Rückgang des Weinanbaus beigetragen haben. Auch die großen Trockenheiten der Jahre 1893 und 1911 richteten große Ernteschäden an.

Ansicht des Roisdorfer Mineralbrunnens, rechts der Quellenpavillon, um 1876

Gewerbe

Die großen Unternehmen

Der Roisdorfer Brunnen

Seit 1775 war der Brunnen durch eine wissenschaftliche Arbeit über die gesundheitsfördernde Wirkung des mineralischen Heilbrunnens von Roisdorf weithin bekannt und wurde vom kurkölnischen Hofrat Püllen und dem Lehnsschöffen Knappertz gepachtet und für den Versand kommerziell genutzt. 1787 folgte Franz Jakob Mühlens als Pächter und machte das Roisdorfer Wasser weithin bekannt. 1826 pachtete der Freiherr von Carnap zusammen mit dem Kölner Weinhändler H.M. Hons die Quellen vom Fürsten von Salm-Reifferscheidt-Dyck. Als Brunnenverwalter Hons den Zugang zur Quelle sperrte, weil die Roisdorfer das Wasser auch gerne auf eigene Rechnung verkauften, kam es 1844 zum Streit mit den Einwohnern, die weiterhin freien Zugang zur Quelle beanspruchten. Der Freiherr von Carnap baute das ehemalige Sumpfgelände bis zur Bonner Straße zu einem Kurpark aus, an der das neue Kurhaus entstand. Durch den Park mit Springbrunnen, Konzertpavillon und einem Tempel mit Affen führte eine Lindenallee; die Brunnenallee bestand bereits seit 1793. Für die Unterbringung der Gäste wurden ein Kurhotel und mehrere Fremdenhäuser errichtet; die Wolfsburg diente als Ausflugsziel. Die Zahl der Kurgäste stieg von 1830 bis 1845 von

Ansichtskarte Mineralbrunnen um 1900

30 auf 70 bis 80, außerdem kamen viele Tagesgäste aus Bonn und Köln. Sie konnten das neue Bad leicht mit der Eisenbahn erreichen, deren 1844 gebauter Bahnhof in der Achse der Brunnenallee lag. Das reichte jedoch nicht aus, um das Badprojekt zu einem Erfolg werden zu lassen. Der Freiherr von Carnap hatte sich finanziell übernommen und musste das Gelände 1850 verkaufen. Der Brunnen bestand fort und behielt seine Bedeutung im Versand, der 1825 bereits 60 000, 1860 bis zu 100 000 Krüge im Jahr umfasste. Besonders nach 1876 unter dem Pächter Wilhelm Custor, der den Kurbetrieb zwar einstellte, aber die Abfüllung und den Versand des Wassers im industriellen Maßstab betrieb, kam der Mineralbrunnen richtig in Schwung. Die Krüge für den Versand bis nach Übersee wurden in einer Töpferei in Bahnhofsnähe hergestellt. Custors Nachfahren betrieben den Brunnen bis 1948.

Fabriken: Tapeten, Lederwaren & Zigarren

Die älteste Fabrik in unserem Raum ist die Tapetenfabrik Witthoff in Bornheim, die von 1838 bis 1883 bestand und etwa 60 Arbeiter beschäftigte. Papiertapeten verdrängten damals die vorherrschenden Wandbehänge aus bedruckten Stoffbahnen und gepressten Lederfolien. Das Fabrikgebäude wurde nach der Schließung an die Augustinerinnen für ihr geplantes Kloster verkauft.

Briefkopf der Tapetenfabrik in Bornheim, die Franz Witthoff unter dem Namen seines Schwiegervaters Wittengenstein fortführte, 1862

Die Glanzlederwarenfabrik Gammersbach wurde 1850 auf dem Gelände der Brunnenanlage in Roisdorf gegründet. Sie beschäftigte 1861 75 Personen, 1896 175 Arbeiter und 30 Sattler und arbeitete in erster Linie für das Militär. Aus diesem Grund wurde die Fabrik im Ersten Weltkrieg stark ausgebaut. Daneben gab es um 1900 eine Konservenfabrik am Bahnhof Sechtem sowie kleine Zigarrenfabriken in Bornheim und auf dem Rankenberg.

Lederwarenfabrik Gammerbach in Roisdorf, Briefkopf um 1920

Formen von »Klütten«, den Vorläufern der Briketts, im Handbetrieb

Bodenschätze aus dem Vorgebirge

Braunkohle, Alaunton und Raseneisenstein

An Bodenschätzen wurden in unserem Bereich bereits seit dem 18. Jahrhundert im Westen Walberbergs in kleinen Gruben Braunkohle abgebaut. Seit 1825 beutete der Kölner Gymnasial- und Stiftungsfonds die Vorkommen als Braunkohlengrube »Colonia« aus. 1836 waren bei ihr und in einer Dachziegelei 80 Arbeiter beschäftigt. Die Grube lieferte in erster Linie sogenannte Klütten, aus einem Brei von zerkleinerter Kohle und Wasser in Eimern geformte und luftgetrocknete Stücke. Sie wurden über den »Klüttenweg«, der noch heute vom Berggeistsee durch den Villewald nach Merten führt, in die umliegenden Dörfer, vor allem aber nach Bonn geliefert. Nach 1860 ging die Förderung aus der Grube zurück und um 1900 wurde sie nach Erschöpfung der Kohle geschlossen. Von dem Aufstieg der Brühler Brikettfabrik dank der Brikettierung nach 1877 profitierte Walberberg nur indirekt, indem viele Einwohner in den dortigen Gruben und Fabriken Brot und Arbeit fanden.

Seit 1810 konnten die Grundeigentümer nicht mehr frei über Bodenschätze verfügen, weil für deren Nutzung eine staatliche Konzession beantragt werden musste. So wurden 1862 in den Bürgermeistereien Sechtem und Waldorf vier Konzessionen auf Eisen und Braunkohle sowie eine auf Braunkohle und Alaunton erteilt. Von ihnen wurde offensichtlich nur der Abbau von Raseneisenstein durch primitiven Schacht- und Stollenbau am Breniger Isesteenslauch und Tigen Rech südlich von Brenig realisiert, der für 1859 und 1864 bezeugt ist.

Heimische Erden: Kiese, Sande und Ton

Größere Bedeutung hatten die auf heimischen Erden beruhenden Ziegeleien, Kalkbrennereien und Töpfereien sowie die Kies- und Sandgruben auf der Ville und der Niederterrasse; besondere Bedeutung kam den Gruben oberhalb Roisdorf mit dem in Bonn begehrten weißen Quarzsand zu. Hartstein zählt für 1850 zwei Kalkbrennereien und vier Ziegeleien in der Bürgermeisterei Hersel und je eine Ziegelei in den Bürgermeistereien Sechtem und Waldorf auf. Maaßen erwähnt eine Dachziegelfabrik in Waldorf. Bei der Betrachtung muss beachtet werden, dass die Ziegeleien als Saisonbetriebe arbeiteten, ursprünglich von wallonischen Wanderarbeitern eingerichtet wurden und vielfach für bestimmte Projekte wie zum Bau einer Kirche oder anderer größerer Gebäude angelegt wurden.

Quarzitgrube »Maria« oberhalb Bornheims, um 1890

Landwirtschaftliche Gewerbe

1827 sind in den drei Bürgermeistereien 26 Mühlen, drei Jahrzehnte später zehn Wasser- und nur zwei Windmühlen bezeugt. 1864 zahlten in der Bürgermeisterei Hersel vier Müller, in Sechtem sechs und in Waldorf drei Gewerbesteuern. Nach Maaßen hat um 1880 in Waldorf eine Dampfmühle bestanden. Gegen die Großmühlen in den Rheinstädten konnten sich die kleinen Mühlen am Vorgebirge im 20. Jahrhundert nicht behaupten. Nur in Bornheim und Waldorf haben sich kleine Mühlen mit elektrischem Antrieb halten können.

Brauerei Lux in Waldorf, Postkarte von 1899

Ähnliches gilt für die Brennereien und Brauereien. Sie wurden nach dem gesellschaftlichen und wirtschaftlichen Umbruch um 1800 in kleinen häuslichen Betrieben mehr für den Eigengebrauch als für den Verkauf betrieben. Auch in der Mitte des Jahrhunderts gab es nur kleine Betriebe: sechs Brennereien und vier Brauereien in den Bürgermeistereien Sechtem und Waldorf mit insgesamt nur 13 Beschäftigten. 1864 zahlten zwei Brauereien in der Bürgermeisterei Hersel, eine in Sechtem und drei in Waldorf Gewerbesteuer. Die Bornheimer Burgbrauerei konnte sich zunächst zu einem bedeutenden Unternehmen entwickeln, stellte aber 1889 wie die anderen Brauereien zuvor ihren Betrieb ein. Nur die Herseler Germaniabrauerei, gegründet um 1865 vom Bornheimer Johann Claren, bestand bis zum Ende des 20. Jahrhunderts.

Das Handwerk

Es hat den Anschein, dass nach 1820 die Handwerker zahlreicher wurden: In Roisdorf waren 1817 unter den Eltern von 106 Schülern außer einem Wirt ausschließlich Ackerer und Tagelöhner, kein Handwerker, 1829 dagegen unter 54 Vätern von 103 Schulkindern je ein Schuster, Schlosser, Barbier, Leineweber, Schreiner und Schmied sowie ein Wirt und ein Feldschütz. Ferner werden eine Reihe von Sandgräbern aufgezählt.

Hemmericher Schmiede, um 1905

Einen unvollständigen Überblick über die Zahl der Handwerker gewinnt man aus einer Übersicht des Kreisverwaltungsberichts von 1864; unvollständig, weil sie für 1864 nur die Meister aufweisen, die mehr als einen Lehrling beschäftigten. 1864 zahlten in den Bürgermeistereien Sechtem und Waldorf 54 Handwerker 201 Taler Gewerbesteuer. Auffällig ist, dass die Bäcker mehr als zwei Drittel der Handwerkerschaft und ihrer Steuerbelastung ausmachten und auch die Fleischer überrepräsentiert waren. Dieses Missverhältnis ist so zu erklären, dass bis in die 1870er-Jahre die Bäcker und Fleischer in den Städten durch die Mahl- und Schlachtsteuer deutlich mehr als ihre Kollegen auf dem Land belastet wurden. Die übrigen Handwerkszweige sind mit sechs Betrieben bei 26 Talern Gewerbesteuer in den beiden Bürgermeistereien deutlich unterrepräsentiert, vermutlich weil es hier nicht gewerbesteuerpflichtige Handwerker gab, die nebenher Landwirtschaft betrieben.

Nach dem Adressbuch von 1907 hat sich die Zahl der Handwerker in den Bürgermeistereien Sechtem und Waldorf seit Mitte der 1860er-Jahre mit 277 mehr als vervierfacht; dazu kommen noch weitere 64 Handwerker in den Rheinorten Widdig und Uedorf. Sie konzentrierten sich in den größeren Orten Bornheim (51), Hersel (50) – hier wohnten nach Maaßen um 1880 viele Handwerker, die von der Industrie und Bautätigkeit in Bonn herrührten – und Roisdorf (49). Eine Ausnahme machte Sechtem mit nur 24 Handwerkern. In den kleinen und stark landwirtschaftlich geprägten Dörfern gab es nur wenige Handwerker.

Handel, Dienstleistungen & Verkehr

Märkte und Händler

Lebensmittelgeschäft Fideler in der Bornheimer Königstraße, 1909

Die Breniger Märkte im Frühjahr und Herbst, auf denen die Landleute einen großen Teil ihres Bedarfs gedeckt hatten, wurden nach dem französischen Verbot wieder zugelassen, erlangten aber bis zu ihrer Schließung um 1880 nicht mehr ihre alte Bedeutung. Fliegende Händler verkauften den Bauern Textilien, vor allem Berufskleidung, Jungvieh, Öle und Fette, Kaffee und Süßwaren, weißen Sand zum Scheuern usw.

Einen Überblick über die ansässigen Händler gewährt die Tabelle der Gewerbesteuer von 1864: Danach gab es nur in der Bürgermeisterei Waldorf vier Kaufleute mit vollen Rechten. Händler, d. h. Höker, Trödler, Handelsleute von geringem Gewerbebetrieb, die statt 15 nur 2 Taler Gewerbesteuer zahlten, waren mit 87 wesentlich zahlreicher. Im Gegensatz zu den Handwerkern erfasste die Gewerbesteuer auch kleinste Existenzen. Das Adressbuch von 1907 zählt für die beiden Bürgermeistereien Sechtem und Waldorf insgesamt 67 Kaufleute auf – darunter nur einen Hausierer –, also deutlich weniger als 1864, wahrscheinlich weil viele Kümmerexistenzen in der Zwischenzeit eingegangen waren.

Obst- und Gemüsemarkt in Roisdorf, um 1910

Die drei heute zur Stadt zählenden Orte der Bürgermeisterei Hersel sind mit 14 Händlern vertreten. Die Kaufleute lebten wie die Handwerker vorwiegend in den größeren Orten, an der Spitze Bornheim und Hersel.

Eine besondere Betrachtung verdient für unseren Raum der Handel mit den Erträgen der Landwirtschaft. Nach Hartstein lag um 1850 der Viehhandel weitgehend in der Hand jüdischer Händler. Obst, Gemüse, Kartoffeln, Milch und Butter wurden von den Besitzern auf den Märkten in Köln und Bonn selbst verkauft; die beiden Korn- und Viehmärkte in Roisdorf waren 1861 unbedeutend. Das Getreide kauften meist fremde Händler vor Ort auf und verkauften es anderswo. Das Stroh fand in den Kavalleriekasernen in Bonn Abnehmer. Mit dem Aufkommen der Eisenbahn ergaben sich bessere und weitere Absatzmöglichkeiten, aber auch bis dahin unbekannte Konkurrenz aus Holland und Italien. Seit der zweiten Hälfte des 19. Jahrhunderts wurden die Ernten von den Bauern bzw. deren Ehefrauen auf den Märkten in Köln und Bonn verkauft; dazu kam der ansässige Versand- und Kommissionshandel. Dieser Zustand wurde am Anfang des 20. Jahrhunderts als ungenügend empfunden, weil er den Erzeugern keinen Überblick über die Marktlage gestattete.

Flaschenlager des Roisdorfer Brunnens, um 1900

Gastgewerbe

Das Gastgewerbe hatte schon vor 1800 in den Rheindörfern durch die Schifffahrt und die Köln-Bonner Chaussee eine Rolle gespielt. Die 1826 aufgenommene Dampfschifffahrt und 1844 eröffnete Eisenbahn Köln Bonn wirkten sich nachteilig aus, weil die Reisenden nicht mehr durch die Rheinorte kamen. Dagegen begünstigte der Mineralbrunnen in Roisdorf die dortige Gastronomie.

1864 gab es in der Bürgermeisterei Hersel 22 Gastwirte gegenüber 17 bzw. 21 in den Bürgermeistereien Sechtem und Waldorf. 1907 war die Zahl der Gastwirtschaften in den Bürgermeistereien Sechtem und Waldorf etwa gleich geblieben. Die Rheinorte ohne Wesseling und Urfeld hatten 1907 nur neun Wirtschaften, davon allein sieben in Hersel. Dass in den stärker landwirtschaftlichen Orten wie Rösberg, Botzdorf, Dersdorf, Kardorf und Hemmerich nur ein, höchstens zwei Wirte ihr Auskommen fanden, leuchtet ein.

Dienstleistungen

Kreditwesen

Das Kreditwesen lag bis in die Mitte des 19. Jahrhunderts auch am Vorgebirge überwiegend in der Hand von jüdischen Händlern bzw. Verleihern. 1861 erwähnt der Kreisverwaltungsbericht als erstes Kreditinstitut eine Filiale des Bonner Kreditvereins in Bornheim. Allerdings bestanden bereits seit 1857 Zahlstellen der Städtischen Sparkasse Bonn im Kreisgebiet, deren Einzahlungen 1883 die in der Stadt übertrafen. Der Landkreis gründete 1895 eine eigene Kreissparkasse, die 1905 Nebenstellen in Bornheim, Hersel, Merten, Roisdorf, Sechtem, Walberberg und Waldorf betrieb. Neben ihnen gab es genossenschaftliche Spar- und Darlehensvereine in Sechtem, Roisdorf, Kardorf-Hemmerich, Walberberg und Hersel. Von ihnen hatte Walberberg mit 121 335 Mark die meisten Hypotheken ausgegeben. Aus der Tatsache, dass im Adressbuch von 1907 alle größeren Banken in der Stadt Bonn unter der Rubrik »Empfehlenswerte Firmen« aufgeführt sind, ist zu schließen, dass diese im Kreditgeschäft in der Umgebung und damit am Vorgebirge eine wesentliche Rolle spielten.

Medizinische Versorgung

Als erste Angehörige freier Berufe ließen sich um 1840 ein Arzt und ein Apotheker in Bornheim nieder; zuvor gab es offensichtlich keine professionelle medizinische Versorgung der Bevölkerung. In den 1840er-Jahren praktizierte in der Sommersaison ein Kurarzt in Roisdorf. 1907 gab es zwei Ärzte und einen Apotheker in Bornheim, einen Arzt in Sechtem mit einem Sanatorium im Herrenhaus der Grauen Burg. Die professionellen Mediziner wurden durch Krankenvereine unterstützt, die sich gegen Ende des 19. Jahrhunderts bildeten, so der 1871 gegründete Krankenverein in Walberberg oder der 1880 in Sechtem gegründete St.-Wendelinus-Krankenverein. Diese Vereine entstanden u. a. zur Bekämpfung größerer Epidemien, wie etwa der Ruhrepidemie vom Herbst 1871, der allein in Sechtem 56 Menschen zum Opfer fielen.

Als Angehörige freier Berufe gab es 1907 außerdem noch je einen »Agenten« in Hersel und Sechtem, einen »Reisenden« in Hersel und einen Diplomingenieur in Botzdorf.

Verkehr

Ausbau der Straßen

Unter Napoleon war die Verbindungsstraße zwischen Köln und Basel, die durch die Rheinorte führte, ausgebaut worden. Diese Straße hielt der preußische Staat in gutem Stand, sodass Johanna Schopenhauer, die Mutter des Philosophen, »die vorzügliche Chaussee« rühmen konnte. Eine zweite überörtliche Straße aus der Zeit vor 1800, die von Bonn kommend den Vorgebirgsrand zwischen Bornheim und Brenig überwand, an Rösberg vorbeiführte und weiter nach Düren und Aachen verlief, verfiel, vermutlich weil seit 1831 die Umgehung Kölns wegen des weggefallenen Stapelrechts nicht mehr nötig war. Dafür gewann die Straße am Fuße des Vorgebirges an Bedeutung, die von Roisdorf bis Walberberg das Stadtgebiet durchschneidet und Bonn mit Brühl verbindet. Diese Straße wurde im Gegensatz zu großen Landstraßen nicht vom Staat unterhalten und fiel innerhalb der Ortschaften den Gemeinden zur Last. 1854 wurde die Straße verbreitert und mit Kies befestigt. Zu ihrer Unterhaltung schaffte die Gemeinde Walberberg 1889 eine Schlammmaschine und 1900 eine Dampfwalze an. Damals war die Straße mit Basalt gepflastert und mit Rinnsteinen versehen. Auch andere Straßen, deren Zustand um 1850 als mangelhaft galt, wurden im ausgehenden 19. Jahrhundert gepflastert, so auch der Verbindungsweg zwischen Hersel und Roisdorf.

Seit der Ausbreitung der Eisenbahn hatten die Straßen für den preußischen Staat nur noch »provinziellen« Charakter. Mit dem 1886 in der Rheinprovinz eingeführten kommunalen Provinzialverband wurde diesem der Bau und die Unterhaltung der Straßen übertragen. Dabei blieb es auch, als nach der Jahrhundertwende das Automobil die Situation veränderte. Bereits für 1901 sind Automobilfahrten zwischen Köln und Bonn bezeugt.

Die Schifffahrt

Die Einführung der Dampfkraft erfolgte zuerst auf dem Rhein: 1824 passierte als erstes Dampfschiff die niederländische »Zweeuwe« die Rheindörfer. Seit 1827 verkehrten regelmäßige Schifffahrtslinien zwischen Köln und Bonn. Widdig wurde Nachenstation der Köln-Düsseldorfer-Dampfschifffahrts-Gesellschaft; hier bestiegen bzw. verließen 1863 über 10 000 Personen per Boot den in der Flussmitte wartenden Dampfer. In Widdig wohnten 1907 fünf Schiffer. Die Verdrängung des Treidelverkehrs durch Schleppzüge wirkte sich auf die Wirtschaft in den Rheindörfern negativ aus. 1844 wurde vom Herseler Werth sogar auf vorbeifahrende Dampfschlepper geschossen.

Die Eisenbahnen

Pläne für eine Eisenbahnverbindung zwischen Köln und Bonn wurden bereits 1836, also unmittelbar nach Eröffnung der ersten deutschen Eisenbahn, geschmiedet, doch wurde erst 1842 mit dem Bau der Strecke zwischen Brühl und

Karte der seit 1891 projektierten Rheinuferbahn zwischen Köln und Bonn

Bornheim begonnen. Dabei wurden etwa 250 Arbeiter beschäftigt; ihr Verdienst lag mit 10 bis 15 Silbergroschen etwa doppelt so hoch wie der von Tagelöhnern. Die Waldorfer Bürgermeister v. Nordeck und v. Carnap hatten sich energisch für den Bau eingesetzt. Allerdings waren nicht alle Bewohner des Vorgebirges mit dem neuen Verkehrsmittel einverstanden. Eine Stimme aus Sechtem bezweifelte, dass die Bahn mit einer Marktgängerin für fünf Groschen Tageslohn konkurrieren könne, und fürchtete Nachteile für die Schafweide.

Die Eisenbahnstrecke zwischen Köln und Bonn wurde im Februar 1844 eröffnet und hatte von Anfang an Erfolg. Sie erleichterte den Absatz der landwirtschaftlichen Produkte des Vorgebirges ungemein. Indes lagen die Rheindörfer und die Orte am Villehang von der Bahnstrecke so weit entfernt, dass schon Anfang der 1880er-Jahre Überlegungen für eine Kleinbahn entlang dem Vorgebirge angestellt wurden. Sie führten 1894 zur Gründung einer Aktiengesellschaft, an der der Landkreis maßgeblich beteiligt war. Die eingleisige Schmalspurstrecke Bonn-Brühl wurde 1897, die Verlängerung nach Köln im Jahr darauf in Betrieb genommen. Die von Dampflokomotiven gezogenen Züge entwickelten zwar nur eine Geschwindigkeit von durchschnittlich 15 Stundenkilometer, aber trotzdem beförderte die Bahn in der Anfangszeit über 10 000 Personen und der Güterverkehr übertraf alle Erwartungen.

Die »Aktiengesellschaft der Vorgebirgsbahn Cöln-Bonn« (ab 1917 »Cöln-Bonner Eisenbahnen AG«) beantragte bereits 1894 den Bau einer Nebenbahn am Rheinufer von Köln nach Bonn. Die Konzession wurde 1898 erteilt mit der Auflage, dass erst die Querverbindung Vochem-Wesseling fertiggestellt werden sollte. Das erwies sich insofern als günstig, als die Bahn nicht wie die Vorgebirgsbahn eingleisig und schmalspurig mit Dampfbetrieb auf den vorhandenen

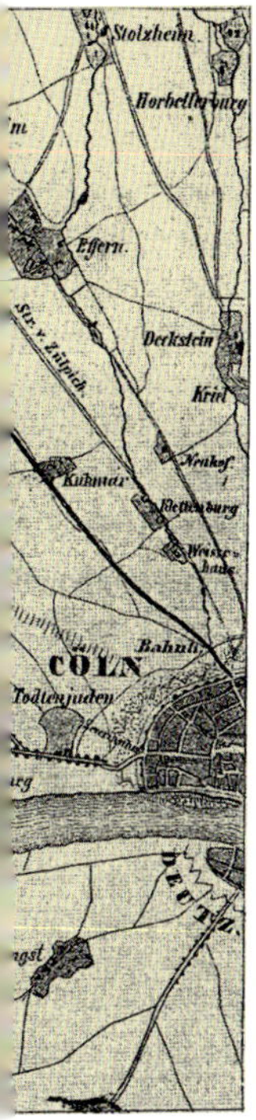

Straßen, sondern als elektrisch betriebene Vollbahn auf eigenem Gleiskörper gebaut wurde. Die 1904/05 in Betrieb genommene Bahn erreichte eine Geschwindigkeit von 80 Stundenkilometer und benötigte damit bis Köln weniger als halb so lange wie die Vorgebirgsbahn.

Post und Fuhrwesen

Bis zur Eröffnung der Eisenbahn hatte die Post das Monopol auf den Fernverkehr. In unserem Raum verlief die Hauptroute von Köln über Wesseling nach Bonn und weiter rheinaufwärts. Auf ihr verkehrten 1841 zehn Postwagen täglich, die die Strecke Köln-Bonn in drei Stunden bewältigten. Nach 1844 wurde die Linie wegen der Eisenbahn eingestellt, ein herber Verlust für Hersel und Widdig: »Seit Tagen hat kein Wirt, kein Bäcker mehr etwas zu tun, wo doch jahrelang durch die Schnell- und Lokalwagen ein tägliches, sicheres Verdienst war.« Der dreimal täglich verkehrende Postwagen, der bis zur Eröffnung der Rheinuferbahn 1906 Hersel mit Bonn verband, war nur ein kümmerlicher Ersatz.

Als 1816 die preußische Staatspost die Rechte der Reichspost Thurn und Taxis übernahm, gab es am Vorgebirge kein »Postamt«. 1819 wurde die nebenamtlich besetzte Posthalterei in Hersel und Bornheim eröffnet und 1844 nach der Eröffnung der Eisenbahn auf den Bahnhöfen in Sechtem und Roisdorf Poststellen eingerichtet. Der 1854 in Walberberg angebrachte Briefkasten lässt erkennen, dass zu diesem Zeitpunkt Briefe in den Dörfern befördert wurden. Bis zur Jahrhundertwende richtete die Post in allen größeren Orten Ämter mit hauptamtlichem Personal ein; das Adressbuch von 1907 nennt 14 Postbedienstete in Hersel, Merten, Walberberg, Bornheim, Roisdorf und Sechtem. Zusätzlich zur Brief- und Paketbeförderung hatte die Post den Telegrafen- und Telefondienst übernommen. 1876 wurde in Wesseling für die Bürgermeisterei Hersel eine Telegrafenstation eingerichtet, und 1894 erhielt die Postagentur in Walberberg ein Telefon. Das war recht früh, denn Roisdorf und Bornheim wurden erst ab 1902 an das Telefonnetz angeschlossen.

Die **dampfbetriebene Vorgebirgsbahn »Feuriger Elias«** im Bahnhof Waldorf, 1910

Von der Eisenbahn wurde auch das Fuhrwesen negativ betroffen. Jedenfalls sind in Verwaltungsberichten bereits um 1860 keine Fuhrleute mehr unter den Gewerbesteuerpflichtigen genannt. Das Adressbuch von 1907 verzeichnet dagegen wieder zwei Fuhrunternehmer in Hersel und Roisdorf sowie 28 Fuhrleute und Kutscher sowie einen Chauffeur im heutigen Stadtgebiet.

Pfarrkirche St. Servatius in Sechtem und Nikolauskapelle (1770/71)

Religion und Kirche

Die katholische Kirche

Spannungsreich: Das Verhältnis zwischen Kirche und preußischem Staat

Durch den Wiener Kongress kamen die Rheinlande an einen Staat mit einem protestantischen Oberhaupt, der, wie es der Kultusminister Altenstein formulierte, für die evangelische Kirche nach Liebe, für die katholische nach Pflicht sorgte. Immerhin ergaben sich für die Katholiken einige Erleichterungen: Die Einschränkungen bei den Prozessionen wurden aufgehoben, und die von den Revolutionssoldaten zerstörten Heiligenhäuschen und Fußfallkreuze wiederhergerichtet. Durch die Bulle »De salute animarum« wurde die katholische Kirchenorganisation am Rhein neu geordnet. Die drei Bürgermeistereien Hersel, Sechtem und Waldorf mit den elf Pfarreien Brenig, Hemmerich, Hersel, Keldenich, Merten, Rösberg, Sechtem, Urfeld, Walberberg, Waldorf und Wesseling kamen zum Dekanat Hersel der Erzdiözese Köln. Dieses umfasste außerdem Pfarreien in den Bürgermeistereien Oedekoven und Poppelsdorf. 1859 wurde Bornheim von Brenig, 1891 Roisdorf von Alfter abgetrennt und zu eigenen Pfarreien erhoben.

Der Streit zwischen dem preußischen Staat und der katholischen Kirche, der 1837 im sogenannten »Kölner Ereignis«, der Verhaftung des Kölner Erzbischofs Clemens August von Droste-Vischering, gipfelte, scheint keine Unruhe in die Pfarreien des Dekanats Hersel gebracht zu haben.

Anders der zweite Streit zwischen Staat und katholischer Kirche im 19. Jahrhundert, der Kulturkampf von 1872 bis 1889. Diese Auseinandersetzung zwischen Kirche und Kaiserreich wurde von Bismarck benutzt, um die 1842 verloren gegangenen Rechte des Staates gegenüber der Kirche »mit möglichst wenig Geräusch« wiederherzustellen. Während die benachbarte Universitätsstadt Bonn ein Zentrum der Auseinandersetzungen war, standen in den Landgemeinden des Vorgebirges die staatlichen Eingriffe in das kirchliche Leben der Pfarreien im Vordergrund: Da neu einzusetzende Pfarrer nun einen Treueid auf den Staat ablegen mussten und die kirchlich eingestellten Theologen sich weigerten, dieser Vorschrift zu folgen, blieben die Pfarrstellen in Brenig ab 1875, Hersel ab 1877, Merten ab 1882, Rösberg ab 1873 und Waldorf ab 1874 sowie die Vikarie in Bornheim bis Anfang 1889 unbesetzt. Die Ursulinen in Hersel mussten 1875 Kloster und Schule aufgeben und konnten erst 1889 zurückkehren. Im zur Pfarrei Alfter gehörenden Roisdorf konnte erst 1891 eine eigenen Pfarrei eingerichtet werden.

German Hubert Christian Maaßen

German Hubert Christian Maaßen (1825–1910), Pfarrer in Hemmerich 1862–1910. Das Amt des Schulpflegers im Dekanat Hersel, das er seit 1867 bekleidete, wurde ihm im Kulturkampf 1874 genommen. Ihm ist in erster Linie der Neubau der Hemmericher Kirche 1895/96 zu verdanken. Er trat als Verfasser zweier Werke über die römischen Staatsstraßen und Wasserleitungen am Vorgebirge sowie als Autor von vier Bänden der Geschichte der Pfarreien im Erzbistum Köln hervor, darunter des wichtigen Bandes über die Pfarreien des Dekanats Hersel.

Ein in Brenig geborener Jungpriester sah sich wegen Messelesen in seinem Heimatort gerichtlich angeklagt und musste nach Württemberg ausweichen. Maaßen selbst verlor als Pfarrer von Hemmerich die Stelle als Schulpfleger. Die Nachricht in der Chronik der Bürgermeisterei Sechtem, dass mehr als 80 Prozent der Zeitungsbezieher streng katholische Zeitungen und kaum 20 Prozent liberale Blätter abonniert hatten, zeigt deutlich, dass auch die meisten Gebildeten der kirchlich-ultramontanen Seite zuneigten. Allerdings hatte ein Pfarrer allen, die nicht die strengkirchliche »Deutsche Reichszeitung« lasen, die Verweigerung der Absolution angedroht.

Die Pfarreien und ihre Kirchen

Die staatlichen Maßnahmen gegen die katholische Kirche behinderten die Entwicklung der katholischen Gemeinden am Vorgebirge nicht. Das Ansteigen der Einwohnerzahlen machte bereits Mitte der 1840er-Jahre den Neubau der Sechtemer Kirche notwendig. Er erfolgte nach Plänen des Baumeisters Peter Josef Leydel im klassizistischen Stil, von den Anhängern der »Kölner Richtung« im Kirchenbau als »Scheunenkirche« abqualifiziert. Diese offizielle Richtung schrieb den neugotischen Stil vor, der bei den Kirchen in Bornheim (1866), Merten (1867), Waldorf (1880), Brenig (1895), Hemmerich (1896) und Hersel (1900) angewendet wurde. Eine Ausnahme bildete die Roisdorfer Kirche im neuromanischen Stil. Der Bornheimer Kirchenbau hängt eng mit der Ablösung von der Mutterpfarre Brenig zusammen. Die Neubauten von Roisdorf und Waldorf sind deshalb bemerkenswert, weil sie in den Kulturkampf fallen. Roisdorf besaß zu dieser Zeit noch keine Pfarrrechte. In Waldorf

Die neue katholische **Pfarrkirche St. Servatius in Brenig,** 1866 errichtet, 1897/98 erweitert

Pfarrkirche St. Servatius in Sechtem im Jahre 1910

Johann Hermann Joseph Schmittmann (1807–1873), Pfarrer in Sechtem 1845 bis 1873. Trat in der Auseinandersetzung mit den Deutschkatholiken und als wissenschaftlicher Übersetzer hervor. 1868 bis 1870 Dechant des Dekanats Hersel.

war die alte Kirche keineswegs zu klein, sondern wurde ersetzt, weil sie veraltet erschien. Von den alten Kirchen wurde nur das Gotteshaus in Walberberg 1860 von Pfarrer Adolf Löhr durchgreifend restauriert und romanisch ergänzt.

Bekannter Pfarrer in Hersel war der rheinische Dichter und freiheitliche Publizist Dr. Wilhelm Smets (1796–1849), ein später Romantiker, geboren in Reval, Gymnasiast in Bonn, 1817 Hilfslehrer in Koblenz, Theologiestudium in Münster, 1827 bis 1832 Pfarrer in Hersel, im Ruhestand dann Feuilleton-Redakteur der »Kölnischen Zeitung«, 1844 Stiftskanoniker in Aachen, 1848 Wahl zum Abgeordneten der Frankfurter Nationalversammlung. Schriftsteller und Dichter, der zum Kreis Annette von Droste-Hülshoffs gehörte und mit Heinrich Heine befreundet war.

Klöster und geistliche Gemeinschaften

Vom Ausgang des 16. Jahrhunderts bis 1850 hat es im Stadtgebiet keine größeren geistlichen Gemeinschaften mehr gegeben. Als Erste ließen sich 1852 die Ursulinen in Hersel nieder und errichteten eine höhere Mädchenschule mit Pensionat. Als das Kloster 1875 im Zuge der Kulturkampfgesetze aufgehoben wurde, gingen die Schwestern mit ihren Schülerinnen nach Beaufays in Belgien. 1889 kamen die Ursulinen zurück und führten ihre Schule mit Erfolg weiter. Die

Ursulinenkloster Hersel, um 1910

Kloster Maria-Hilf in Bornheim

Zahl der Ordensschwestern wird 1911 mit 91 angegeben. Mit dem Kloster waren ein Pensionat für Schülerinnen und ein Kindergarten verbunden.

Gegen Ende des Kulturkampfes richteten die Kölner Augustinerinnen in der ehemaligen Bornheimer Tapetenfabrik das Kloster Maria Hilf ein. Zunächst in erster Linie zur Erholung von Ordensschwestern gedacht, kam bald als Hauptaufgabe die ambulante Krankenpflege sowie die Versorgung von armen Alten und Waisenkindern hinzu. Ab 1887 war ein Kindergarten mit dem Kloster verbunden, das für die wachsenden Aufgaben mehrfach erweitert wurde.

Die Niederlassungen der Olper Franziskanerinnen – 1885 das Kloster der Hl. Familie in Merten, 1913 das Kloster Wendelinushaus in Sechtem und 1914 das St. Josephshaus in Waldorf – dienten in erster Linie der Pflege von Alten und Kranken. Daneben unterhielten die Nonnen in Merten eine höhere Mädchen- und Haushaltsschule. Das Wendelinushaus in Sechtem widmete sich zusätzlich der Pflege von Wöchnerinnen und Säuglingen und besaß wie das St. Josephshaus in Waldorf einen Kindergarten.

Das kirchliche Leben

Die katholische Erneuerungsbewegung hat in der ersten Hälfte des 19. Jahrhunderts das kirchliche Leben sehr gefördert. Nach Abzug der Franzosen erlebten die älteren Bruderschaften wie die mittelalterliche Bruderschaft St. Gervasius und Protasius in Sechtem einen Aufschwung. Auf Veranlassung des Kardinals Geissel wurden um 1860 in allen Pfarren der Erzdiözese Köln Erzengel-Michael-Bruderschaften gegründet. In die gleiche Zeit fällt die Entstehung der vom

Pilgerschar der Kardorf-Hemmericher Barweiler Bruderschaft von 1751, um 1910

Die **Marianische Jungfrauenkongregation** in Bornheim, 1927

Papst angeregten Bruderschaften vom Herzen Mariens in Walberberg, Sechtem und Brenig. Die Rosenkranzbruderschaft in Sechtem bestand von 1892 bis 1931. Im gleichen Ort wurden kurz vor dem Ersten Weltkrieg die Marianischen Kongregationen für Jungfrauen und Jünglinge gegründet. Neben die älteren Bruderschaften traten ab 1835 kirchliche Vereine und zwar zunächst Missionsvereine wie der von Sechtem, Kirchenchöre, Vereine zur Verbreitung des Glaubens, Borromäus-, Paramenten- und schließlich Müttervereine.

Die von den Franzosen untersagten Prozessionen und Wallfahrten lebten nach 1815 wieder auf. Das gilt für die Fronleichnams- und die Dreifaltigkeitsprozession in Sechtem, die Maternus-Prozession von Sechtem und Hersel nach Rodenkirchen wegen der Rinderpest, die Himmelfahrtsprozession in Bornheim und die Hagelfeier-Prozessionen in Brenig, Hemmerich, Hersel und Merten. Wallfahrten sind bezeugt von Waldorf, Merten und Walberberg zum hl. Matthias in Trier, von Sechtem und Walberberg nach Kevelaer, von Hemmerich nach Barweiler in der Eifel, von Waldorf zum Kalvarienberg bei Ahrweiler, von Rösberg zum hl. Leonard in Liblar, von Brenig zur Kapelle Maria bei Koblenz und von Hersel über Brenig zum Swistberg bei Weilerswist.

Die evangelische Kirche

Gründung der Gemeinde Bornheim

Nach der Übernahme der Rheinlande durch Preußen kamen Käufer von Gütern als erste Protestanten ins Vorgebirge, so die v. Carnap auf Burg Bornheim,

Die **Donatuskapelle** von 1733, das erste Gotteshaus der Evangelischen Gemeinde Bornheim, abgebrochen 1867

v. Nordeck auf Burg Hemmerich, v. Müller auf Burg Metternich und Kaufmann Essingh auf der Weißen Burg in Sechtem. Die stärkste Stütze für die evangelische Sache im Gebiet der heutigen Stadt Bornheim wurde Freiherr Gerhard von Carnap, seit 1836 Presbyter der Gemeinde Bonn, zu der Bornheim seit 1842 gehörte. Die geistliche Versorgung der weit auseinander wohnenden Protestanten durch Kandidaten, die Hauslehrer auf Burg Bornheim waren, war nur sehr eingeschränkt möglich. Um 1850 trafen erste Überlegungen zu einer Gemeindegründung auf entsprechende Pläne im benachbarten Brühl. Am 5. März 1851 konnte sich die evangelische Gemeinde in Bornheim konstituieren. Man einigte sich mit der Gemeinde Brühl, dass beide Gemeinden einen gemeinsamen Pfarrer unterhalten sollten, sonst aber getrennt blieben. Am 11. Juni 1851 wurde in Brühl der erste Pfarrer Heinrich Richard Edwin Scheden gewählt und am 29. März 1855 erfolgte die staatliche Genehmigung, nachdem sich die Gemeindeglieder verpflichtet hatten, jährlich 216 Taler zum Pfarrergehalt beizutragen.

Aus den Unterlagen über die Gründung geht hervor, dass von den 75 Protestanten der Gemeinde Bornheim über 50 Familienangehörige oder Beschäftigte von Grundbesitzern waren. Bereits 1855 wurden 100 Protestanten im Gemeindegebiet gezählt, zu dem die Bürgermeistereien Waldorf, Sechtem und Hersel sowie Alfter, Buschdorf und Metternich bzw. Kriegshoven und Dützhoven zählten, während Wesseling und Walberberg zur Gemeinde Brühl gehörten.

Freiherr Gerhard von Carnap

(1795–1865) stammte aus einer Elberfelder Familie und wurde 1825 in den preußischen Adelsstand erhoben. 1826 erwarb er die Burg Bornheim sowie weitere Güter im Umkreis; von 1837 bis 1861 war er Bürgermeister von Waldorf. Er galt als einer der reichsten Grundbesitzer in der Rheinprovinz, war Mitbegründer der evangelischen Gemeinde Bornheim, Königlicher Kammerherr, Abgeordneter des Rheinischen Provinziallandtages und Präsident des Landwirtschaftlichen Vereins für Rheinpreußen. Carnap hat maßgeblich an der Planung und dem Bau der Eisenbahn zwischen Köln und Bonn mitgewirkt. Sein Versuch, Roisdorf zum Bad auszubauen, missglückte jedoch. Dieser Fehlschlag und das Verhalten von zwei seiner Söhne zwangen ihn, am Lebensende seinen Hauptbesitz, die Burg Bornheim, und die umliegenden Güter zu verkaufen.

Der Bau der Kirche

Der Freiherr von Carnap hatte der jungen Gemeinde die Donatuskapelle für den Gottesdienst zur Verfügung gestellt. Nach dem Verkauf der Burg Bornheim an den katholischen Grafen von Boos-Waldeck entzog dieser wohl auf Drängen seiner Frau der evangelischen Gemeinde die Nutzung. Am 29. April 1860 fand der letzte evangelische Gottesdienst in der Kapelle statt. In dieser Notsituation ermöglichte der jüdische Makler Markus Kaufmann der Gemeinde die Verlegung des Gottesdienstes in die Wolfsburg in Roisdorf. Die Gemeinde war in der Lage, 1861 ein Haus in der Königstraße zu erwerben, in dem Betsaal, Schule und Lehrerwohnung untergebracht wurden. Für die Gottesdienste erwies sich der Betsaal als zu klein, sodass die Bornheimer Gemeindeglieder wegen der auswärtigen Teilnehmer nicht jeden Sonntag den Gottesdienst besuchen durften. Unter diesen Umständen beschloss die Gemeinde, auf einem 1860 vom Bankhaus Oppenheim gestifteten Grundstück an der Königstraße eine neue Kirche im neuromanischen Stil zu errichten. Am 12. November 1863 konnte das Gotteshaus seiner Bestimmung übergeben werden.

Evangelische Kirche und Pfarrhaus in Bornheim

Die weitere Entwicklung

Die weitere Entwicklung der Gemeinde wurde dadurch begünstigt, dass 1871 die Burg Bornheim wieder an einen evangelischen Eigentümer, den Freiherrn Friedrich von Diergardt, überging. Insbesondere dessen Witwe Bertha geborene v. d. Heydt förderte die Gemeinde durch großzügige Spenden und Stiftungen. 1894 konnte mit Max Volkheim ein eigener Pfarrer für Bornheim angestellt werden. Ein Jahr später kam die Gemeinde bei der Teilung des Kirchenkreises Mühlheim zum Kirchenkreis Bonn.

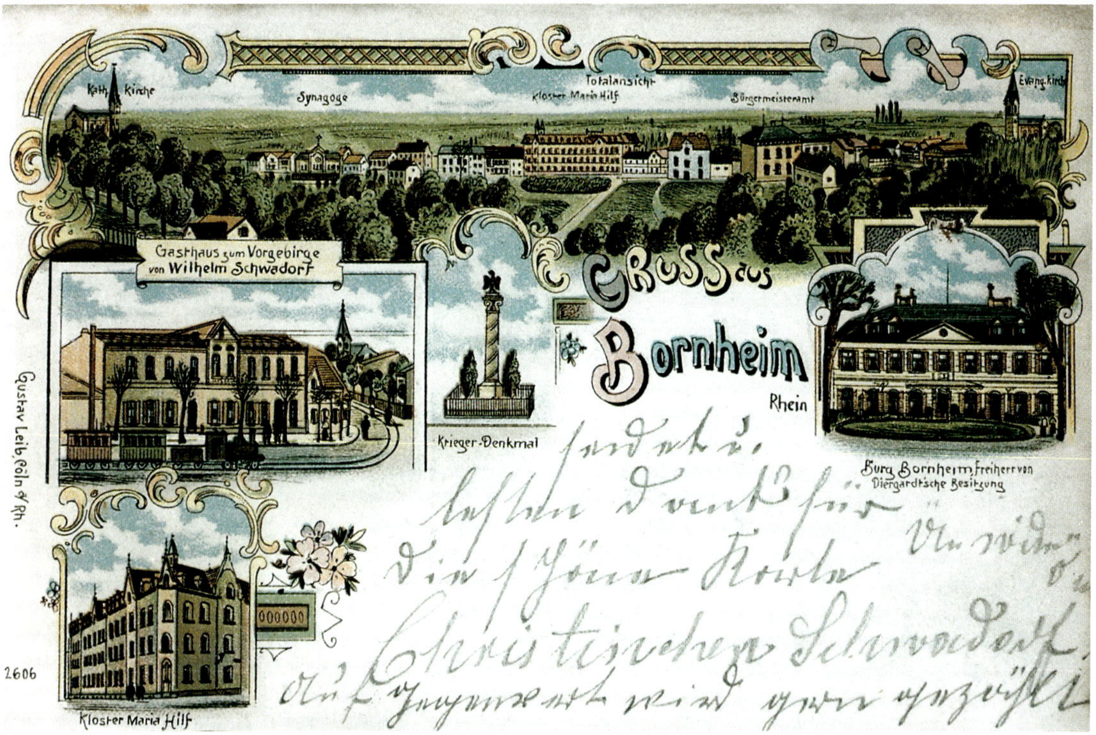

Ansichtskarte aus Bornheim, um 1900

Nach der Einsetzung eines eigenen Geistlichen am Ort blühte das Gemeindeleben auf; unter anderem wurden ein Kirchenchor gegründet und Kindergottesdienste und Bibelstunden gehalten. Der 1899 gewählte Pfarrer August Fromme, der bis kurz vor Ausbruch des Zweiten Weltkrieges amtierte, gründete 1903 einen Missionsfrauenverein und 1904 die Gemeindebücherei; er veranstaltete ab 1905 jährliche Missionsfeste.

Die Zahl der Gemeindeglieder war von 1853 bis 1890 nur von 100 auf 130 gestiegen. Bis 1914 wuchs ihre Zahl im heutigen Stadtgebiet auf 249 Protestanten an. Die meisten von ihnen wohnten in Bornheim und Roisdorf. In Rösberg gab es überhaupt keine Protestanten. Ebenso wie die Juden, deren Zahl die der evangelischen Einwohner bis etwa 1900 übertrafen, bildeten die Protestanten gegenüber den Katholiken nur eine verschwindende Minderheit.

Bertha von Diergardt

Bertha von Diergardt geborene v. d. Heydt (1828–1902) förderte die evangelische Gemeinde durch großzügige Spenden und Stiftungen. Sie organisierte noch vor Gründung des Klosters Maria Hilf 1883 eine ambulante Krankenpflege, die auch Katholiken und Juden zugutekam. Ihr war in erster Linie die Loslösung von der Gemeinde Brühl durch Bestellung eines eigenen Pfarrers in Bornheim sowie der Bau des Pfarrhauses an der Kirche zu verdanken.

Die jüdische Gemeinde

Befreiung und Entwicklung

Das »Infame Dekret« vom 17. März 1808, das die bürgerlichen Rechte der Juden eingeschränkt hatte, blieb nach 1815 zunächst bestehen. Die adligen Bürgermeister v. Carnap in Waldorf und v. Geyr in Hersel widersetzten sich der Aufhebung des Edikts. Erst der Vereinigte Landtag stellte 1847 die Juden mit den übrigen Staatsbürgern weitgehend, ein Gesetz des Norddeutschen Bundes 1869 vollkommen gleich. Die Zahl der Juden stieg von 1806 bis 1828 nur in der Bürgermeisterei Waldorf leicht an. Danach vermehrten sie sich in den drei Bürgermeistereien von 268 (1847) auf 326 (1864), um dann leicht auf 316 (1885) zurückzugehen. In Folge der Gleichstellung der Juden zogen auch aus unserem Raum seit 1869 viele Israeliten in die Städte, weil sich ihnen dort größere berufliche Möglichkeiten boten. Im Jahre 1911 wohnten deshalb im Bereich der heutigen Stadt nur noch 143 Juden, davon 75 in Bornheim, 24 in Roisdorf, 20 in Hersel, 11 in Waldorf, 10 in Walberberg und 3 in Merten. Die drei jüdischen Friedhöfe lagen in Bornheim, Walberberg und Hersel.

Organisation der Gemeinden

Für die Juden in der heutigen Stadt Bornheim bestanden seit französischer Zeit drei sogenannte Partikular-Synagogengemeinden in Bornheim, Hersel und Walberberg. 1855 wurde eine Synagogengemeinde in Wesseling gegründet, der die Spezialgemeinden Wesseling, Hersel und Bornheim angegliedert waren. 1868 erhielt die Spezialgemeinde Bornheim, die für alle Juden in den Bürgermeistereien Waldorf und Sechtem zuständig war, ein eigenes Statut. Bis 1919 war sie der Kreissynagogengemeinde Bonn inkorporiert.

Die Bornheimer Synagoge

In Bornheim befand sich seit alters her eine Synagoge; der kleine, baufällig gewordene Fachwerkbau wurde 1866 durch einen Neubau im neoromanischen Stil an der Königstraße ersetzt, dessen Entwurf – ebenso wie die Entwürfe der in der Nachbarschaft gebauten katholischen und evangelischen Kirche – vom Bonner Stadtbaumeister Thomann stammte. Der Religionsunterricht wurde in privaten Judenschulen erteilt. Die Israeliten im Vorgebirge hingen mehr der orthodoxen Richtung an und waren weniger als die städtischen Juden zur Assimilierung bereit. Das bedeutete aber nicht, dass sie sich vom dörflichen Gemeinschaftsleben ausschlossen; sie taten in der freiwilligen Feuerwehr Dienst und waren im Gesangverein und anderen Gruppen aktiv.

Die soziale Lage der Juden

Soweit zu erkennen, waren die Juden am Vorgebirge im 19. Jahrhundert als Pferde-, Altwaren-, Getreide- und Kleinhändler, als Fleischer, Glaser oder Tagelöhner tätig; nur ein »Ackerer« ist bezeugt. Die meisten Juden waren arm; der große Vermögensunterschied zwischen den wohlhabenden Stadtjuden in Bonn und den armen Landjuden der Umgebung hat verhindert, dass sich eine Synagogengemeinde für den ganzen Kreis bildete. Es war die Ausnahme, wenn die Familie Cappel in Hersel sich einen Privatlehrer für ihre Kinder leisten konnte und ihre Tochter einen Rechtsanwalt in Siegburg heiratete oder die Familie Koppel in Bornheim im Getreidehandel zu Wohlstand kam, sich 1898 eine Villa baute, und Jakob Koppel als erster Jude Mitglied des Gemeinderates wurde.

Ein wohlhabender Bauer bringt seinen Sohn zur Schule mit einem Korb voll Lebensmittel für den Lehrer

Das Schulwesen

Kontinuierliche Aufwärtsentwicklung

Die Franzosen hatten die Schulen den Kirchen genommen und die Elementarschulen den Gemeinden überlassen, ohne sie finanziell zu unterstützen. Der preußische Staat beanspruchte die Aufsicht über die Schulen und ihre Organisation – insbesondere verfügte er 1825 die Schulpflicht – und nahm die Lehrerausbildung in seine Hand. Die finanzielle Last aber blieb den Zivilgemeinden. Um sie zu mildern, durften sie bis 1888 Schulgeld erheben. Wie das Beispiel von Roisdorf zeigt, waren dort 1817 nur 62 von 106 Eltern in der Lage, den Stüber bzw. drei Groschen Schulgeld aufzubringen; neun, davon ein Vater von drei Kindern, zahlten die Hälfte, 35 blieben schulgeldfrei. Dass die Freistellung keineswegs großzügig gewährt wurde, ist dadurch bewiesen, dass 29 von 65 Tagelöhnern den vollen Betrag aufbringen mussten.

Das Einkommen des Roisdorfer Lehrers betrug zu dieser Zeit 73 1/2, später 80 Taler, lag damit wenig über dem eines Tagelöhners und zwang ihn, einen Nebenerwerb zu betreiben und damit seine Pflichten als Lehrer zu vernachlässigen. Ähnlich dürfte es in den anderen Dörfern des Vorgebirges ausgesehen haben. So nahm der Lehrer in Sechtem Anfang des 19. Jahrhunderts das Mittagessen bei den Dorfbewohnern ein. Es verwundert nicht, dass um 1800 nach Ansicht von Joseph Goerres das Ansehen eines Dorfschullehrers mit dem eines Sauhirten verglichen wurde.

Das besserte sich nicht zuletzt dank der anspruchsvollen Lehrerausbildung in den folgenden Jahrzehnten: 1827 wurden die Lehrergehälter auf mindestens 150 Taler im Jahr festgesetzt. 1856 verdienten von den Lehrkräften elf Anwärter weniger als 180 Taler im Jahr, die 18 Voll-Lehrer zwischen 200 und 300 Taler. Dagegen waren die Lehrer in Bonn mit 200 bis 650 Taler wesentlich besser besoldet.

Von der Mitte des 19. Jahrhunderts bis zum Ausbruch des Ersten Weltkrieges entwickelte sich das Schulwesen kontinuierlich weiter. Bis 1850 dürfte die 1825 eingeführte Schulpflicht durchgesetzt worden sein. 1856 unterrichteten 29 Lehrkräfte, davon nur sechs Lehrerinnen, in 26 Klassen 2 267 Kinder, darunter 6 evangelische und 30 jüdische. Auf eine Lehrkraft kamen 80 Schüler; das entsprach der von der Kölner Regierung 1827 vorgeschriebenen Richtzahl. Ein Vergleich mit der Stadt Bonn zeigt, dass dort ein Lehrer nur 65 Kinder unterrichtete.

1911 war die Zahl der Schüler auf 2 642, die der Lehrkräfte auf 42, darunter 21 Lehrerinnen, gestiegen. Das Verhältnis von Lehrer zu Schülern hatte sich auf 1 : 63 verbessert.

Lehrer Andreas Flohr (1796 – 1873) mit Ehefrau Anna Maria Peters, 1873

Die Schulen in den einzelnen Orten

Bornheim: erfolgreiche Alphabetisierung

Über das Schulwesen in Bornheim sind wir verhältnismäßig gut unterrichtet. Der seit 1805 in Bornheim amtierende Lehrer Johann Walraf heiratete 1813 in eine Gast- und Ackerwirtschaft ein und überließ sein Amt dem erst 17-jährigen Andreas Flohr. Dieser wurde nach dem Besuch einiger Kurse 1824 fest angestellt und blieb bis 1871 Lehrer in Bornheim. Dank der Schulpflicht und der vielen Kinder stieg die Zahl der Schüler von 90 (1813) über 150 (1834) bis 1868 auf 268. 1833 wurde ein neues Schulgebäude errichtet. Um die Schüler gleichzeitig unterrichten zu können, wurde neben dem großen Schulsaal für die größeren Kinder ein Zimmer

Schulgebäude in Bornheim mit dem neuen Mittelteil, das den ursprünglichen Bau von 1833 ersetzte, sowie den Anbauten von 1870 und 1888

für die kleinen eingerichtet. Bis 1836 unterrichtete Flohr allein. Dann erhielt er einen Kollegen zur Seite, 1870 kam eine Lehrerin, ab 1871 eine zweite hinzu. Die wachsende Schülerzahl machte 1870 bzw. 1888 den Anbau von Seitentrakten notwendig, und 1903 wurde der Bau von 1833 durch einen neuen Mittelbau ersetzt. Die Erfolge des Unterrichts ließen nicht auf sich warten: Die Zahl der schreibunkundigen Bornheimer ging von 48 Prozent (1810) über 23 Prozent (1830) und 7 Prozent (1850) auf 2 Prozent (1871) zurück.

Hersel und Roisdorf

Von der Schule in Hersel ist bemerkenswert, dass im Neubau von 1818 die beiden Schulräume durch eine Glasscheibe getrennt waren, damit der Lehrer die Kinder in beiden Räumen überwachen konnte. Der von 1826 bis 1888 in Hersel wirkende Lehrer Peter Joseph Breuer muss ein begnadeter Pädagoge gewesen sein, der sich als Taubstummenlehrer weiterbildete und die Befähigung erwarb, als Dozent bei der Lehrerkonferenz im Kreise Bonn zu wirken. Die Gemeinde Hersel wurde bis zum Kulturkampf dadurch entlastet, dass die Ursulinen die Mädchen unterrichteten.

In Roisdorf waren die Rechtschreibkenntnisse des Lehrers Franz Bilstein nach dem Urteil des Oberpräsidenten Solms-Laubach mangelhaft – Opst statt Obst, raupfen statt raufen –; immerhin bescheinigte er dem jungen Lehrer eine gute Unterrichtsmethode. Bilstein musste gehen, weil er seine Pflichten vernachlässigte. Sein Nachfolger Hilger Thiesen war dagegen ein strenger und energischer Lehrer, der unter den hundert Kindern Ruhe und Ordnung hielt und sich von seinen Kollegen dadurch positiv unterschied, dass er als einer der Ersten seine Schüler in Obstbaumpflege unterrichtete.

Die **Jungen der Schule in Hemmerich,** links Lehrer Heinrich Stolzem, um 1900

Vom Provisorium zur Mehrzügigkeit

Ähnlich wie in Bornheim ging die Entwicklung in den anderen Schulen des Bereichs vor sich: anfangs provisorische Unterkunft, erste Neubauten in der ersten Hälfte des 19. Jahrhunderts, mit steigender Schülerzahl Erweiterung auf zunächst zwei, später mehr Klassen und entsprechende neue Schulbauten. Zur Unterstützung des einzigen Lehrers wurde erst ein Präparand, ein in Ausbildung befindlicher Lehrer, später vielfach eine ausgebildete Lehrerin für die Mädchen eingestellt. Vor 1914 besaßen die größeren Orte mehrzügige Schulen. In Bornheim und Roisdorf unterrichteten sechs Lehrer über 350 Schüler; in Merten waren die 315 Kinder auf fünf Klassen mit vier Lehrern aufgeteilt. Einklassig war nur die neu gegründete Schule in Widdig, zweiklassig die Schulen in Hemmerich, Kardorf und Dersdorf.

Die evangelische Schule in Bornheim

Eine evangelische Schule gab es nur in Bornheim von 1855 bis 1865. Man hoffte, durch die Schule Kinder aus Mischehen bei der evangelischen Kirche halten zu können. Angesichts der kargen Besoldung von 80 bis 130 Talern wechselten die Lehrer häufig. Vor allem aber ging die Zahl der Kinder bis auf sieben zurück, sodass sich eine eigene Schule nicht lohnte. Versuche, nach der Jahrhundertwende für die 23 evangelischen Kinder eine Schule in Bornheim zu errichten, scheiterten, nicht zuletzt weil die außerhalb wohnenden Eltern den weiten Schulweg scheuten.

Weiterführend: die Höhere Mädchenschule in Hersel

An weiterführenden Schulen bestand zunächst nur die Höhere Mädchenschule der Ursulinen in Hersel mit Internat, das spätestens 1854 beim Einzug ins neue Klostergebäude bestand und bereits vor der Vertreibung des Ordens im Kulturkampf »Aspirantinnen des niederen und höheren Lehrstandes« ausbildete. Als im Herbst 1875 die Nonnen Hersel verlassen mussten, zogen 27 Schwestern und 50 Schülerinnen ins belgische Exil; von dort kehrten sie 1889 zurück.

Die Ursulinenschule in Hersel, gegründet 1862, um 1925

Die höhere Mädchenbildung erfolgte vor 1900 fast ausschließlich in Privatschulen, die die »höheren Töchter« in zehn Schuljahren für den Beruf der Hausfrau vorbereiteten. Wie in Hersel waren mit den Höheren Mädchenschulen zudem vielfach Kurse verbunden, die auf das Lehrerinnen-Examen vorbereiteten. Seit 1908 konnten Mädchen in Preußen das Abitur ablegen, doch blieb diese Möglichkeit dem Lyzeum der Ursulinen in Hersel noch 1911 verwehrt. Zu diesem Zeitpunkt besuchten es 258 auswärtige Schülerinnen, darunter 92 angehende Lehrerinnen. In Merten bestand seit 1885 eine Höhere Mädchenschule der Franziskanerinnen mit 117 und eine Haushaltungsschule mit 53 Schülerinnen.

Kirchenchor St. Caecilien. Sechtem, 1902

Gesellschaft, Geselligkeit und Vereine

Dörfliches Brauchtum

Gesellschaft und Geselligkeit spielten sich während des 19. Jahrhunderts in den Gemeinden der heutigen Stadt im Rahmen von Familie, Nachbarschaft, Vereinen und Dorfgemeinschaft ab und waren stark von der Kirche geprägt. Große Bedeutung besaß daneben das dörfliche Brauchtum, das Beiern und Bammschlagen der Kirchenglocken, die Versteigerung der Mädchen Ende April und das Aufstellen der Maibäume zum 1. Mai. Eine große Rolle spielten die Kirmesfeiern der Pfarrkirchen.

Honorarquittung für Bammschlagen in Sechtem, 1864

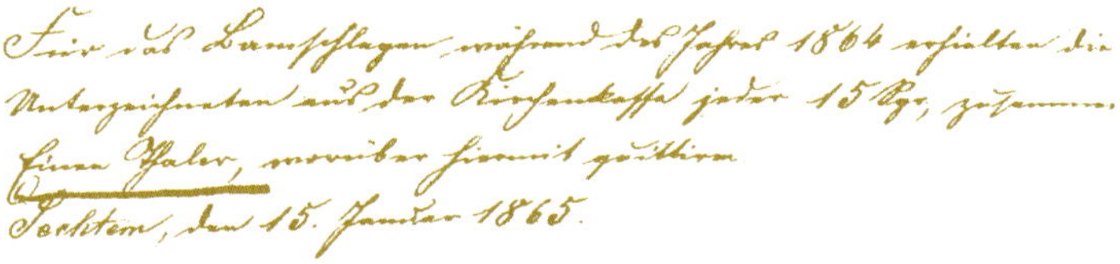

Für das Bammschlagen während des Jahres 1864 erhalten die Unterzeichneten aus der Kirchenkasse jeder 15 Sgr., zusammen Einen Thaler, worüber hiermit quittiren.
Sechtem, den 15. Januar 1865.

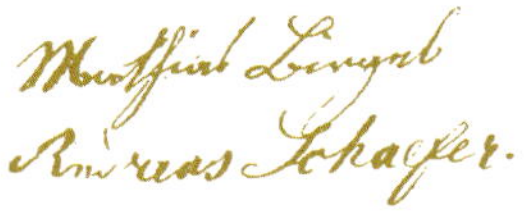

Andreas Schaefer.

Kirchliche Vereine

Das Vereinswesen dominierte die Kirche bis um 1850 absolut, danach nur noch weitgehend. Dabei muss berücksichtigt werden, dass auch eine ganze Reihe von nicht kirchlichen Vereinen auf geistliche Initiative zurückgingen, wie der 1847 aus dem Kirchenchor hervorgegangene Männergesangverein Walberberg, der vom Pfarrer 1904 gegründete Männergesangverein Rösberg oder der auf Initia-

Der Waldorfer Junggesellenverein »Freundschaftsbund« vor dem Gasthof »Zum Jägerhof« in Waldorf, 1914

tive von Pfarrer Hermann Link in Sechtem entstandene Mütterverein. Der Roisdorfer Schützenverein von 1848 stand unter dem Patronat des hl. Sebastian.

Dass die Vereine im Leben der Gemeinden auch außerhalb der Kirche seit der zweiten Hälfte des 19. Jahrhunderts eine entscheidende Rolle spielten, geht schon aus ihrer Vielzahl hervor. Aus den umfangreichen Angaben vor allem über Sechtem ist zu erkennen, wie sich nach der Mitte des 19. Jahrhunderts Vereine unterschiedlichster Zielsetzung gebildet haben. Den Anfang machte, wie erwähnt, der Männergesangverein Walberberg 1847; er erhielt 1872 in Sechtem und Aegidius in Hersel sowie 1875 in Bornheim Nachfolger.

Gesellige Vereine

Nach den Gesangvereinen entstanden die Krieger- oder Veteranenvereine, wie z. B. um 1870 in Walberberg, Sechtem, Roisdorf und Waldorf. Ihnen folgen die zahlreichen Gruppen, die sich in erster Linie der Geselligkeit widmeten, wie die Junggesellenvereine in Hemmerich (1877), Sechtem (1879 und 1884), Walberberg (1889) und Waldorf (1904), der Verein Erholung (1902) und der Männerverein Gemütlichkeit in Sechtem (1905), ferner Rauch- und Kegelklubs in Sechtem. Sportvereine erscheinen erstmals 1900 und 1911 in Sechtem, 1910 in Waldorf sowie 1913 als Turn- und Stemmverein in Sechtem. Hinzu kamen die Freiwilligen Feuerwehren und die Krankenvereine wie der Roisdorfer Paulus-Krankenkassen-Verein. Eine ganze Reihe der Vereine leistete ihren Mitgliedern Hilfe bei Krankheit und Tod.

Vereinsfahne des St. Wendelinus Krankenvereins in Sechtem, 1905

Kriegstrauung Kuhl-Liebertz in Bornheim während des Ersten Weltkriegs

KRIEGE, KRISEN UND WIEDERAUFBAU (1914–1949)

»In Europa gehen die Lichter aus«

Mit dem Ausbruch des Ersten Weltkrieges endete eine lange Periode des wirtschaftlichen Wachstums und des Friedens. Nun folgte der jahrelange Krieg mit anschließendem Sturz der Monarchie und Einführung der Republik. Die junge Republik aber war gerade im Rheinland durch Besatzung, Ruhrkampf, Inflation und separatistischer Bewegung belastet. Die anschließende Erholung ging nach wenigen Jahren in die Weltwirtschaftskrise über. Der Scheinblüte unter der NS-Diktatur folgte der Zweite Weltkrieg. Er endete mit dem totalen Zusammenbruch aller staatlichen Gewalt in Deutschland. Für Jahre übernahmen die Siegermächte das Regiment. In den westlichen Besatzungszonen sorgten die Alliierten für den Aufbau demokratischer Strukturen. Bis zur Währungsreform im Sommer 1948 ging der Wiederaufbau im Bewusstsein der Zeitgenossen nur langsam vonstatten.

Vom Weltkrieg bis zur Inflation

Der Krieg 1914–1918

Der Ausbruch des Krieges am 1. August 1914 wurde wie in ganz Deutschland mit Begeisterung begrüßt. Befürchtungen wie 1870, von den Kampfhandlungen betroffen zu werden, gab es nicht. Doch der moderne Krieg griff über die Fronten auf das Hinterland über. Das erfuhren die Bewohner von Trippelsdorf bereits in der Nacht zum 6. August 1914, als das Luftschiff VI nach einem Angriff auf Lüttich auf dem Schneeberg nahe der Trippelsdorfer Heide notlanden musste. Die Luftschiffer, die die Reste des Schiffes abbauten, wurden im Mertener Kloster einquartiert. Zur Vermeidung von Bombenangriffen wurde ab Sommer 1917 die Verdunkelung eingeführt. Feindliche Flugzeuge überflogen im Juli und September die Rheinorte, warfen aber keine Bomben ab.

Die Begeisterung flaute angesichts der Belastungen des Krieges bald ab. Die meisten wehrtauglichen Männer wurden eingezogen; in Bornheim waren es 405, in Merten 225 und in Sechtem 88. Ihre Arbeit mussten Frauen, Schulkinder und russische Kriegsgefangene übernehmen. Diese halfen vor allem in der Landwirtschaft und waren in Lagern bei Sechtem und im Bornheimer Nettekovenschen Saal untergebracht. Frauen arbeiteten in den Fabriken wie der Lederwarenfabrik Gammersbach in Roisdorf oder bei den Eisenbahnen als Schaffnerinnen. Der Schulunterricht wurde eingeschränkt und fiel später wegen Kohlemangels und im Herbst 1918 wegen der Grippe aus. Von den Schulkindern wurde Laub, Brennnesseln und anderes, für Kriegswirtschaft und Ernährung wichtiges Material gesammelt. Die Opferbereitschaft der Bevölkerung zeigte sich nicht zuletzt an den hohen Beträgen, die für Kriegsanleihen gezeichnet wurden. Besonders schmerzte die Ablieferung der wertvollen Bronzeglocken. 1915 wurden Brotbücher und fleischfreie Tage eingeführt, 1916 Fleisch und Fett rationiert. Die Hungersnot in den Städten führte zu Hamsterfahrten in das Vorgebirge. Unter der Teuerung hatten besonders die Familien der Soldaten und die ärmere Bevölkerung zu leiden. Die Sicherstellung ihrer Versorgung stellte ebenso wie die Bewirtschaftung an die Verwaltung hohe Anforderungen. Große Hilfe leistete der Vaterländische Frauenverein. Am schmerzlichsten war die hohe Zahl der Gefallenen; sie betrug in Merten 69, in Bornheim 64, in Hersel 40, in Rösberg 29, in Sechtem 24 und in Dersdorf 12.

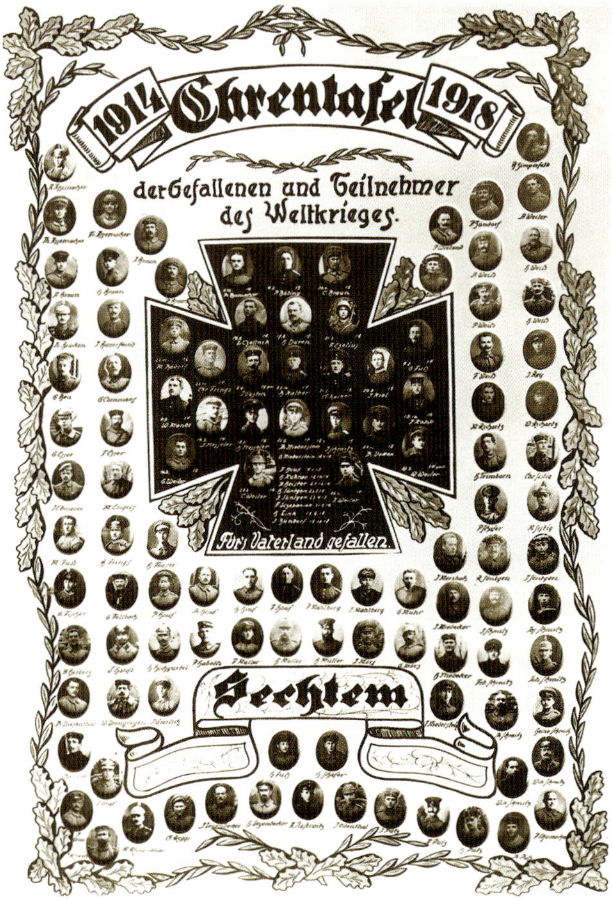

Ehrentafel der im Ersten Weltkrieg Gefallenen aus Sechtem

Revolution und Besatzung

Im November 1918 musste das Deutsche Reich Waffenstillstand schließen. In den gleichen Tagen brach die Revolution aus, die zur Abdankung des Kaisers und zur Ausrufung der Republik führte. Der Umsturz verlief zwischen Ville und Rhein überwiegend in Ruhe und Ordnung. In Merten bildete sich am 8. November eine Bürgerwehr, die einen Arbeiter- und Soldatenrat zur Kontrolle der Verwaltung wählte. Durch Hersel fuhren vier Lastwagen mit »Soldaten und Weibern, die rote Fahnen schwenkten«.

Als nach Abschluss des Waffenstillstandes die deutschen Truppen Anfang Dezember 1918 das linke Rheinufer räumen mussten, reichte die Bonner Rhein-

brücke nicht aus, sodass bei Hersel eine Schiffsbrücke über den Rhein geschlagen wurde. Die Fronttruppen der 17. und 19. Armee marschierten »in mustergültiger Ordnung« über Heimerzheim und Brenig bzw. Metternich, Rösberg und Sechtem zur neu geschlagenen Brücke. Die Bevölkerung hatte ihre Häuser geschmückt und versorgte die Soldaten mit Lebensmitteln und Getränken.

Rheinübergang deutscher Truppen auf dem Rückmarsch nach Abschluss des Waffenstillstands, Ende November 1918

Zwischen dem 7. und 18. Dezember rückten kanadische Truppen in den Raum zwischen Bonn und Köln ein. Ende des Monats wurden sie von Briten abgelöst, deren Hauptquartier im Schloss Bornheim untergebracht war. Als besonders lästig wurden die Belegung von Schulen und Sälen, die Grußpflicht gegenüber den Offizieren sowie Ausgehsperren, Ausweiskontrollen und Reisebeschränkungen empfunden. Allmählich bildete sich jedoch ein erträgliches Verhältnis zu den fremden Soldaten heraus. Die Engländer führten in den Vorgebirgsorten das Fußballspiel ein und sorgten in Rösberg dafür, dass das lange geplante Wasserwerk endlich gebaut wurde.

Separatismus und Inflation

Als die Briten im Februar 1920 von französischen Truppen abgelöst wurden, änderte sich zur Erleichterung der Bevölkerung zunächst wenig, da die französische Besatzungsmacht bestrebt war, die Einwohner für eine Loslösung vom Reich zu gewinnen. Das änderte sich schlagartig, als die Franzosen und Belgier im Herbst 1923 das Ruhrgebiet besetzten und das Reich zum passiven Widerstand aufrief. Nur zwei von 27 Bahnbeamten in Bornheim beugten sich dem Druck der Franzosen, für die von ihnen übernommene Reichsbahn zu arbeiten; 24 Familienväter wurden ausgewiesen. Die Bevölkerung mied die von den Besatzern betriebene Eisenbahn und benutzte die Rheindampfer und

Englische Offiziere vor dem Ehrenmal für den Krieg 1870/71 in Bornheim, 1919

Rheinuferbahn, 1919

die Köln-Bonner Eisenbahnen. Die Franzosen antworteten mit Repressalien und unterstützten nun offen die Separatisten. Diese besetzten in der Nacht vom 24. zum 25. Oktober 1923 das Bornheimer Rathaus und hissten ihre grün-weiß-rote Fahne, wurden aber am Mittag des folgenden Tages von der aufgebrachten Bevölkerung aus dem Rathaus vertrieben. Die Separatisten kehrten mit Unterstützung marokkanischer Soldaten für kurze Zeit zurück, doch zwei französische Gendarmen machten bald darauf dem Spuk ein Ende.

Die Haltung der Bornheimer gegenüber den Separatisten zeigt, dass die Mehrheit der Bevölkerung am Vorgebirge »national gesinnt« war, die Trennung vom Reich strikt ablehnte und die Besatzung als Schmach empfand. Der Mertener Lehrer Hans Eschelbach hat dieser Stimmung in seinem Roman »Michel Michels« einen allerdings übertriebenen Ausdruck gegeben; auch klingen rassistische Töne gegen die marokkanischen Besatzungssoldaten an. Der Abzug der Franzosen am 31. Januar 1926 wurde von der Bevölkerung nicht nur am Vorgebirge freudig gefeiert.

Inflation und Ruhrkampf schadeten der Wirtschaft besonders auf dem linken Rheinufer schwer. Die ländlichen Bezirke waren vom Geldverfall nicht so stark betroffen, weil ihr Wohlstand stärker auf Grund- als auf Kapitalbesitz

Zur Aufklärung

Von heute Morgen 5 Uhr früh ist die Bürgermeisterei Waldorf Rheinische Repuplik.

Es darf sich keiner Diebstahl, Plündereien u. s. w. erlauben. Sie wird von uns scharf bekämpft. Wir fordern zur Ruhe und Ordnung im friedlichen Verkehr.

Alle Versammlungen sind verboten, ebenso Ansammlungen auf der Straße.

Unserer Polizei sowie der im Amt bisher tätigen ist soweit sie ihren Dienst weiter Versehen Folge zu leisten.

Ebenso werden wir den Wucher scharf bekämpfen.

Außerdem fordern wir die Landwirte auf ihre Waare und Erzeugniße sofort an die Minderbemittelten abzuliefern gegen Zeitgemässige Zahlung.

Der Acktions Ausschuss
Fr. Rheinland.

Aufruf der »Rheinischen Republik« in Bornheim vom 25. Oktober 1923 gründete. Manche Landwirte nutzten die Inflation, um ihre Hypotheken zu tilgen. Der Gegensatz zwischen der hungernden Stadt- und der besser versorgten Landbevölkerung, wie er sich in der Kriegszeit entwickelt hatte, steigerte sich weiter. So waren die Vorgebirgsbauern dem Vorwurf der Preistreiberei ausgesetzt.

In der Weimarer Republik

Politische Parteien und Wahlen

Die Weimarer Verfassung beseitigte in der Rheinischen Gemeindeordnung von 1856 das Dreiklassenwahlrecht und die Bestimmung, dass wohlhabende Grundbesitzer aufgrund ihres Steueraufkommens automatisch den Gemeindevertretungen angehörten. Stattdessen wurden ihre Mitglieder in allgemeiner geheimer Wahl bestimmt; gleichzeitig erhielten die Frauen das Wahlrecht.

Für unseren Raum änderte sich dadurch wenig: Das Zentrum behielt in allen Gemeinden bis 1933 die absolute Mehrheit. Der Bund der Landwirte, der sich für die am Vorgebirge besonders zahlreichen Kleinbauern einsetzte, machte ihm vergeblich Konkurrenz. Die Mehrheitssozialisten kamen seit 1920 bei den Reichstagswahlen mit 15 bis 18 Prozent auf den zweiten Platz, wurden aber von den Kommunisten bis 1933 in der Bürgermeisterei Waldorf überholt. 1924 bildete sich in Bornheim der erste SPD-Ortsverein. Die Liberalen errangen 1920 in Hersel und Waldorf knapp 10 Prozent, in Sechtem nur 2,1 Prozent.

Bund der Landwirte.

Einladung zu der am **Sonntag den 25. April 1920, nachmittags 2 Uhr** im Lokale des Herrn Joh. Wirtz in Euskirchen, Commernerstr., stattfindenden

Vertrauensmänner-Versammlung.

Tagesordnung:
1. Besprechung von Organisationsfragen. 2. Verschiedenes.

Im Anschlusse hieran findet um 3,30 Uhr eine

Mitglieder-Versammlung

des Kreises Euskirchen statt.

Tagesordnung: 1. Entgültige Wahl des Kreisvorstandes. 2. Wahl von Hauptgruppen-Vorsitzenden und deren Stellvertretern. 3. Zwangswirtschaft oder freier Handel. Ref: Geschäftsführer Pesch-Köln. 4. Aussprache.

Bauern! (In verschiedenen Teilen des Reiches werden die Konsumenten zu Massenkundgebungen für die **Weiterführung der produktionsfeindlichen Zwangswirtschaft** aufgefordert. Da ist es **Eure Pflicht,** demgegenüber die zielsichere Entschlossenheit und den geeinten Willen der Landwirte durch die **Te[illegible]ahme an dieser Versammlung** zum Ausdruck bringen. Zeigt durch Euer Erscheinen, daß Ihr nicht mehr gewillt seid, die **Sklavenketten der Zwangswirtschaft** zu tragen **Kommt, fordert Euer Recht und Eure Freiheit!** Der Vorstand.

Einladung zu einer Protestversammlung des Bundes der Landwirte gegen die Weiterführung der »produktionsfeindlichen Zwangswirtschaft«, 1920

Die Rechtsparteien blieben bis Anfang der 1930er-Jahre bedeutungslos und konnten selbst in der schon nicht mehr freien Wahl vom März 1933 das Zentrum als stärkste Partei nicht verdrängen.

Verfassung und Verwaltung

Die Bürgermeister werden gewählt

Außer beim Wahlrecht wurden 1919 die Bestimmungen der Rheinischen Gemeindeordnung zunächst nur bei der Einsetzung der Bürgermeister geändert: Sie wurden nicht mehr vom Staat ernannt, sondern von den Bürgermeisterei- und Gemeindevertretungen auf zwölf Jahre gewählt. Während in den Bürgermeistereien Waldorf und Hersel erfahrene Verwaltungsbeamte als Bürgermeister fungierten, wählte der Sechtemer Bürgermeistereirat 1920 einen Gutsbesitzer als unbesoldeten Ehrenbürgermeister. Erst 1927 übernahm hier ein erfahrener Verwaltungsbeamter das Ruder. Im gleichen Jahr erhielt die Bürgermeisterei Sechtem als letzte im heutigen Stadtgebiet ein Rathaus in Merten.

Bereits vier Jahre später traten Bürgermeister und Rentmeister in den Ruhestand und machten den Weg frei für die am 20. Juni 1931 vollzogene Vereinigung der Ämter Sechtem und Waldorf.

Rathaus der Bürgermeisterei Sechtem in Merten, 1927 bis 1931

Nachdem der letzte von der Regierung eingesetzte Bürgermeister in Hersel vor den Unruhen der Inflationszeit resigniert hatte, wählte der Bürgermeistereirat 1924 zum ersten Mal den Bürgermeister. Vor Beendigung seiner Amtszeit wurde jedoch 1932 die Bürgermeisterei Hersel aufgelöst, Wesseling mit Keldenich zu einem eigenen Amt erhoben und die Dörfer Urfeld, Widdig, Uedorf und Hersel mit dem Amt Waldorf vereinigt. Ab 1932 gab es also im heutigen Stadtgebiet nur noch die Ämter Waldorf und Sechtem, die gemeinsam verwaltet wurden.

Eine überforderte Verwaltung

1927 wurden die Bürgermeistereien in Ämter umbenannt. Die Zahl der Bediensteten hatte sich gegenüber der Zeit vor 1914 nur leicht vermehrt. Lediglich im Amt Hersel zeigen sich Ansätze zu einem differenzierten Verwaltungsapparat mit zehn Verwaltungs- und Kassenbeamten, drei technischen Mitarbeitern und vier Polizeibeamten. Nach der Auflösung des Amtes Hersel verblieb die Amtsverwaltung für das neu gegründete Amt Wesseling im dortigen Rathaus.

Außer in der Bürgermeisterei Hersel konnten die übrigen Verwaltungen die seit dem Ersten Weltkrieg gewachsenen Aufgaben nur unvollkommen erfüllen. Sie waren wie schon vor 1914 auf die Hilfe des Landkreises Bonn angewiesen. Nach 1918 nahm der Kreis den Ausbau der Vorgebirgsbahn und der Landstraße von Bonn nach Brühl in die Hand und kümmerte sich um die Umlegung der kleinparzellierten landwirtschaftlichen Flächen in Hersel, Uedorf, Sechtem und Bornheim. Er arbeitete Fluchtlinienpläne für eine geregelte Bebauung aus und schaltete sich in die Lösung der Abwasserprobleme ein. Sie war besonders dringend, weil alle von der Ville fließenden Bäche versickerten oder in Mühlteichen mündeten. Als ab 1923 die Lederfabrik Gammersbach in Roisdorf ihre Abwässer in den von Gielsdorf nach Bornheim fließenden Bach einleitete, wurde der Gestank in der Maar zwischen Roisdorf und Bornheim so unerträglich, dass sich die Entwässerungsgenossenschaft »Südliches Vorgebirge« bildete. Sie baute im Zuge der Straße Bonn–Brühl zwischen Bornheim und Merten einen Entwässerungskanal, der in einer großen Sickergrube im Altenforst endete. Diese Lösung erwies sich allerdings bald als ungenügend, sodass der Kanal bereits 1934 erweitert und bis zum Rhein verlängert werden musste.

Die kommunalen Finanzen

Durch die Reichsfinanzreform von 1919 verloren die Gemeinden die Einkommensteuer und erhielten dafür Gewerbe- und Grundsteuer sowie Zuweisungen des Staates. Für die Bürgermeisterei Hersel war diese Lösung wegen der Einnahmen aus der Gewerbesteuer des Industrieorts Wesseling in Zeiten wirtschaftlicher Prosperität günstig; bei wirtschaftlichen Krisen mussten sich sinkende Einnahmen und wachsende Soziallasten umso stärker negativ auswirken. Das Amt Waldorf stand dagegen auch in der großen Wirtschaftskrise noch relativ günstig da. Es verfügte noch 1930 mit 370 000 Reichsmark über höhere Einnahmen als das Amt Sechtem mit 248 000 Reichsmark im Jahre 1928 vor der Weltwirtschaftskrise. Sechtem war durch den Rathausbau 1928 und die sprunghaft gestiegenen Lasten durch die Erwerbslosenfürsorge – die Schließung der Braunkohlengruben und Fabriken im Umkreis von Brühl machten sich bemerkbar – so belastet, dass 1931 der Haushalt nicht ausgeglichen werden konnte.

Bevölkerungsentwicklung und Bauten

Die Einwohnerzahlen sind im Bereich der heutigen Stadt bis zum Zweiten Weltkrieg etwa im gleichen Maße wie vor 1914 gestiegen, wenn auch mit Unterschieden (Anhang). Aus den Zahlen wird deutlich, dass sich das Schwergewicht der Entwicklung im heutigen Stadtgebiet auf die Gemeinde Bornheim-Brenig verlagerte, Roisdorf dagegen zurücktrat. Überdurchschnittlich wuchsen auch Sechtem und Walberberg. Zwischen 1907 und 1930 stieg der Anteil der Haushalte etwas mehr als die Einwohnerzahlen, d. h., die Haushalte wurden kleiner.

Ansichtskarte von Hersel, um 1920

Auch in der Sozialstruktur änderte sich 1930 wenig: Die Angehörigen der Oberschicht konzentrieren sich weiterhin auf die Gemeinden Bornheim, Roisdorf und Hersel. Bei der Mittelschicht ragt neben den genannten Orten vor allem Walberberg hervor.

Sozialstruktur 1930

Ämter	Oberschicht absolut %	Mittelschicht absolut %	Unterschicht absolut %
Hersel	13 (3,5 %)	131 (35,6 %)	224 (60,9 %)
Sechtem	13 (1,1 %)	346 (29,0 %)	1193 (69,9 %)
Waldorf	38 (2,5 %)	503 (33,4 %)	1508 (64,1 %)

Für die Bauentwicklung war von Bedeutung, dass mithilfe des Landkreises Bonn in den 1920-er Jahren Fluchtlinienpläne für Bornheim aufgestellt wurden, um die Bebauung in die richtigen Bahnen zu lenken. Die Zahl der öffentlichen Bauten ging in der Nachkriegszeit zurück. Nur zwei Pfarrkirchen wurden gebaut, in Widdig 1927 im wuchtig-romanischen Stil und in Dersdorf 1932 im schlicht-modernen Stil. Die Dominikaner bauten die 1926 erworbene Rheindorfer Burg zu einem Studienzentrum St. Thomas von Aquin und fügten ihr 1932/1933 ein Klostergebäude und die Klosterkirche an; der ganze Komplex wurde 1934 dem kurz zuvor heiliggesprochenen Albertus Magnus geweiht. In Rösberg wurde ein Wasserturm gebaut, Sechtem erhielt zur gleichen Zeit eine Pumpstation. An der neuen Strecke der Vorgebirgsbahn entstanden um 1930 Stationsgebäude und die Post errichtete 1926 in Bornheim ein Postamt.

Die Wirtschaftsentwicklung

Die Beschäftigten in Landwirtschaft und Gewerbe blieben nach absoluten Zahlen etwa gleich, fielen aber anteilsmäßig zurück. Der Dienstleistungsbereich nahm dagegen wegen der Beschäftigten bei den Eisenbahnen überdurchschnittlich zu. Die Landwirtschaft behielt in den meisten Orten zwar die absolute Mehrheit, ging aber außer in Rösberg und Walberberg zurück. Gewerbe und Dienstleistungen wuchsen in Sechtem wegen der Eisenbahnstation, in Bornheim wegen der Funktion als Zentralort für Handel und Gesundheit, in Roisdorf dank der Lederfabrik und des Brunnens und in Hersel wegen der Nähe zu Bonn. In Walberberg ging der Anteil der

Waldorfer Dorfstraße um 1920

Beschäftigten in Gewerbe und Dienstleistungen deutlich zurück, vermutlich, weil die Braunkohlenindustrie um Brühl durch die Wirtschaftskrise stark betroffen war.

Brenig inmitten von Feldern in den 1930er-Jahren

Landwirtschaft

In der Landwirtschaft verstärkte sich nach 1918 der Anbau von Gemüse und Obst. Auf der Hochfläche und am Villehang wurde Wald zugunsten von landwirtschaftlich genutzter Fläche gerodet. Die Flurbereinigung bzw. Umlegung, gegen die sich die Landwirte bis dahin gesträubt hatten, nahm auf der Hochfläche zwischen Rösberg und Brenig ihren Anfang; hier waren größere Schläge vorhanden und erleichterten den Einsatz von Maschinen. Weitere Umlegungen erfolgten in Hersel, Uedorf und Sechtem. Für die Fortbildung der Bauern wurden erstmals Schulen eingerichtet. Bei den Beschäftigten setzte sich der Drang in die Städte fort; Wanderarbeiter aus der Eifel und jetzt vor allem Arbeiter aus den benachbarten Fabriken und Gruben in ihren Freistunden füllten in der Erntezeit die entstandenen Lücken aus.

Der Innenhof eines Bauernhofes

Gewerbe

Im Gewerbe beschäftigte die Lederfabrik Gammersbach in Roisdorf 1933 trotz der Weltwirtschaftskrise 325 Arbeitnehmer und war damit in unserem Raum der größte Arbeitgeber. Der Roisdorfer Mineralbrunnen konnte in Zeiten der Hochkonjunktur die Zahl der Füllungen auf 7,5 Millionen im Jahr steigern, musste dann aber in der Krise einen Rückgang auf 3 Millionen hinnehmen. Die Grube »Lucretia« mit der zugehörigen Brikettfabrik in Badorf weitete in den Jahren 1928 bis 1937 ihren Tagebau auf die Walberberger Gemarkung aus. Auf sie geht der heutige Berggeistsee zurück.

Brotwagen der Dampfbäckerei Klemmer in Brenig, 1929

Weiter bestanden an nennenswerten Fabriken die Konservenfabrik Seidel am Bahnhof Sechtem, die Mitte der 1920er-Jahre ihre kleineren Betriebe in Mainz, (Köln-)Porz und Stralen hier zusammengelegt hatte, eine Möbelfabrik in Waldorf mit 80 Beschäftigten und kleine Zigarrenfabriken in Bornheim und auf dem Rankenberg. Von den Betrieben, die auf der Verwertung heimischer Erden beruhten, bestand nur noch eine Ziegelei in Bornheim und eine Fabrik zur Herstellung von Kunststeinen. Von den vielen Mühlen haben sich nur zwei kleine Betriebe in Bornheim und Waldorf mit elektrischem Antrieb halten können.

Die Handwerker konzentrierten sich 1930 wie vor dem Ersten Weltkrieg in den größeren Orten. Bornheim hatte mit Abstand den größten Zuwachs zu verzeichnen, Hersel behauptete den zweiten Platz, Walberberg, Merten, Roisdorf und Waldorf folgten auf gleichem Niveau. Sechtem fiel fast auf das Niveau der kleineren Orte zurück.

Handel: die Absatz- und Bezugsgenossenschaft »Vorgebirge« in Roisdorf

Die wichtigste Neuerung im Handel war die Gründung der Absatz- und Bezugsgenossenschaft in Roisdorf. Sie wurde 1920 auf Anregung des Alfterer Pfarrers Wilhelm Bergené gegründet, weil die bisherige Praxis, Obst und Gemüse durch den Kommissionshandel abzusetzen, den Erzeugern keinen Überblick über die Marktlage gestattete. Die Genossenschaft besorgte während des passiven Widerstandes 1923 den Verkauf in Essen, danach in Köln und Bonn, dazu auf einem kleinen Markt in Roisdorf. Dieser wurde 1929 durch den Neubau einer Versteigerungshalle mit elektrischer Uhr am Roisdorfer Bahnhof ersetzt; 1932 und 1933 kamen eine Halle als Sammelstelle für das eingelieferte Obst und Gemüse und eine Halle für Leergut hinzu. Die Genossenschaft setzte 1931 bereits 23000 Doppelzentner Ware im Wert von 1,2 Millionen Reichsmark um. Der Wider-

Absatz- und Bezugsgenossenschaft »Vorgebirge« in Roisdorf

stand einiger Händler und Erzeuger – sie bzw. ihre Ehefrauen wollten die Marktgänge nicht missen – war ohne Erfolg.

Gastgewerbe und Mediziner

Die Zahl der Gasthöfe im Stadtgebiet blieb zwischen 1907 und 1930 mit 47 bzw. 49 nahezu gleich. Neu war, dass es jetzt in Bornheim ein Hotel und in Roisdorf eine Konditorei gab. Dass in den stärker landwirtschaftlich geprägten Orten wie Rösberg, Botzdorf, Dersdorf, Kardorf und Hemmerich nur ein, höchstens zwei Wirte ihr Auskommen fanden, leuchtet ein. Ein Symptom der Wirtschaftskrise war es sicher, dass sich in Sechtem und Roisdorf die Zahl der Gastwirte von fünf auf drei bzw. von sieben auf zwei verminderte.

Bei den freien Berufen entwickelte sich Bornheim bis 1930 zu einem medizinischen »Zentrum« mit drei Ärzten sowie je einem Dentisten, Homöopathen, Desinfektionator und Tierarzt. Im benachbarten Roisdorf gab es einen Arzt und einen Zahnarzt; weitere Ärzte praktizierten in Sechtem und Merten sowie ein Desinfektionator in Walberberg. 1933 hatten sich weitere Ärzte in Hersel und Walberberg sowie ein Apotheker in Merten niedergelassen, während in Sechtem kein Arzt mehr praktizierte.

Gaststätte Schwadorf in Bornheim. Ein Ausflug zur Bornheimer Baumblüte gehört für viele Bonner zu den Höhepunkten des Frühjahrs

Zug der elektrifizierten Vorgebirgsbahn im Bahnhof Bornheim, 1939

Wechselnder Verkehr auf der Straße und Schiene

Zwischen 1924 und 1928 verdreifacht sich der Autoverkehr: Bis zu 2 000 Kraftwagen fuhren stündlich durch Hersel und verursachten in einem Jahr 67 Unfälle mit 8 Toten und 57 Verletzten. Unter diesen Umständen war der Bau der ersten deutschen kreuzungsfreien Autostraße, die nach fünfjähriger Bauzeit 1932 zwischen Köln und Bonn eröffnet wurde, eine enorme Entlastung. Bereits 1926/27 wurde die Landstraße Bonn–Brühl als Notstandsmaßname unter Federführung des Landkreises ausgebaut.

Der langsame Betrieb der Vorgebirgsbahn wurde bereits vor 1914 als unzureichend empfunden. Die große Anteilnahme der Bevölkerung an der letzten Fahrt des »Feurigen Elias« am 1. Juli 1929 zeigt, wie beliebt der langsame Dampfzug trotz aller Mängel war. Von 1929 bis 1934 wurde die Vorgebirgsbahn zu einer elektrischen Bahn mit eigenem Gleiskörper ausgebaut.

Bau der Autobahn Köln – Bonn

Dominikanerkloster Walberberg mit der mittelalterlichen Rheindorfer Burg und dem Erweiterungsbau, 1933

Pfarrkirche St. Albertus Magnus in Dersdorf

Kirche und Synagoge

Die katholische Kirche

Bei der Änderung der Dekanatseinteilung 1925 verblieben dem Dekanat Hersel nur die Pfarreien der Rheinorte Hersel, Urfeld, Keldenich und Wesseling. Zum neu gebildeten Dekanat Alfter kamen die Pfarreien am Vorgebirgsrand Roisdorf, Bornheim, Brenig, Waldorf, Hemmerich, Rösberg und Merten sowie Sechtem, während Walberberg fortan zum Dekanat Brühl gehörte. Die Zahl der Pfarreien blieb bis in die dreißiger Jahre gleich, doch kündigte sich durch den Bau neuer Kirchen die Loslösung Dersdorfs von der Pfarrei Brenig und Widdigs von Hersel an. Die geistlichen Gemeinschaften – das Ursulinenkloster in Hersel, das Kloster der Augustinerinnen Maria Hilf in Bornheim, die Niederlassungen der Franziskanerinnen der Heiligen Familie in Merten, das Wendelinushaus in Sechtem und das St. Josephshaus in Waldorf – bestanden weiter. Die Tradition der Alten- und Krankenpflege setzten die Töchter vom Göttlichen Heiland aus Wien 1927 in Roisdorf fort. Die Dominikaner erwarben 1926 die verfallene Rheindorfer Burg in Walberberg und richteten dort ein philosophisches, ab 1934 theologisches Studium für den Ordensnachwuchs ein, das im gleichen Jahr dem hl. Albertus Magnus geweiht wurde. Unter Pater Laurentius Siemer, Provinzial der Teutonia, erlangte die am Kloster

Pfarrkirche St. Georg in Widdig, 1928

Mitglieder der marianischen Barweiler-Bruderschaft Hemmerich-Kardorf, um 1930

gegründete Albertus-Magnus-Akademie durch die Betreuung der deutschen Thomas-Ausgabe hohes wissenschaftliches Ansehen.

Nach dem Handbuch der Erzdiözese Köln von 1933 bestanden im Stadtgebiet 30 kirchliche Vereine, darunter fünf Bruderschaften. Alle Pfarreien besaßen Kirchenchöre und Franz-Xaverius-Vereine zur Verbreitung des Glaubens. Zahlreiche Ableger mit bis zu 500 Mitgliedern hatten der Bonifaciusverein, die Jungfrauenkongregationen, die Jungmännervereine, der Verein der Heiligen Familie, der Borromäusverein sowie die Caritas und der Mütterverein.

Pfarrer August Fromme mit einer Mädchengruppe der evangelischen Gemeinde, um 1930

Die evangelische Gemeinde Bornheim

Von 1914 bis 1933 stieg die Gesamtzahl der Protestanten im Gemeindegebiet von 248 auf 290, von denen fast zwei Drittel in Bornheim und Roisdorf wohnten. Die Diaspora-Situation der Protestanten blieb jedoch trotz des Zuzugs erhalten.

Bis zum Zweiten Weltkrieg amtierte Pfarrer August Fromme in der evangelischen Gemeinde. Sie führte nach dem Ersten Weltkrieg wegen des vermehrten Zuzugs von Lutheranern anstelle des Unionskatechismus Luthers Kleinen Katechismus ein. Ab 1924 gab es alle sechs bis acht Wochen in Sechtem und Hersel Gottesdienste. 1928 erhielt die Gemeinde ein Gemeindehaus.

Friedrich Hünermann, Pfarrer in Sechtem 1923 bis 1929, Weihbischof in Aachen 1938 bis 1969

Die Juden

Im Gegensatz zu den Protestanten ging die Zahl der Juden von 1911 bis 1933 weiter von 143 auf 94 zurück und schrumpfte damit gegenüber der Mitte des 19. Jahrhunderts auf weniger als ein Drittel. Wie vor dem Ersten Weltkrieg zogen viele Juden in die Städte.

Die Schulen

Bei den Volksschulen ging die Zahl der Schüler leicht von 2642 (1911) auf 2549 (1933) zurück, während die der Lehrkräfte von 41 auf 49 stieg. Dadurch kamen nur noch 52 Kinder auf eine Lehrkraft. Neu hinzugekommen waren die Schulen in Widdig und in Dersdorf. Die Zahl der Klassen vermehrt sich dadurch auf 52.

Bei den weiterführenden Schulen erwarb 1933 das Oberlyzeum der Ursulinen in Hersel die Abiturberechtigung. Es war mit einer privaten Grundschule verbunden, 19 Lehrkräfte unterrichteten 176 Schülerinnen. Daneben bestanden eine Handelsschule mit zwei Lehrerinnen und eine Haushaltungsschule im Aufbau mit zwei Lehrkräften und drei Schülerinnen. Die höhere Mädchenschule der Franziskanerinnen in Merten gab es 1933 nicht mehr, wohl aber das Haushaltpensionat mit 13 Mädchen.

Katholische Schule in Dersdorf, erbaut 1926

Schon vor dem Ersten Weltkrieg hatte es Planungen für eine Garten-, Obst- und Gemüsebauschule in Sechtem gegeben, die aber nicht realisiert worden ist. Erst 1929 wurde vom Landkreis Bonn in Roisdorf im weitläufigen Garten der ehemaligen Villa Anna eine Obst- und Gemüsebauschule gegründet. Der beruflichen Bildung in der Landwirtschaft dienten ebenfalls ab 1926 Ländliche Fortbildungsschulen für Knaben in Bornheim und Rösberg.

Steigergruppe der Freiwilligen Feuerwehr in Hersel mit ihren Leitern, 1934

Musik und Sport: Die Vereine der Zwischenkriegszeit

Wie die katholischen erlebten die anderen Vereine nach Beendigung des Krieges eine neue Blütezeit. Nach 1918 mussten die in Vereinen organisierten Freiwilligen Feuerwehren in Sechtem, Merten, Waldorf und Kardorf-Hemmerich neu gegründet werden. Neu hinzu kamen für die Pflege der Musik das Tambourcorps Sechtem von 1923, der Quartettverein Walberberg 1924 und der Mandolinenclub Sechtem 1930. Einige der Krieger- und Veteranenvereine wurden nach 1918 als St. Hubertusbruderschaften weitergeführt, andere wie der »Kameradschaftliche Verein« in Sechtem als Ortsgruppe der Kriegsbeschädigten. Die Sportvereine traten jetzt stärker auf als vor 1914: Unter ihnen ist neben den Turnvereinen

Jugendmannschaft des Sechtemer Fußballclubs Salia, um 1930

der Fußballclub Salia in Sechtem aufzuführen. 1932 gründete Georg Gierlich aus Merten zusammen mit den Brüdern Schaden aus Roisdorf den Luftsportverein Vorgebirge.

Die Weltwirtschaftskrise

Als 1929 die große Wirtschaftskrise einsetzte, erwiesen sich die landwirtschaftlich geprägten Gegenden des Stadtgebietes – wie in der Inflation – als relativ krisenfest. Die an den Brühler Industriebezirk grenzenden Gemeinden der Bürgermeisterei Sechtem litten dagegen unter steigenden Ausgaben für die Arbeitslosen. Zusammenrottungen von Arbeitslosen wie im Industrieort Wesseling gab es in den Gemeinden der heutigen Stadt anscheinend nicht. Der Bau der ersten kreuzungsfreien Autostraße zwischen Köln und Bonn, bei dem keine großen Maschinen eingesetzt werden durften, und Notstandsarbeiten an Straßen und zur Abwasserbeseitigung boten zwar vielen Arbeitslosen Brot und Arbeit, wirkten gegenüber der allgemeinen Not aber nur wie ein Tropfen auf dem heißen Stein.

Der Flugpionier Georg Gierlich

Georg Gierlich (1905–1989) gehörte als begeisterter Flieger zu den Flugpionieren im Bonner Raum. Er war Segel- und Motorfluglehrer, gründete den Luftsportverein Vorgebirge und errang als Kunstflieger hohes Ansehen. Nach dem Zweiten Weltkrieg veranstaltete er mit dem wieder zugelassenen Luftsportverein Vorgebirge in den 1950er-Jahren Flugtage in Sechtem und Bornheim. 1960 unternahm er mit den Mertener Schwestern Cortona und Bertram (Christina und Anna Limp), die gerade auf Heimaturlaub aus Afrika waren, einen Rundflug über das Vorgebirge.

Bornheim in der NS-Zeit

Die Anfänge der NSDAP am Vorgebirge

Die NSDAP war bis 1930 am Vorgebirge eine unbedeutende Splitterpartei. Erst mit der Wahl vom 20. Mai 1930 gewann sie auf Anhieb fast 15 Prozent und kam damit hinter dem dominierenden katholischen Zentrum und der SPD auf den

WB DI 12/7/1932

Die braune Front marschiert im Vorgebirg[e]

Ueberall begeisterter Empfang durch die Bevölkerung / Eine große Anzahl gut besuch[ter] Kundgebungen in den verschiedensten Orten

Bonn, 12. Juli.

„Links — links, links und links, Bonner SA. marschiert!“ Wie oft klang dieses Lied am Sonntagmorgen durch 10.7.

die stillen Dörfer des Vorgebirges, durch die die braunen Kolonnen des Sturmbanns marschierten.

Um 8,30 Uhr ging es am Sonntagmorgen vom Adolfsplatz über Dransdorf nach Alfter, wo auf dem großen Platz gegenüber der Burg Pg. Landwirt Gymnich zu den Bauern sprach. Der Redner legte in beredten Worten die Stellungnahme des Nationalsozialismus zur Landwirtschaft auseinander und geißelte scharf die schwarz-rote Bundesgenossenschaft. Pg. Kreisleiter Rickert machte im Schlußwort darauf aufmerksam, daß am Mittwochabend im schwarzen Alfter ein Stützpunkt gegründet wird. Ein Hoch auf den Führer des dritten Reiches beschloß die gut besuchte erste Kundgebung. Es dröhnten die Marschschritte der 350 SA.-Männer durch die Straßen Alfters — überrascht und „entgeistert“ schauten manche dem disziplinierten Zug zu, andere wieder begrüßten mit Begeisterung die braune Kämpferschar, die trotz der schier unerträglichen Hitze in tadelloser Ordnung dahinzog.

Im Rahmen der großen Propagandaaktion des Landkreises Bonn fand auch in

Roisdorf eine ungewöhnlich gut besuchte Versammlung

statt. 120 Personen waren im Saal anwesend, etwa 50 standen vor dem Saal, da kein Sitzplatz mehr zu bekommen war. Pg. Kinkelin rechnete mit den schwarz-roten Novemberparteien ab, wie es in Roisdorf noch niemals zuvor geschah. Die anwesenden Gegner, die durch Zurufe die Versammlung stören wollten, wur-

WB FR 19/6/1931

NSDAP.

Landkreis Bonn

Deutscher Tag in Roisdorf

Sonntag, den 21. Juni 1931: Nachm. 2½ bis 4½ Uhr: Kreistagung im Restaur. Hamecher, Roisdorf, anschließend daran: SA. Aufmarsch mit Kundgebung am Kriegerdenkmal.

Teilnahme aller Ortsgruppen des Landk[reises] Bonn ist Pflicht.

Paul Saß, Kreisleiter.

WB FR 15/7/1932

NSDAP.

Braunhemdenaufmarsch in Bornheim und Merten

Die Braunhemden marschieren am Sonntag, dem 17. Juli, in Bornheim und Merten.

10.30 Uhr Bauernkundgebung in Bornheim am Kriegerdenkmal. Redner: Landtagsabgeordneter Frhr. von Eltz.

3.00 Uhr Kundgebung in Seelheim.

4.30 Uhr Kundgebung in Merten.

6.00 Uhr Kundgebung in Rösberg.

Redner bei diesen drei Veranstaltungen: Pg. Kreisleiter Rickert und Pg. Thyssen, Bremen.

Kreisleitung Bonn-Land.

Achtung für Beuel! W

Am Freitag, dem 15. Juli, 8½ Uhr abends, findet bei Thiebes, Beuel, Rheinstraße 129, eine öffentliche Versammlung statt. Es spricht der Gau-Propagandaleiter von Duisburg, Pg. Fischer, der im letzten Wahlkampf für Pg. Thervoven sprach.

WB DI 19/7/1932

Braunhemden auch im Vorgebirge!

2000 Bauern in unseren Kundgebungen — Pg von Eltz, M.d.L., sprach in Bornheim, Pgg. Rickert und Thyssen in Sechtem, Merten und Rösberg

Bonn, 19. Juli. Am Sonntag zogen die Bonner Sturmkolonnen zum zweiten Male in das Vorgebirge, um den Arbeitern und Bauern dieses bisher vom Zentrum beherrschten Gebietes von der Idee des Nationalsozialismus zu künden. Ueberall jubelnd begrüßt, marschierten sie von Waldorf, über Dersdorf und Brenig nach Bornheim, wo am Kriegerdenkmal eine große Bauernkundgebung mit Pg. Freiherr von Eltz stattfand. 700 Menschen umsäumten den Platz, als Pg. Rickert die Kundgebung eröffnete und betonte, daß in den letzten Jahren in Bornheim wegen des Zentrumsterrors keine Versammlung hätte stattfinden können. Das Zentrum hat dafür seine Quittung bekommen: 3 Bornheimer Gemeindeverordnete sind zum Nationalsozialismus übergetreten und werden jetzt eine nationalsozialistische Fraktion im Gemeinderat bilden. Pg. Freiherr von Eltz berührte insbesondere landwirtschaftliche Fragen. Großer Beifall und reiche Kampfschatzspende waren der äußere Erfolg. 17.7.

Von Bornheim aus zogen die SA.-Stürme nach Roisdorf, wo nach dem Aufmarsch das Mittagsmahl eingenommen wurde, das von mehreren Parteigenossinnen trefflich zubereitet worden war.

Nach einer kurzen Mittagsrast zog man nach Sechtem; auf dem Kirchplatz hatten sich rund 250 Dorfeinwohner eingefunden, die den Worten unserer Redner, Pg. Thyssen-Bremen und Pg. Kreisleiter Rickert-Bonn besonders aufmerksam lauschten, weil dort noch nie eine nationalsozialistische Kundgebung stattgefunden hatte. Ein kommunistischer Vertreter wurde von Pg. Rickert glänzend abge-

Artikel aus dem »Westdeutschen Beobachter« über die Aktivitäten der NSDAP im Vorgebirge 1931/32 dritten Platz. Eine nähere Betrachtung der Wahlergebnisse zeigt, dass die Hitler-Partei ihren Erfolg in erster Linie den Neuwählern verdankte. In die Wählerschaft des Zentrums und Arbeiterparteien konnte sie nicht einbrechen, wohl aber in die der übrigen Parteien. Bis zum Sommer 1932 stagnierte die NSDAP, um dann im November 1932 etwa ein Drittel ihrer Wähler wieder einzubüßen.

Demgegenüber war es der NSDAP im benachbarten Bonn bereits bei der Kommunalwahl 1929 gelungen, in das Stadtparlament einzuziehen, um dort eine aggressive Opposition zu betreiben. Von dort gingen anscheinend auch die ersten Vorstöße aus, auch am Vorgebirge Fuß zu fassen. Jedenfalls überzog die Partei seit 1930 die Orte des Vorgebirges mit einer Flut von Kundgebungen, Propagandamärschen, Plakaten und Flugblättern. Die Versammlungen waren zwar meist schwach besucht, aber die von außerhalb angereisten SA-Männer sorgten für Aufsehen. Wie andernorts provozierten sie Tumulte und Schlägereien.

1930 bemühte sich die NSDAP erstmals, die 53 »Parteigenossen« in Roisdorf und 34 in Merten als Ortsgruppe zu organisieren. Bis zum 30. Januar 1933 stieg die Mitgliederzahl lediglich auf 171, die sich auf Roisdorf, Merten, Sechtem und Walberberg verteilten. Nicht ohne Grund sprach Heinrich Alef, Ortsgruppenleiter von Witterschlick und Staatskommissar von Bad Godesberg, auf der Festversammlung zum »Führergeburtstag« am 20. April 1933 »von dem schweren Kampf, den die nationale Bewegung gerade in Bornheim« gehabt habe.

Wahlveranstaltung der NSDAP vor 1933

Die Ergebnisse der Reichstagswahlen 1928 – 1933 im Bereich des späteren Amtes Bornheim (in Prozent)

Wahlen	Zentrum	SPD	KPD	NSDAP	Übrige
20.5.1928	57,2	13,2	4,7	0,5	24,3
14.9.1930	53,1	19,5	7,1	14,4	15,9
31.7.1932	61,3	7,6	11,5	14,3	5,3
6.11.1932	59,9	9,0	12,8	10,3	8,0
5.3.1933	49,8	5,2	6,9	31,7	6,4*

* davon 5,6 Kampfbund Schwarz-Weiß-Rot

Machtergreifung und Gleichschaltung in Bornheim

Die letzten Wahlen im März 1933

Die »Machtergreifung« am 30. Januar 1933 wurde auch am Vorgebirge nicht als entscheidender Einschnitt empfunden. Erst als im folgenden Monat SA-Männer in Uniform polizeiliche Funktionen übernahmen und ihre Macht einseitig für die neuen Machthaber missbrauchten, wurde der Bruch mit der Demokratie augenscheinlich. Mit enormem Propagandaaufwand, Behinderung und Einschüchterung der anderen Parteien – die wenigen KPD-Funktionäre wurden nach dem Reichstagsbrand schon am 1. März verhaftet – versuchte die NSDAP, die Reichstagswahl am 5. März 1933 zu gewinnen. Während aber die Partei auf Reichsebene gemeinsam mit dem »Kampfbund Schwarz-Weiß-Rot« knapp die absolute Mehrheit gewann, brachte sie es am Vorgebirge auf nicht einmal ein Drittel der abgegebenen Stimmen. Das Zentrum konnte sich in den ganz überwiegend katholischen Gemeinden mit Abstand als stärkste politische Kraft behaupten und verlor nur knapp die absolute Mehrheit. Die Unterschiede in den einzelnen Ortschaften waren groß: In Rösberg stimmten fast 60 Prozent, in Kardorf-Hemmerich knapp 50 Prozent der Wähler für die NSDAP-»Bewegung«, während es in den Rheinorten weniger als 25, in Walberberg sogar nur knapp 12 Prozent waren.

Im Laufe des Monats März wurde deutlich, dass Hitler, gestützt auf das Ermächtigungsgesetz, mit allen bisher geltenden demokratischen Spielregeln brach. So hatte die Kommunalwahl vom 12. März 1933, die der NSDAP nur ein Viertel der Stimmen eintrug, dem Zentrum aber die absolute Mehrheit in der Amtsvertretung Waldorf bescherte – nur in Roisdorf konnten die Nazis mit dem Zentrum gleichziehen –, praktisch keine Bedeutung, weil nach der Wahl auch die SPD-Funktionäre verhaftet und die gewählten Vertreter an der Ausübung ihres Amtes gehindert wurden. Die Angehörigen des Zentrums verzichteten entweder auf ihr Mandat oder schlossen sich den Nationalsozialisten als »Hospitanten« an. Die Zentrums-Ortsgruppen in Dersdorf und Brenig lösten sich sogar noch vor der »ehrenvollen Selbstauflösung« des Zentrums im Reich am 5. Juli 1933 auf.

Nicht ohne Widerstand: Die Gleichschaltung von Rat und Verwaltung

Im Gegensatz zu den meisten leitenden Beamten im Rheinland, die unmittelbar nach der Wahl mit mehr oder weniger Druck aus ihren Ämtern gedrängt, wegen angeblichen Missbrauchs ihrer Stellung verhaftet oder zwangspensioniert wurden, konnte sich Amtsbürgermeister Heinrich Ditz in Bornheim noch bis Mai 1933 halten. Anfang April bekam er allerdings den »Alten Kämpfer« (langjähriges NSDAP-Mitglied) Forstassessor Bottke als Staatskommissar und Aufpasser an die Seite gestellt. Er übernahm vor allem die repräsentativen Aufgaben des Bürgermeisters und sorgte beispielsweise dafür, dass der Bonner Jude Eduard Cahn als Geschäftsführer der Absatz- und Bezugsgenossenschaft »Vorgebirge« e.G.m.b.H. in Roisdorf abgesetzt wurde (seit 1936 Kreis-Obst- und Gemüseversteigerung »Vorgebirge« e.G.m.b.H). Am 12. April versuchte Bottke, Ditz durch eine Demonstration und »Rathausbesetzung« zum Rücktritt zu bewegen. Ditz jedoch ließ sich nicht einschüchtern und entfernte mithilfe der Polizei die Eindringlinge aus dem Rathaus. So scheiterte diese Bornheimer »Machtübernahme« noch. Aber bereits einen Monat später, am 18. Mai 1933, trat Ditz zurück. Er übernahm die Stelle des Amtsbürgermeisters in Duisdorf und wurde 1934 Beigeordneter des Amtes bzw. der Stadt Bad Godesberg.

Sein Nachfolger wurde aber nicht Bottke, sondern der abgebrochene Landwirtschaftsstudent und »Alte Kämpfer« Paul Henter. Am 19. Mai wurde er vom Landrat und unter Beteiligung von Parteigenossen und SA vor allem aus Bad Godesberg mit großem Pomp als Staatskommissar eingeführt und am 12. Juli 1933 von der erstmals einberufenen Amtsvertretung des Amtes Waldorf einstimmig gewählt.

Henter konnte zwar die Bildung des neuen Amtes Bornheim abschließen, aber seine Amtsführung fand offenbar nicht den Beifall der vorgesetzten staatlichen Stellen. Obwohl sich der Bonner Kreisleiter als zuständiger »Beauftragter der NSDAP« für ihn einsetzte, wurde Henter am 15. Juli 1935 als Staatskommissar abberufen. Innenminister Frick bezeichnete seine Bestallung gegenüber dem Kölner Regierungspräsidenten als »Fehlgriff«. Da sich anscheinend aus dem Reservoir der »Alten Kämpfer« zunächst kein geeigneter Kandidat für das Amt des Amtsbügermeister mehr fand, wurde die Stelle vom Sommer 1935 bis zum Sommer 1936 kommissarisch von drei Referendaren wahrgenommen. Erst am 14. Juni 1936 wurde der Kölner kaufmännische Angestellte und »Alte Kämpfer« Fritz Hammer zum Bürgermeister des Amtes Bornheim ernannt und behielt dieses Amt bis zu seiner Flucht am 4. März 1945.

Seit Sommer 1933 bestand die Amtsvertretung nur noch aus NSDAP-Mitgliedern (»Parteigenossen« oder kurz »Pgs«) und hospitierenden Zentrumsleuten. Gemeindebürgermeister, Ortsvorsteher und Gemeindevertreter wurden nicht mehr gewählt, sondern von Parteistellen vorgeschlagen und von der Regierung eingesetzt bzw. bestätigt. Dieses System, gegen das Major v. Kempis von der

Kitzburg und sieben Roisdorfer Gemeindevertreter vergeblich protestierten, wurde durch die Deutsche Gemeindeordnung von 1935 legalisiert. Der »Beauftragte der NSDAP« – das war für das Vorgebirge der Bonner Kreisleiter – hatte nun das Recht, der Regierung die Kandidaten für Ämter der Bürgermeister und der Gemeindevertreter vorzuschlagen. Betrachtet man die auf diese Weise in ihr Amt gekommenen Personen, so fällt auf, dass nur sieben Prozent von ihnen vor 1933 in die NSDAP eingetreten waren (»Alte Kämpfer«) und rund 70 Prozent zwischen März und Mai 1933 (»Märzgefallene«). Etwa 20 Prozent der Posten mussten durch Nichtparteimitglieder besetzt werden. Das zeigt, wie dünn 1933 der für Ämter geeignete Personenkreis unter den NSDAP-Mitgliedern war.

Die Deutsche Gemeindeordnung von 1935 schaffte die kommunale Selbstverwaltung weitgehend ab, indem die Gemeindevertretungen gleichgeschaltet waren und die NSDAP entscheidenden Einfluss auf die Postenbesetzung bekam. Vollends aufgehoben wurde die Selbstverwaltung der Kommunen durch den Erlass vom 25. März 1939, der die Gemeinden den obersten Reichsbehörden unterstellte und den bisherigen Aufsichtsbehörden Weisungsbefugnis übertrug.

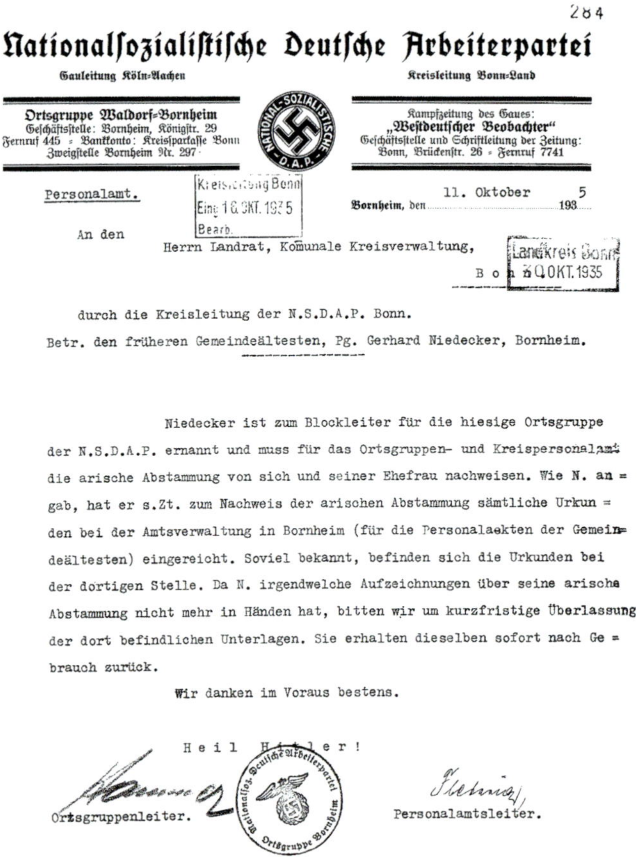

284

Nationalsozialistische Deutsche Arbeiterpartei

Gauleitung Köln-Aachen — Kreisleitung Bonn-Land

Ortsgruppe Waldorf-Bornheim
Geschäftsstelle: Bornheim, Königstr. 29
Fernruf 445 = Bankkonto: Kreissparkasse Bonn
Zweigstelle Bornheim Nr. 297

Kampfzeitung des Gaues:
„Westdeutscher Beobachter"
Geschäftsstelle und Schriftleitung der Zeitung:
Bonn, Brückenstr. 26 = Fernruf 7741

Personalamt.

Kreisleitung Bonn
Eing. 18. OKT. 1935
Bearb.

Bornheim, den 11. Oktober 1935

An den
Herrn Landrat, Komunale Kreisverwaltung,
Bonn

Landkreis Bonn
30. OKT. 1935

durch die Kreisleitung der N.S.D.A.P. Bonn.

Betr. den früheren Gemeindeältesten, Pg. Gerhard Niedecker, Bornheim.

Niedecker ist zum Blockleiter für die hiesige Ortsgruppe der N.S.D.A.P. ernannt und muss für das Ortsgruppen- und Kreispersonalamt die arische Abstammung von sich und seiner Ehefrau nachweisen. Wie N. angab, hat er s.Zt. zum Nachweis der arischen Abstammung sämtliche Urkunden bei der Amtsverwaltung in Bornheim (für die Personalaekten der Gemeindeältesten) eingereicht. Soviel bekannt, befinden sich die Urkunden bei der dortigen Stelle. Da N. irgendwelche Aufzeichnungen über seine arische Abstammung nicht mehr in Händen hat, bitten wir um kurzfristige Überlassung der dort befindlichen Unterlagen. Sie erhalten dieselben sofort nach Gebrauch zurück.

Wir danken im Voraus bestens.

Heil Hitler!

Ortsgruppenleiter. — Personalamtsleiter.

Nationalsoz. Deutsche Arbeiterpartei Ortsgruppe Bornheim

Der NS-Blockleiter in Bornheim Gerhard Niedecker muss seine »arische Abstammung« für sich und seine Ehefrau nachweisen, 1935

Die NSDAP durchdringt das gesellschaftliche Leben

Die auf mehrere Hundert gewachsene Zahl der Parteimitglieder machte eine Neuordnung der Organisation notwendig. Am 1. Juli 1933 wurden die drei Ortsgruppen Bornheim, Sechtem und Hersel gegründet, deren Grenzen denen der neu zu schaffenden Großgemeinden entsprachen. Ortgruppenleiter in Bornheim war zunächst der »Alte Kämpfer« Demmer. Er wurde am 1. Dezember 1934 vom kommissarischen Amtsbürgermeister Henter – beide Ämter sollten in einer Hand sein – abgelöst, auf den sein Nachfolger Hammer folgte. Die Ortsgruppe Sechtem führte der »Alte Kämpfer« und Bürgermeister Heinrich Drimborn und die Ortsgruppe Hersel der Polizeibeamte und seit 1931 im Dienst der Partei stehende Demtröder aus Roisdorf.

Die Freiwillige Feuerwehr Sechtem, 1935

Die NSDAP begnügte sich aber nicht damit, die einzige »Staatspartei« zu sein, sondern wollte alle Bereiche des Lebens mit ihren Organisationen durchdringen. Die 10- bis 18-jährigen Jugendlichen mussten ab 1937 der Hitlerjugend angehören. In den Großgemeinden Bornheim, Hersel und Sechtem waren die NS-Volkswohlfahrt, die Deutsche Arbeitsfront (DAF) als Nachfolgerin von Gewerkschaften und Arbeitgebervertretungen, die NS-Frauenschaft, der Reichsbund deutscher Beamten, der NS-Lehrerbund und der NS-Kriegsopferbund vertreten. Die Landwirte wurden im »Reichsnährstand« organisiert, deren »Ortsbauernführer« in den Dörfern großen Einfluss hatten. Die SA mit ihrem in Bornheim stationierten »Sturm 30« der Bonner »Standarte 160« spielte anscheinend keine besondere Rolle.

Die von der NSDAP angestrebte »Gleichschaltung« wirkte sich auch auf das Vereinsleben aus: Als der »Kameradschaftliche Verein Sechtem« sich 1933 weigerte, dem NS-genehmen »Kyffhäuserbund« beizutreten, wurde er aufgelöst. Der »Katholische Jungmännerbund Sechtem« wurde im Sommer 1933 geschlossen. Die als Vereine organisierten Freiwilligen Feuerwehren wurden als Löschzüge in die staatliche Feuerpolizei eingegliedert. Die Sportvereine, die dem Reichsverband für Leibesübungen bzw. dem katholischen Verein »Deutsche Jugendkraft« angehörten, wurden aufgelöst, existierten aber vielfach im »Nationalsozialistischen Reichsbund für Leibesübungen« (NSRL) unter neuem Namen weiter – wie der DJK (»Deutsche Jugendkraft«) Hochland Rösberg als »Spiel- und Sportverein Rösberg« – oder gründeten sich neu, wie der Fußballverein Salia Sechtem.

Die Herseler Hauptstraße im Fahnenschmuck, um 1934. Neben den Hakenkreuzfahnen sieht man auch noch viele der alten schwarz-weiß-roten Reichsfahnen

Die Vollendung der »Raumordnung«: das neue Amt Bornheim

Die Machtübernahme vom 30. Januar 1933 fiel mitten in einen Prozess zur Vereinfachung und Verbilligung der Verwaltung, den die preußische Regierung angesichts der Weltwirtschaftskrise eingeleitet hatte. Bereits am 16. Mai 1931 hatte die Amtsvertretung des überschuldeten Amtes Sechtem beschlossen, das Amt in Zukunft mit dem Amt Waldorf in Personalunion verwalten zu lassen. Am 1. Oktober 1932 waren die Gemeinden Wesseling und Keldenich aus dem

Landkreis Bonn und der Bürgermeisterei Hersel ausgegliedert und die restlichen vier Gemeinden Urfeld, Widdig, Uedorf und Hersel dem Amt Waldorf angeschlossen worden. Allerdings hatte die preußische Regierung am 22. Februar 1932 beschlossen, die durch die Wirtschaftskrise diskreditierten Verfahren zur Neugliederung abzubrechen. So versuchte Bürgermeister Ditz zur Jahreswende 1932/33 vergeblich, die Vereinigung der Ämter voranzutreiben.

Nach ihrer »Machtergreifung« führten die Nationalsozialisten die alten Pläne fort: Auf Antrag des kommissarischen Bürgermeisters Henter genehmigte der Oberpräsident der Rheinprovinz zum 1. Juni 1934 die Änderung der aus dem Jahre 1816 stammenden Bezeichnung des Amtes »Waldorf« – der Sitz des damaligen Bürgermeisters lag in der Gemarkung Waldorf – in »Bornheim«, dem größten Ort und Sitz der Verwaltung. Als nächsten Schritt vereinigte Henter am 1. April 1935 die Ämter Bornheim und Sechtem zum neuen Amt Bornheim. Um die Aufstellung und Beratung von einem Amts- und zwölf Gemeindehaushalten sowie deren einzelne Rechnungslegung zu vermeiden, beantragte er, aus den ursprünglichen drei Ämtern die »Großgemeinden« Bornheim (mit den Orten Bornheim, Brenig, Kardorf, Hemmerich, Roisdorf und Waldorf), Sechtem (mit den Orten Sechtem, Merten, Trippelsdorf, Rösberg und Walberberg) und Hersel (mit den Orten Hersel, Uedorf, Urfeld und Widdig) zu bilden. Diesem Antrag wurde zum 1. Juli 1935 stattgegeben und damit bis auf das 1969 ausgegliederte Urfeld die Grenzen der heutigen Stadt festgelegt.

Der Alltag unter dem Hakenkreuz

Begeisterte Zustimmung

Fahnen und Uniformen beherrschten seit 1933 das Straßenbild. Zu zahlreichen Gelegenheiten gab es Aufmärsche und Kundgebungen wie zum Heldengedenktag, »Führers Geburtstag«, dem 1. Mai, Erntedankfest, Einführung von Bürgermeistern sowie den »Abstimmungen« zum Austritt aus dem Völkerbund oder zum Anschluss Österreichs. Sie signalisierten scheinbar eine weitgehende Übereinstimmung der Bevölkerung mit dem Regime. Als Zeichen besonderer Verehrung für den 1923 exekutierten NS-Märtyrer Leo Schlageter wurde auf dem Herseler Werth ein Schlageterdenkmal geplant, doch ist es dazu nicht gekommen.

Erntedankfest in Bonn mit einem Lastwagen der Roisdorfer Versteigerung

Wie die Leute wirklich dachten, lässt sich wenigstens ansatzweise aus einer Befragung von Personen erfahren, die in Hersel die damalige Zeit erlebt haben. Danach nahm die Bevölkerung am Vorgebirge das neue Regiment unterschiedlich auf. Während bei den Älteren die Skepsis überwog, begrüßten die jüngeren Berufstätigen den Umschwung, von dem sie sich ein Ende der Arbeitslosigkeit versprachen. Manche Arbeitslose traten in die SA, viele in die Partei ein, um eine Arbeitsstelle zu finden. Besonders Kommunisten sollen zur NSDAP übergelaufen sein. Dabei begünstigte das neue Regime die Männer; berufstätige Frauen mussten Familienvätern Platz machen. Die meisten Jüngeren, ab 1925 Geborenen, waren begeistert von der HJ, schwärmten von Sport und Spiel in der Gemeinschaft. Die Partei ihrerseits versuchte, möglichst viele Mitglieder zu werben.

Ansicht des Bornheimer Klosters, 1939/40

... und drakonische Strafen

Die von der NSDAP geförderte Willkür von Polizei und Justiz öffnete dem Denunziantentum Tor und Tür. Wer offen Kritik übte, musste damit rechnen, von der Polizei vorgeladen und streng ermahnt zu werden. In den späteren Jahren griff der NS-Staat noch härter durch: Als eine Frau aus Hersel behauptete, ein Soldat wäre nicht als Held gefallen, sondern zum Tode verurteilt worden, wurde sie zur Gestapo nach Bonn am Kreuzbergweg gebracht, wo Häftlinge gefoltert wurden und unter furchtbaren Bedingungen im Keller vegetieren mussten. Das sollte die Bevölkerung in Furcht versetzen und von jeder Form von Opposition abhalten.

Ernstere Vergehen wurden vor dem Kölner Sondergericht verhandelt. Aus dem Amt Bornheim waren es insgesamt 70 Fälle. Vor Kriegsbeginn waren es meist Vergehen gegen das »Gesetz gegen heimtückische Angriffe auf Staat und Partei und zum Schutz der Parteiuniformen« von 1934 (»Heimtückegesetz«), das alle kritischen Äußerungen unter Strafe stellte, weil sie angeblich das Wohl des Reiches, das Ansehen der Reichsregierung oder der NSDAP schädigten. Auch kritische Kirchenleute waren gefährdet: So wurde der Pfarrer Ernst Pohlhausen aus Bornheim zu einem Jahr Gefängnis verurteilt und anschließend ausgewiesen, weil er nach dem »Röhmputsch« gesagt hatte, er gebe keinem Mörder seine Stimme. Der Provinzial der Dominikaner, Pater Laurentius Siemer, wurde wegen angeblicher Devisenvergehen, in Wirklichkeit wegen Protesten gegen Naziübergriffe auf das Kloster 1935/36 verhaftet, aber wegen erwiesener Unschuld freigesprochen. Im Zusammenhang mit dem Attentat auf Hitler vom 20. Juli 1944 geriet er erneut in das Visier der Geheimen Staatspolizei, konnte sich aber durch Flucht seiner Verhaftung entziehen und sich bis Kriegsende verstecken. Der Breniger Pfarrer Josef Stahl wurde Ende März 1943 wegen nazifeindlicher Äußerungen mit seiner Schwester verhaftet und in das Konzentrationslager Dachau gebracht. Dort wurde er glücklicherweise beim Zusammenbruch befreit und konnte in seine alte Pfarrei zurückkehren. Weitere Nachrichten über Widerstand im Vorgebirge gibt es nur spärlich. So soll ein Mitglied der Familie Wüllenweber in Hersel ein »Widerständler« gewesen sein, und im Zusammenhang mit dem 20. Juli 1944 wurde der ehemalige Zentrumsabgeordnete Wilhelm Schmitz von der Gestapo verhaftet und in den Messehallen Köln-Deutz inhaftiert.

Die Vernichtung der jüdischen Gemeinde

Die Nationalsozialisten hatten nie einen Hehl aus ihrem gewalttätigen Antisemitismus gemacht, doch wurden auch in Bornheim ihre Hasstiraden nicht ernst genommen. Bereits am 1. April 1933 versuchte die NSDAP, jüdische Geschäftsinhaber durch einen Aufruf zum Boykott wirtschaftlich zu schädigen und aus dem Land zu treiben. Um die Bevölkerung vom Betreten der Läden abzuschrecken, wurden SA-Leute und andere »Braunhemden« vor den Geschäften postiert. Der Erfolg der Maßnahme in den Gemeinden am Vorgebirge hielt sich allerdings in Grenzen, denn aus Sympathie mit den Juden hielten nach Auskunft des emigrierten Bornheimer Max Cahn die Bornheimer Geschäftsleute ihre Geschäfte ebenfalls geschlossen.

Unter dem Druck der Partei und staatlicher Propaganda gegen die Juden änderte sich die Einstellung der Bevölkerung allmählich. Das »Gesetz zur Wiederherstellung des Berufsbeamtentums« vom 7. April 1933 schloss alle Juden bis auf die Frontkämpfer des Ersten Weltkrieges von der Beamtenlaufbahn aus. Die Nürnberger Rassengesetze von 1935 stempelten die Juden zu Staatsbürgern zweiter Klasse, denen das Wahlrecht genommen und öffentliche Ämter verwehrt wurden. Eheschließung und außereheliche Beziehungen mit ihnen waren den »Deutschen Reichsbürgern« verboten. Ab 1. Januar 1939 mussten alle Männer den zweiten Vornamen »Israel«, alle Frauen den Namen »Sara« tragen und am 1. September 1941 wurde das Tragen des gelben Davidssterns vorgeschrieben.

Dass die Hasstiraden in den Jahren nach 1933 Wirkung zeigten, bekamen vor allem jüdische Schülerinnen und Schüler zu spüren. Ruth Rolef aus Widdig machte schlechte Erfahrungen mit Lehrern und Mitschülerinnen auf dem Städtischen Lyzeum in Bonn, Grete Schmitz aus Bornheim wurde im Bonner Lyzeum von ihrer Lehrerin verhöhnt und Max Cahn aus Bornheim wurde aus der Schulkapelle ausgeschlossen, weil er als Jude keine Uniform tragen durfte. Ab 1935 musste er eine jüdische Schule in Bonn besuchen und wurde auf der Fahrt dorthin auf Veranlassung eines HJ-Führers von seinen christlichen Freunden verprügelt. Nach dieser Erfahrung wanderte er aus Deutschland aus.

Viele vor allem der älteren Juden schreckten aber vor der Auswanderung zurück. Für sie war Deutschland ihre Heimat, von der sie sich nicht trennen wollten, und sie hofften, dass die Verhältnisse sich wieder bessern würden. Die 1896 in Köln gegründete »Zionistische Vereinigung für Deutschland«, die für einen eigenen Staat in Palästina warb, gründete 1934 in Urfeld (damals Amt Bornheim) eine Vorbereitungsschule für die Ausreise nach Palästina. Sie wurde von etwa 130 jungen Menschen besucht, die hier vor allem landwirtschaftliche Fähigkeiten erlernten und geistig auf ihre neue Heimat vorbereitet wurden. Beim Pogrom vom 9./10. November 1938 blieb die Schule unbehelligt, wurde aber anschließend geschlossen.

Der genannte Pogrom, auch unter dem Namen »Reichskristallnacht« bekannt, war eine vom Reichspropagandaminister Josef Goebbels inszenierte »Vergeltungsmaßnahme« für das Attentat auf den Botschaftssekretär vom Rath in Paris. Er stellt einen Höhe- und zugleich Wendepunkt in der Judenverfolgung dar. In Bornheim ging die Synagoge in Flammen auf. Die Feuerwehr begnügte sich damit, die umliegenden Häuser zu schützen. Das Grundstück der Synagoge musste die Synagogengemeinde im folgenden Jahr für unangemessene 5650 Reichsmark an die Zivilgemeinde Bornheim verkaufen. Die Synagoge in Hersel, die zu eng an den Nachbarhäusern stand, um sie anzuzünden, wurde verwüstet. Außerdem wurden jüdische Geschäfte, so weit sie noch bestanden, geplündert und oft zusammen mit den Wohnungen zerstört. Nach den Zeugenberichten waren es angeblich vor allem ortsfremde SA-Männer und Hitlerjungen, die die Untaten verübten. Von den Einheimischen waren es anscheinend vor allem Jugendliche, die für die Hassparolen der Nazis besonders empfänglich waren. Die Masse der Bevölkerung hielt sich aus Furcht zurück, aber immerhin unter der

Die brennende Synagoge in Bornheim am 10. November 1938, Aufnahme des Kaplans an der Pfarrkirche Bornheim, Heinrich Schneider

Hand halfen Nachbarn und Bekannte den betroffenen jüdischen Mitbürgern beim Aufräumen und versorgten sie mit Lebensmitteln.

Der Pogrom im November 1938 bildete den Auftakt für eine Verhaftungswelle und weitgehende Enteignung von jüdischem Vermögen. Die Folge war eine Auswanderungswelle: Gehörten 1933 noch 110 Juden zur Synagogengemeinde Bornheim (zu der Alfter und Wesseling gehörten), so waren es 1939 bei Kriegsausbruch nur noch 72. Viele Juden wanderten offensichtlich früh aus dem Vorgebirge aus, wobei sie in der Regel den größten Teil ihres Vermögens verloren.

Joseph Loeb erhielt 1934 das Ehrenkreuz für Frontkämpfer

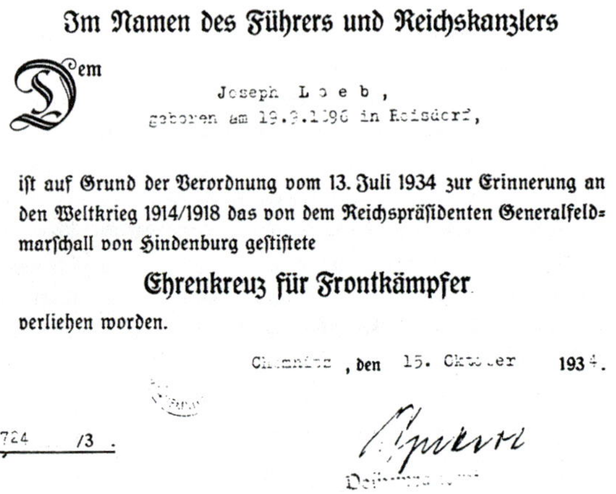

Im Namen des Führers und Reichskanzlers

Dem Joseph Loeb, geboren am 19.9.1896 in Roisdorf,

ist auf Grund der Verordnung vom 13. Juli 1934 zur Erinnerung an den Weltkrieg 1914/1918 das von dem Reichspräsidenten Generalfeldmarschall von Hindenburg gestiftete

Ehrenkreuz für Frontkämpfer

verliehen worden.

Chemnitz, den 15. Oktober 1934.

Nr. 724/3.

Wer bis Kriegsbeginn seine Heimat nicht verlassen hatte, war bis auf wenige Ausnahmen zum Tode verurteilt. Joseph Loeb aus Bornheim, der noch 1934 das gestiftete Ehrenkreuz für Frontkämpfer aus dem Ersten Weltkrieg von Reichspräsident Hindenburg »im Namen des Führers und Reichskanzlers« erhalten hatte, war anfangs noch durch seine Ehe mit einer Nichtjüdin geschützt. Ende 1938 wurde er jedoch für kurze Zeit inhaftiert und bei Kriegsbeginn zur Zwangsarbeit bei der Reichsbahn verpflichtet und in Straflagern untergebracht. Er konnte aber untertauchen und so überleben. Auch zwei, im NS-Jargon »Halbjüdinnen« genannte Frauen aus Roisdorf konnten 1944 bei einer Wachablösung aus dem Sammellager Köln-Müngersdorf fliehen und sich anschließend in Berlin und Freising verstecken.

Anfang 1942 beschlossen und organisierten hochrangige NS-Vertreter in der »Wannseekonferenz« die Ermordung der letzten in Deutschland verbliebenen und der europäischen Juden. Die 69 namentlich bekannten Juden, die nach Kriegsbeginn noch im Amt Bornheim lebten, wurden seit Anfang 1942 in das von den Nonnen geräumte Kloster »Zur Ewigen Anbetung« in Bonn-Endenich oder in die Kölner Sammellager gebracht, darunter die 86-jährige Amalia Nathan und die zweijährige Sally Schmitz. Von diesen Lagern aus wurden sie mit ihren Leidensgenossen im Sommer 1942 in die Vernichtungslager abtransportiert. Von ihnen hat anscheinend niemand überlebt.

Die Familie Johann und Gundula Clasen aus Brenig versteckte das jüdische Ehepaar Salin aus Köln vom Sommer 1944 bis zur Befreiung

Die Vernichtung der jüdischen Gemeinde Bornheim erfolgte offensichtlich ohne Protest einer eingeschüchterten oder sogar still zustimmenden Bevölkerung. Umso höher sind die wenigen Fälle zu bewerten, in denen Menschen ihren jüdischen Mitbürgern halfen. Wie etwa die Eheleute

Clasen aus Bornheim, die das jüdische Ehepaar Salm aus Köln versteckten und mit Lebensmitteln versorgten, bis 1945 die amerikanischen Truppen kamen. Das ändert aber nichts daran, dass die Enteignung, Verfolgung, Vertreibung und Ermordung der jüdischen Gemeinde Bornheim das dunkelste Kapitel der Bornheimer Geschichte ist.

Prozession zu Ehren des heiligen Georg in Widdig, 1934

Die Kirchen unter dem staatlichen Zugriff

Im Gegensatz zum Staat: die katholische Kirche

Bornheimer Parteistellen beklagten 1934, die katholischen Pfarrer hätten bereits vor der Machtergreifung eine »gehässige Einstellung« zur NSDAP gehabt. Es bestand also ein Gegensatz zur katholischen Kirche, die das am 22. Juli 1933 abgeschlossene Konkordat zunächst noch vor Verfolgung schützte. So musste dem Katholischen Männerverein in Bornheim, dessen Fahne, Wimpel und Kasse am 1. Juli 1933 beschlagnahmt und dessen Vereinslokal geschlossen worden waren, alles wieder zurückgegeben werden. Das bedeutete allerdings nur eine kurze Schonfrist, denn am 1. Februar 1938 wurde der Katholische Jungmännerverband aufgelöst.

Der offene Gegensatz zur Partei bedeutete zwar Gefahr, stärkte aber auf der anderen Seite das kirchliche Leben: So fanden die Hirtenbriefe und parteikritische Ausführungen in den Kirchenzeitungen besondere Aufmerksamkeit und die Prozessionen wurden stärker besucht, auch wenn sie – wie die Kevelaer-Wallfahrt von Walberberg und Waldorf 1938 – als »Gesellschaftsfahrt« getarnt werden mussten. Erst im Krieg mussten sie eingestellt werden. Es gab sogar Neugründungen von kirchlichen Vereinen wie 1935 die Katholische Männerkongregation in Sechtem oder der 1936 durch Pfarrer Blume gegründete Frauen- und Müttervereín in Hemmerich.

Die Schule Sechtem gewinnt 1934 den Wanderpokal des Amtes Bornheim

In der Hand der »Deutschen Christen«: die evangelische Gemeinde

Der Pfarrer der evangelischen Gemeinde August Fromme war nach Auskunft des Bürgermeisters »national gesinnt« und soll der NS-Bewegung positiv gegenübergestanden haben. Bei der Kirchenwahl im Sommer 1933 wurde in Bornheim wie in sehr vielen rheinischen Gemeinden eine Einheitsliste der NS-nahen »Deutschen Christen« aufgestellt. Immerhin zählte die Bornheimer Gemeinde nicht zum radikalen Flügel der Deutschen Christen, der das Alte Testament als jüdisch ablehnte. Davon distanzierte sich eine Bornheimer Versammlung der Deutschen Christen. Aber auch die Spielräume der evangelischen Kirche wurden enger: 1935 verhinderte die Partei die Gründung einer evangelischen Schule.

Nach dem Tod des Pfarrers August Fromme am 15. August 1938 blieb die evangelische Pfarrstelle unbesetzt. Bis 1942 wurde sie vom Missionar Wilhelm Schmidt notdürftig versorgt, danach vom Bonner Pfarrer Friedrich Mummenhoff. Erst 1947 wurde die Stelle wieder besetzt.

Die Schulen geraten unter die Kontrolle des Staates

Besondere Aufmerksamkeit schenkten die Nazis den Schulen, denn sie wollten die Jugend für sich gewinnen. Offenbar waren viele der Lehrer getreue Gefolgsleute der NSDAP und taten sich mit Hetztiraden gegen Juden und Andersdenkende hervor. Zunächst schützte das Konkordat die katholischen Volksschulen noch vor dem direkten staatlichen Zugriff. Seit Ende 1935 gab es jedoch heftige Auseinandersetzungen zwischen Teilen der katholischen Kirche und der Regierung Hitler um das Schulwesen. Am 24. August 1938 wurde den katholischen Geistlichen der Religionsunterricht in den Schulen verboten; sie verlegten ihn daraufhin in kirchliche Räume. Am 18. April 1939 wurden alle konfessionellen Volksschulen durch die »Deutsche Volksschule« ersetzt und die Kruzifixe in den Klassenräumen durch Führerbilder ersetzt. Die Kreuze sollten von der Polizei beschlagnahmt werden, viele wurden jedoch von den Pfarrern verwahrt.

Die Ursulinen mussten 1941 ihr Kloster verkaufen und Hersel verlassen. Anstelle ihrer Schule wurde eine Nationalsozialistische Lehrerinnen-Bildungsanstalt eingerichtet, die besonders guten Schülerinnen nach der Volksschule offen stand. Eine Einrichtung für besonders gute Volksschüler des vierten Schuljahres wurde

1942 unter der Bezeichnung Hauptschule als Eliteschule für das Amt Bornheim in Sechtem eingerichtet. Selbst die katholischen Kindergärten wurden 1942 von der NS-Volkswohlfahrt übernommen, aber der gewünschte Erfolg war damit keineswegs sicher: Die Kindergärtnerin, die den Kindergarten der Nonnen des Wendelinushauses in Sechtem übernahm, versuchte, ihn im katholischen Geist weiterzuführen.

Haushaltsschülerinnen im Kloster Maria Hilf in Bornheim bei Handarbeiten, Ansichtskarte von 1934

Landwirtschaft und Gewerbe im Aufschwung

Einen Einblick in die Wirtschaftstruktur des Amtes Bornheim erlaubt die amtliche Statistik für die Volkszählung von 1939. Danach stellte die Landwirtschaft mit rund 40 Prozent der Berufstätigen die stärkste Gruppe, gefolgt von 32 Prozent des Gewerbes und 28 Prozent bei den Dienstleistungen. Gegenüber den Berechnungen anhand des Adressbuchs von 1930 ergeben sich nur im Hinblick auf das Gewerbe deutliche Unterschiede, verursacht wahrscheinlich durch die Gesellen und Lehrlinge, die im Haushalt ihrer Handwerksmeister lebten und deshalb nicht im Adressbuch erscheinen.

Die Landwirtschaft war also noch immer der stärkste Wirtschaftsfaktor, besaß aber keineswegs mehr ein erdrückendes Übergewicht. Ihr Anteil lag in der Großgemeinde Hersel mit einem Drittel deutlich unter dem Amtsdurchschnitt, offensichtlich weil hier mehr Getreide und Hackfrüchte und weniger Obst und Gemüse angebaut wurde.

Die Bauern waren Lieblingskinder der NSDAP und ihres rassistischen »Blut und Boden«-Mythos. Sie profitierten von den Autarkiebestrebungen des NS-Staates, durch die die ausländische Konkurrenz, vor allem aus den Niederlanden, ausgeschlossen wurde. Das »Reichserbhofgesetz« von 1933 verhinderte eine weitere Zersplitterung der ererbten Höfe. Das Landjahr für die schulentlassenen Jungen und das Pflichtjahr der Mädchen verschaffte den Landwirten billige Arbeitskräfte. Zuschüsse und billige Kredite erleichterten das Wirtschaften.

Die Arbeitslosigkeit hatte vor allem die Berufstätigen im Gewerbe betroffen. 1933 verhinderte die NSDAP die Schließung der Brühler Grube Berggeist und damit weitere Entlassungen. Die einsetzende positive Entwicklung im Brühler Braunkohlenrevier entlastete die nördlichen Gemeinden. Nachdem in Wesseling die Union Rheinische Braunkohlen Kraftstoff AG (Unionkraftstoff, UK) 1937 die Herstellung von Benzin aus Braunkohle aufgenommen hatte, war ein neuer großer Arbeitgeber in unmittelbarer Nähe entstanden. Weitere Arbeitsplätze entstanden im Rahmen der Aufrüstung in der Roisdorfer Lederfabrik Gammersbach und in den »Vereinigten Leichtmetallwerken« im Bonner Norden, wo viele Herseler beschäftigt waren (später Vereinigte Aluminium Werke AG, heute Norsk Hydro).

Generalfeldmarschall **Maximilian Freiherr von und zu Weichs an der Glau** (1881–1954), der Letzte seines Geschlechts auf Burg Rösberg

Der Zweite Weltkrieg bringt Zerstörung und Tod

Als am 1. September 1939 der Zweite Weltkrieg begann, sahen die Bewohner des Vorgebirges mit Bangen in die Zukunft. Doch zunächst gab es außer den Dienstverpflichtungen der Männer und Luftschutzmaßnahmen (wie der Verdunklung) kaum Veränderungen. Die Rationierung der Lebensmittel hatte für die vielen Selbstversorger im landwirtschaftlich geprägten Vorgebirge weniger Bedeutung. Nach dem Polenfeldzug wurden Truppenteile im Amtsgebiet untergebracht und zwar sowohl in Privatquartieren als auch in Schulen, sodass zum Beispiel in Dersdorf der Unterricht ausfiel. Das Verhältnis der Bewohner zu den Soldaten, die für den bevorstehenden Westfeldzug gegen Frankreich ausgebildet wurden, war offenbar gut. Es kam zu Ehen mit einheimischen Mädchen, die jedoch wegen des Konfessionsunterschieds beim katholischen Klerus auf wenig Gegenliebe stießen. Nachdem die Soldaten mit Beginn des Westfeldzuges abgezogen waren, kam es bis 1944/45 nur noch sporadisch zu Einquartierungen.

Lorenz Bovelett wurde im Juli 1942 mit der Ostmedaille ausgezeichnet und fiel im Dezember des gleichen Jahres

IM NAMEN DES FÜHRERS
UND OBERSTEN BEFEHLSHABERS
DER WEHRMACHT

IST DEM

Obergefreiten
Lorenz B o v e l e t t
2./Pi.Btl.211

AM 23. Juli 1942

DIE MEDAILLE
WINTERSCHLACHT IM OSTEN
1941/42
(OSTMEDAILLE)

VERLIEHEN WORDEN

FÜR DIE RICHTIGKEIT:
Oberstleutnant im Stabe
des Stellv.Gen.Kdo.VI.A.K.

11 371

GETREU SEINEM FAHNENEID
STARB IM KAMPF UM DIE
FREIHEIT GROSSDEUTSCHLANDS

Laurentius Bovelett
Gefreiter in der 2. Kompanie
Pionier-Bataillon 211

DEN HELDENTOD FÜR
FÜHRER·VOLK UND VATERLAND

Im Felde, den 31. 12. 1942

Oberleutnant u. Kompanie-Chef.

Wachposten vor der Flakstation am heutigen Breniger Sportplatz

In Hersel einquartierte Soldaten vor dem Saal Hochkirchen

Zwangsarbeiter in Bornheim

Die Arbeitsplätze der eingezogenen Soldaten wurden – wie im Ersten Weltkrieg – zunächst durch Frauen und später vor allem durch kriegsgefangene Zwangsarbeiter besetzt. Zunächst kamen Polen, später folgten Holländer, Franzosen, Jugoslawen, Russen und Italiener. Ob sich darunter auch zivile Fremdarbeiter befanden, ist bisher nicht untersucht worden. Die Gefangenen waren entweder in Lagern – wie im Saal Wieler in Walberberg – oder in Einzelquartieren untergebracht. Die meisten dürften in der Landwirtschaft eingesetzt worden sein, aber viele der in Hersel untergebrachten Zwangsarbeiter arbeiteten auch in den Bonner Leichtmetallwerken.

Die Unterbringung und Behandlung der Zwangsarbeiter war sehr unterschiedlich, vom Anschluss an die Familie bis hin zu schwerster Arbeit und körperlichen Züchtigungen. Der Bevölkerung war ein näherer Umgang mit den Fremden strikt untersagt. Es war also nicht ungefährlich, die Gefangenen – wie in den Leichtmetallwerken – heimlich mit Lebensmitteln zu versorgen. Welche Folgen schon ein Briefwechsel mit einem polnischen Kriegsgefangenen hatte, musste 1940 eine 16-jährige Schülerin aus Bornheim erfahren: Erst wurden ihr die Haare abgeschnitten, dann wurde sie mit einem Schild »Ich habe mit einem polnischen Gefangenen ein Liebesverhältnis« in Bornheim und anschließend in Bonn buchstäblich an den Pranger gestellt. Anschließend erhielt sie drei Wochen Arrest.

Wegen Kontakt zu einem polnischen Kriegsgefangenen wurde eine Bornheimer Schülerin an den Pranger gestellt

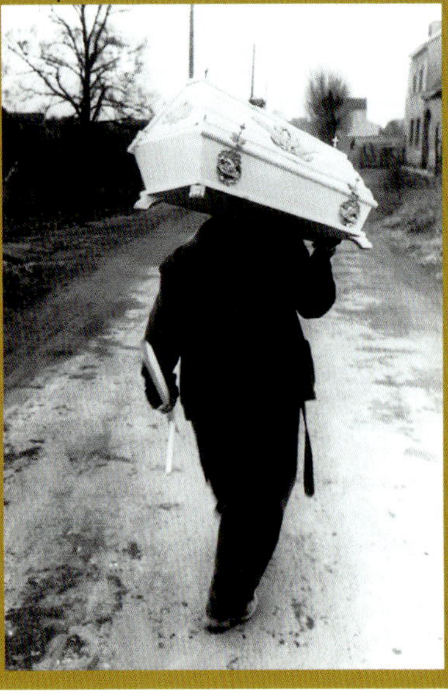

Zerstörung und Tod durch Luftangriffe

Als im Mai 1940 die englischen Luftangriffe auf deutsche Städte begannen, wurde das Vorgebirge zur bevorzugten Stellung für die Flugabwehr. Im August 1941 wurde in der Burg Hemmerich ein Flakstab mit einem Beobachtungsstand und Helferinnen zur Auswertung von Luftnachrichten einquartiert. Flakstellungen wurden auf dem Villerand, am Rankenberg, östlich der Straße Bonn–Brühl und am Südausgang von Hersel angelegt. Sie sollten die Unionkraftstoffwerke in Wesseling und die Stadt Bonn schützen. Häufig wurden feindliche Flugzeuge über dem Amtsgebiet von der Flak oder Jägern abgeschossen, so etwa beim Tagesangriff auf Bonn am 12. August 1943.

Als im Mai 1940 im Amt Bornheim die ersten Bomben fielen, waren die Bombenkrater zunächst noch das Ziel von Neugierigen, aber bald häuften sich die Schäden: In der Nacht vom 26. zum 27. Februar 1941 traf ein Angriff, der anscheinend den Wesselinger Werken gegolten hatte, mit 265 Spreng- und 6.000 Brandbomben die Dörfer Rösberg, Merten und Walberberg. Die Burg Rösberg ging dabei in Flammen auf. Am 13. April 1942 wurde die Uedorfer Burg durch Bomben zerstört und am 13. August die Kitzburg durch Brandbomben beschädigt. Ein schwerer Angriff traf am Abend des 15. Oktober Roisdorf, Waldorf, Sechtem, Schwadorf, Walberberg, Merten und weiter entfernte Orte. »Zeitweise war die ganze Gegend durch Leuchtschein (!) taghell erleuchtet. Bomben fielen in großer Zahl, darunter Sprengbomben schwersten Kalibers.« 1943 entstanden am 14. Februar in Roisdorf und Hemmerich, am 4. Juli in Rösberg und am 12. August beim Tagesangriff auf Bonn größere Schäden; dabei kam es über dem Vorgebirge zu heftigen Luftkämpfen. Seit Sommer 1944 häuften sich die Angriffe; es gab fast täglich Fliegeralarm. Am 17. Oktober 1944

Blick in die zerstörte
Walberberger Pfarrkirche

Zerstörungen durch den Luftangriff in der Nacht vom 26. zum 27. Februar 1941 in Rösberg

wurde die Klosterkirche in Walberberg durch Brandbomben zerstört. Vor Weihnachten 1944 wurde Bornheim angegriffen; der Ort war mehrere Tage ohne Strom. Ingesamt aber blieben die materiellen Schäden gering.

Zahlreiche Tiefflieger behinderten die Feldarbeit und machten Jagd auf alles, was sich auf Feldern, Straßen, Schienen und Fluss bewegte. Vor Hersel wurde ein Schlepper der Stinnesreederei in Brand geschossen und versenkt. Der Bahnverkehr wurde häufig unterbrochen. Am 13. November 1944 beschossen Tiefflieger die Vorgebirgsbahn im Bahnhof Dersdorf, töteten 12 Zivilisten und verletzten etwa 35 Personen. Am 4. Dezember 1944 griffen Flieger einen Personenzug von Köln nach Koblenz auf der Höhe des Bornheimer Burgparks an: Zwei Wagen wurden zerstört, 31 Menschen starben und etwa 100 Personen wurden verletzt. Ein Gedenkstein erinnert heute an den Angriff. An der gleichen Stelle setzte ein Tieffliegerangriff am 16. Februar 1945 einen Munitionszug in Brand. Zu den Opfern dieser Zeit gehört auch der Vertreter des inhaftierten Pfarrers Stahl in Brenig, der Priester Breitbach, der am 5. Januar 1945 von einem Bombensplitter getötet wurde.

Der Krieg beeinflusste mehr und mehr das alltägliche Leben. Bei Fliegeralarm fiel natürlich auch die Schule aus, außerdem bei Einquartierungen, bei den Sammlungen von kriegswichtigem Material oder bei Ernteeinsätzen, so zur Dersdorfer Erdbeerernte. Wegen des Stahlmangels wurden 1942 die meisten Kirchenglocken requiriert und eingeschmolzen. Nach den großen Luftangriffen auf die Nachbarstädte – wie dem 1000-Bomberangriff auf Köln in der Nacht vom 30. zum 31. Mai 1942 – wurden viele Ausgebombte am Vorgebirge einquartiert, sodass die Wohnungen knapp wurden. Umgekehrt wurden kinderreiche Familien aus Sechtem nach Schlesien evakuiert, doch hielten sie es nicht lange in der Fremde aus. Das Dominikanerkloster in Walberberg diente seit 1942 der Wehrmacht als Lazarett. 1943 verlegte die Universität Bonn die

Infektionsabteilung ihrer Medizinischen Klinik nach Merten in das Kloster zur Heiligen Familie. Im Herbst 1944 wurde die ausgebombte Kinderklinik der Universität Bonn in dem Kloster Maria Hilf in Bornheim untergebracht. Beide Kliniken verblieben bis 1950/51 in ihren Ausweichquartieren.

Das Kriegsende in Bornheim

Ende 1944 begann sich die Niederlage abzuzeichnen. Ab August 1944 zogen Flüchtlingsströme aus dem Westen durch das Vorgebirge. Im Januar 1945 wurde der Volkssturm aufgerufen, doch versuchten viele, sich der Einberufung zu entziehen. Angehörige des Volkssturms, der HJ und vor allem Kriegsgefangene mussten auf der Ville Schützengräben und Panzersperren ausheben. Sie waren zum großen Teil in Schulen und anderen Gebäuden der Orte auf dem Vorgebirgsrand untergebracht. Nachdem die US-Truppen am 28. Februar 1945 die Erft überschritten hatten, sollte die 1. US-Division über das Vorgebirge nach Bonn vorstoßen, um die Rheinbrücke zu sichern. Dabei wurde am 3. März Heimerzheim bombardiert und weitgehend zerstört. Trotz der Schützengräben und Panzersperren kam es im Villewald nur östlich von Metternich zu einem kurzen Gefecht. Die Masse der abgekämpften deutschen Truppen hatte sich bereits vorher abgesetzt. Nachdem ein amerikanischer Spähtrupp bei Sechtem überfallen wurde, wurde der Ort mit Artillerie beschossen. Als das 16. US-Infanterieregiment am 4. März von der Ville aus zum Rhein vorstieß, wurde nur an der Panzersperre am Schornsberg oberhalb Brenigs sowie bei Trippelsdorf, Waldorf und Dersdorf vereinzelt Widerstand geleistet. Die Bewohner zeigten ansonsten überall die weiße Fahne. Am 5. März wurden Walberberg und Rösberg besetzt, am folgenden Tag die übrigen Orte am Villerand und Sechtem, am 7. März der Rhein bei Widdig erreicht und schließlich am 8. März Hersel eingenommen. Bis zum 27. März waren die Bewohner des Vorgebirges noch deutschem Artilleriefeuer von der rechten Rheinseite ausgesetzt, dem noch 17 Menschen in Bornheim, Rossdorf, Hersel und Urfeld zum Opfer fielen. Erst nach der Eroberung auch des rechten Rheinufers Ende März durch die Amerikaner konnten sich die Bewohner vor Kriegseinwirkungen sicher fühlen. Der Krieg war vorbei.

Die Bilanz des Zweiten Weltkrieges war auch für Bornheim düster. Abgesehen von den Zerstörungen und Schäden sind nach den Angaben des Standesamts Bornheim 1104 gefallene Soldaten und Zivilopfer zu beklagen. Hinzu kommen die in Konzentrationslagern und Gettos ermordeten jüdischen Mitbürger.

Familienausflug zu den durch Bomben zerstörten Schiffen bei Hersel

Unter britischer Besatzung

Die erste Besatzungszeit

Burg Hemmerich brannte in der Nacht vom 7. zum 8. August 1945 aus

Die amerikanischen Truppen, die das Vorgebirge erreicht hatten, übertrugen die Zivilverwaltung politisch unbelasteten Personen. Zum Beispiel wurde der Burgherr Günther v. Diergardt zum Bürgermeister von Bornheim und das frühere SPD-Mitglied Johannes Oster zum Ortsvorsteher von Walberberg ernannt. Diergardt musste allerdings wegen einer Denunziation bereits nach zwei Wochen den Bürgermeistersessel mit dem Gefängnis vertauschen. Nach einigen Wochen zogen die Kampftruppen ab, lediglich die Burg Hemmerich war anscheinend bis in den Juli von Truppen belegt. Ende Mai 1945 lösten britische Besatzungstruppen die Amerikaner ab.

Für die deutsche Bevölkerung war das gravierendste Problem unmittelbar nach dem Zusammenbruch weniger die Versorgung mit Lebensmitteln – kurz vor dem Einrücken der Amerikaner waren mehrere Wehrmachtslager freigegeben worden – als die Sicherheit. Da die Polizeibeamten als Kriegsgefangene abgeführt worden waren, gab es in den ländlichen Gebieten um Bonn keine Ordnungskräfte mehr. Die aus der Gefangenschaft befreiten Polen und Jugoslawen schlossen sich zum Teil zu Banden zusammen und drangsalierten die Bevölkerung; besonders betroffen waren die Bewohner der Einzelgehöfte: Im Landkreis Bonn wurden von Banden und Einzeltätern 40 Raubmorde, 11 Mordversuche und 364 Raubüberfälle begangen. Aus dem Vorgebirge selbst ist allerdings bisher nur bekannt, dass in Walberberg eine Frau, die Polen beim Fleischdiebstahl stellte, getötet und der Ortsvorsteher von Plünderern zusammengeschlagen wurde. Hersel war anscheinend weniger betroffen; hier wurden offenbar vor allem Landwirte überfallen und geplündert, die ihre Gefangenen schlecht behandelt hatten.

Die Amerikaner stellten zunächst eine unbewaffnete Hilfspolizei aus unbelasteten Deutschen und ehemaligen Kriegsgefangenen auf, die die Ordnung aber nicht aufrechterhalten konnten – oder wollten. Erst als in den Augen der Besatzung das räuberische Unwesen überhand nahm, ergriff sie energische Maßnahmen, um Ruhe und Ordnung herzustellen.

Demokratischer Neubeginn in Gemeindeverfassung und Politik

Die britische Besatzungsmacht führte am 1. April 1946 die sogenannte Doppelspitze in die Gemeindeordnung ein. Danach war der Bürgermeister nicht mehr gleichzeitig Vorsitzender des Rates und Chef der Verwaltung, sondern nur noch

Ratsvorsitzender und Repräsentant von Gemeinde oder Amt, während ein Gemeinde-, Amts- oder Stadtdirektor die Leitung der Verwaltung übernahm. Bürgermeister Kentenich wurde nun durch Amtsbürgermeister Wilhelm Schmitz und den zunächst kommissarisch amtierenden Amtsdirektor Hans Dietz ersetzt.

Nachdem sich schon im Sommer 1945 wieder Parteien bilden durften, entstanden neben den alten Parteien Zentrum, SPD und KPD neu die FDP als Sammelbecken der ehemals zersplitterten liberalen Kräfte und die CDU, in der sich die Anhänger der christlichen Konfessionen zusammenfanden. Die Gründungsgeschichte der CDU ist eng mit Bornheim verbunden, weil im Juni/Juli 1945 im Walberberger Dominikanerkloster die »Kölner Leitsätze« verabschiedet wurden, die die Grundlage für die Programme der CDU in Rheinland und Westfalen vom September 1945 bildeten.

Zunächst gab es jedoch noch keine frei gewählten Gemeindevertreter, stattdessen ernannten die Briten im Februar 1946 die Mitglieder der Amts- und Gemeindevertretungen. Die erste Kommunalwahl vom 15. September 1946 begünstigte durch ihren Wahlmodus die stärkste Partei. So konnte die CDU mit ihrem Stimmenanteil von knapp 70 Prozent 21 der 24 Sitze (87,5 Prozent) in der Amtsvertretung erringen, während die SPD bei einem Anteil von 27 Prozent der Stimmen lediglich drei Sitze erhielt. Ähnlich fiel die Sitzverteilung in den drei Gemeinden aus. So ist es verständlich, dass sich die SPD erst nach langem Zögern zur Mitarbeit in den demokratischen Gremien bereitfand. Alle übrigen Parteien und Gruppen blieben unter 5 Prozent. Die KPD, die vor 1933 die SPD überholt hatte, erhielt nur in der Gemeinde Sechtem 4,5 Prozent und damit keinen Sitz.

Bei der nächsten Wahl am 17. Oktober 1948 auf der Basis des Nordrhein-Westfälischen Wahlgesetzes vom 6. April 1948 entsprach die Sitzverteilung von CDU und SPD dem Wahlergebnis: 64 Prozent im Amt Bornheim und knapp 70 Prozent in den Gemeinden für die CDU, 36 bzw. 30 Prozent für die SPD. Damit bestätigte sich, dass die CDU das Erbe des vor 1933 am Vorgebirge dominierenden Zentrums antreten konnte.

Die Amtsverwaltung: schwieriger Neustart mit erweiterten Aufgaben

Bereits im März 1945 hatten die Amerikaner verfügt, alle Mitglieder der NSDAP in den Verwaltungen fristlos zu entlassen. Auf diese Weise wurde die Bornheimer Amtsverwaltung in dem Augenblick fast lahmgelegt, in dem sich durch den Zusammenbruch kaum lösbare Aufgaben stellten. Der am 14. April 1945 von den Amerikanern eingesetzte kommissarische Bürgermeister Hugo Kentenich musste also zunächst mit Mitarbeitern ohne Verwaltungserfahrung, später mit weniger belasteten Parteimitgliedern und zurückkehrenden Kriegsgefangenen die Verwaltung wiederaufbauen. Sein Nachfolger, Amtsdirektor Hans Dietz, war fast ein Jahr kommissarisch im Amt, bevor er am 4. Februar 1947 von der Amtsvertretung auf zwölf Jahre gewählt wurde. Entsprechend der Schwere der Aufgaben musste er die Wirksamkeit der Verwaltung erhöhen. So schickte er alle Mitarbeiter ohne Verwaltungsausbildung auf die am 1. Juni 1947 wiedereröffnete Verwaltungsschule in Bonn.

Bereits während des Krieges und auch danach fielen der Amtsverwaltung immer mehr Aufgaben zu. Zusätzlich zur Bewirtschaftung der Lebensmittel, Bekleidung usw. erhielt sie im Jahre 1948 erweiterte Zuständigkeiten für Bauverwaltung, Planung, Ordnungs- und Standesamt, Schulen sowie Jugend- und Sportförderung. Die Aufgaben der Daseinsvorsorge, die die größeren Städte schon vor 1900 übernommen hatten, wurden von den Landkreisen zunehmend auf die Amtsverwaltungen als den »Schreibtischen« der ländlichen Gemeinden verlagert. Im Herbst 1947 übernahm die Amtsverwaltung mit der Einrichtung des »Volksbildungswerkes Vorgebirge« auch auf dem Gebiet der Kultur und der Erwachsenenbildung eine neue Aufgabe. Das Volksbildungswerk hat sich später den Ruf eines der besten seiner Art in Nordrhein-Westfalen erworben.

Die Arbeit der 75 Bornheimer Beamten und Angestellten wurde bis nach der Währungsreform im Juni 1948 durch Raumnot und einen eklatanten Mangel an Bürogeräten und -material behindert. Die Mitarbeiter des Wirtschafts- und Wohnungsamtes waren zudem bei ihren mehr als begrenzten Möglichkeiten laufend Anfeindungen und Verdächtigungen ausgesetzt. Wenn auf 484 dringende Anträge nur 4 Bezugsscheine erteilt werden konnten, war jeder Versuch einer gerechten Verteilung von vornherein zum Scheitern verurteilt. Über die Verwaltung der Not hinausgehende Aufgaben – wie die Kanalisation oder die Einführung einer Müllabfuhr – konnten vor der Währungsreform lediglich geplant werden. Auch mit den Ausbesserungsarbeiten an Straßen konnte erst im Sommer 1949 begonnen werden.

Flüchtlingsschicksal und Wohnungsnot

Das drängendste Problem der Verwaltung war die Unterbringung von zurückkehrenden Evakuierten und Vertriebenen. Bereits seit 1942 wurde durch ausgebombte Kölner der Wohnraum knapp. Im Frühjahr 1945 kamen zunächst die Flüchtlinge vom rechten Rheinufer zurück, dann setzte der Strom der Evakuierten aus Mittel- und Ostdeutschland ein, deren Wohnungen in den Städten zerstört waren. Ab Frühjahr 1946 kamen zusätzlich die Vertriebenen aus den Gebieten östlich von Oder und Neiße. Bis Sommer 1947 nahm das Amt Bornheim mehr als 3 000 Evakuierte und mehr als 2 000 Vertriebene auf. Danach konnten viele Evakuierte wieder in ihre alten Städte zurück, während ab 1948 die Vertriebenen und ab 1949 die Flüchtlinge aus der Sowjetzone zunahmen. 1954 war die Anzahl der Evakuierten auf 1 130, also ein Drittel, geschrumpft, während die der Vertriebenen und Flüchtlinge auf 2 596, bis 1958 auf 3 300 anstiegen. Zwar waren im Krieg nur 73 Wohnungen zerstört und 162 beschädigt worden, aber in dem nur leicht verringerten Bestand mussten gegenüber 1939 bis 1946 5 500, bis 1950 6 000 Personen, d. h. rund ein Drittel über die angestammte Bevölkerung hinaus untergebracht werden. Dieses Wachstum war das höchste seit dem Anfang des 19. Jahrhunderts und wurde erst Ende des 20. Jahrhunderts übertroffen.

Dabei muss bedacht werden, dass es bis in das Jahr 1949 keine nennenswerten Neubauten von Wohnungen gab und dass die Unterbringung in den Bauernhäusern, die nicht als Mehrfamilienhäuser unterteilt waren, für Bewohner und eingewiesene Fremde besondere Schwierigkeiten verursachte. So überschritt das Amt Bornheim im Durchschnitt mit einer Belegung von 1,3 Personen pro Raum die Werte des Landes deutlich. Kein Wunder, dass das Amt im Juni 1949 zum Brennpunkt der Wohnungswirtschaft erklärt wurde.

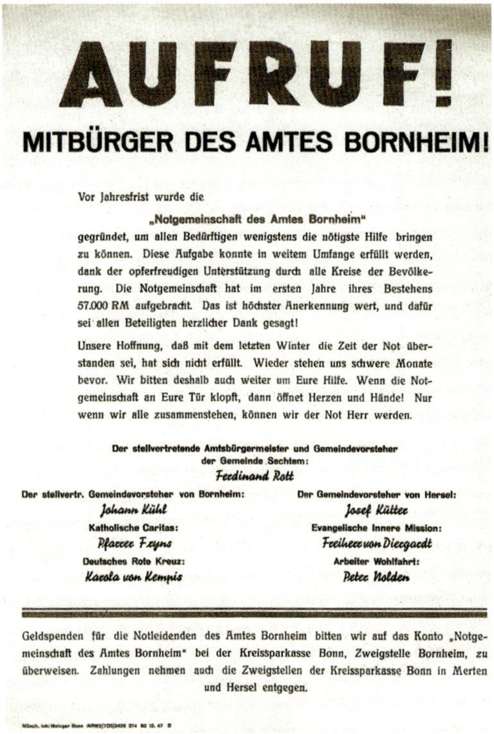

AUFRUF!

MITBÜRGER DES AMTES BORNHEIM!

Vor Jahresfrist wurde die

„Notgemeinschaft des Amtes Bornheim"

gegründet, um allen Bedürftigen wenigstens die nötigste Hilfe bringen zu können. Diese Aufgabe konnte in weitem Umfange erfüllt werden, dank der opferfreudigen Unterstützung durch alle Kreise der Bevölkerung. Die Notgemeinschaft hat im ersten Jahre ihres Bestehens 57.000 RM aufgebracht. Das ist höchster Anerkennung wert, und dafür sei allen Beteiligten herzlicher Dank gesagt!

Unsere Hoffnung, daß mit dem letzten Winter die Zeit der Not überstanden sei, hat sich nicht erfüllt. Wieder stehen uns schwere Monate bevor. Wir bitten deshalb auch weiter um Eure Hilfe. Wenn die Notgemeinschaft an Eure Tür klopft, dann öffnet Herzen und Hände! Nur wenn wir alle zusammenstehen, können wir der Not Herr werden.

Der stellvertretende Amtsbürgermeister und Gemeindevorsteher der Gemeinde Sechtem:
Ferdinand Rott

Der stellvertr. Gemeindevorsteher von Bornheim:
Johann Kühl

Der Gemeindevorsteher von Hersel:
Josef Kütter

Katholische Caritas:
Pfarrer Fryns

Evangelische Innere Mission:
Freiherr von Diergardt

Deutsches Rote Kreuz:
Karola von Kempis

Arbeiter Wohlfahrt:
Peter Nolden

Geldspenden für die Notleidenden des Amtes Bornheim bitten wir auf das Konto „Notgemeinschaft des Amtes Bornheim" bei der Kreissparkasse Bonn, Zweigstelle Bornheim, zu überweisen. Zahlungen nehmen auch die Zweigstellen der Kreissparkasse Bonn in Merten und Hersel entgegen.

Aufruf der Notgemeinschaft des Amtes Bornheim vom Dezember 1947 zu Spenden für den Winter

Hinter den nüchternen Zahlen verbergen sich erschütternde Verhältnisse. Die ankommenden Flüchtlinge wurden zunächst im Ursulinenkloster Hersel untergebracht, das bis in das Jahr 1949 über 100 Personen aufnehmen musste. Trotz aller Bemühungen der Nonnen, ihren Zwangsgästen zu helfen, hausten dort die Flüchtlinge so gut wie ohne Privatsphäre. Es fehlte an Strohsäcken, Decken, Tischen, Stühlen, Herden, Öfen, Ofenrohren, Glühbirnen usw. Die Amtsverwaltung half, so weit es ihre geringen Möglichkeiten erlaubte. Es bildete sich eine Notgemeinschaft des Amtes Bornheim, das eng mit dem Deutschen Roten Kreuz zusammenarbeitete und neben Geld Lebensmittel, Kleider und Hausrat sammelte. Das Lager bestand bis Ende 1949 und war zuletzt vor allem von alten, gebrechlichen Personen belegt, deren Unterbringung in entsprechenden Heimen nicht zuletzt von der belgischen Besatzungsmacht verhindert wurde.

So weit möglich, berücksichtigte die Amtsverwaltung bei der Verteilung der Flüchtlinge die landsmannschaftlichen Zusammenhänge. Die Unterbringung in Privatquartieren machte angesichts der überbelegten Wohnungen große Schwierigkeiten. So erhielt eine vierköpfige Familie aus Pommern, die zunächst im Lager Hersel untergebracht war, Ende 1946 in Waldorf eine Dachkammer, immerhin mit einem Kanonenofen, aber ohne jede Einrichtung. Die Wirtsleute stellten zwei große Matratzen zur Verfügung, andere Nachbarn brachten Strohsäcke. Der Familie ging es, da beide Eltern arbeitsfähig waren und Initiative entwickelten, bald besser, aber die Mehrzahl der Flüchtlinge waren ältere, nicht mehr arbeitsfähige Männer sowie Frauen und Kinder und damit weitgehend auf Hilfe angewiesen.

Die Versorgungslage

Die Lage der Evakuierten und Flüchtlinge wurde noch durch die schlechte Versorgung mit Lebensmitteln und Hausbrand erschwert. Bereits im Herbst 1946 stellte der Amtsdirektor fest, dass nur die Versorgung der rund 5 600 Selbstversorger zureichend sei, für die übrigen drei Viertel der Einwohnerschaft aber völlig ungenügend. An dieser Tatsache änderte sich bis in die zweite Hälfte des Jahres 1948 nichts, im Gegenteil. Nicht einmal die mehr als knappen Mengen, die nach den Lebensmittelkarten hätten bezogen werden können, wurden wirklich beliefert. Das war selbst Weihnachten 1948 der Fall. Die Zahl der Kalorien lag meist unter 1 000 und fiel zeitweilig so tief, dass die Ernährung mit der in den Konzentrationslagern verglichen wurde. Besonders verbitterte es, dass die Versorgung mit Kohlen trotz der unmittelbaren Nähe der Brühler Brikettfabriken völlig unzureichend war. Der Ersatz mit Brennholz aus den Wäldern auf der Ville war unzureichend und wurde noch dadurch erschwert, dass zu wenig Transportmittel vorhanden waren. Dagegen hatten es die Selbstversorger, d. h. die Landwirte, wesentlich besser, weil sie nicht nur die meisten Lebensmittel selbst herstellten, sondern darüber hinaus von den sogenannten Kompensationsgeschäften oder dem schwarzen Markt profitierten.

Der Bevölkerung in den Städten ging es nämlich noch schlechter. Hier gab es im Gegensatz zum Vorgebirge Hunderte von Fällen mit Hungerödemen wie in Bonn und Bad Godesberg. So kamen große Scharen zum großen Teil aus dem Ruhrgebiet, um im Tausch gegen Wertsachen oder knappe Gebrauchsgegenstände bzw. gegen überhöhte Schwarzmarktpreise – nach der sogenannten Zigarettenwährung von 1 Zigarette = 7 RM – Lebensmittel zu erstehen.

Nicht alle städtischen Besucher waren willens oder in der Lage, sich auf diesem legalen oder halblegalen Weg zu versorgen. Felddiebstähle waren in der Erntezeit an der Tagesordnung. Um ihnen und den »Hamsterern« entgegenzutreten, wurde von der Landesregierung im Frühjahr 1947 und 1948 das Vorgebirge für Fremde gesperrt, allerdings nahezu ohne Erfolg. So entzogen sich die Fahrgäste im Bahnhof Roisdorf der Kontrolle, indem sie auf der falschen Seite ausstiegen und direkt in die Felder rannten. Selbst die 140 im Sommer 1948 eingesetzten Polizisten reichten neben den eigenen Selbstschutzkräften nicht aus, um die angeordneten Maßnahmen durchzusetzen. Besondere Erbitterung rief hervor, dass im Sommer 1948 Lastkraftwagen der belgischen Besatzung nachts ganze Wagenladungen abfuhren. Im Winter 1948 gab es auf dem Bornheimer Feld eine regelrechte »Schlacht« zwischen Kartoffeldieben und Selbstschutzkräften. Erst mit der Währungsreform hörte dieser Spuk auf.

Kirchen

Katholische Kirche

Nach dem Zusammenbruch des kirchenfeindlichen Nationalsozialismus kam es zu einer Intensivierung des kirchlichen Lebens; die Gottesdienste waren wieder besser besucht. Besonders die Geistlichen der katholischen Kirche hatten dank ihres offenen Widerstandes zur Partei größere Autorität und entsprechend mehr Einfluss. Die Einteilung der Pfarreien in Dekanate veränderte sich bis zur Raumordnung 1969 nicht. Von den als Lazarett beschlagnahmten Klöstern wurde das 1941 vom Gau Köln-Aachen enteignete Dominikanerkloster in Walberberg nach Kriegsende sofort freigegeben, während die Bonner Universitätskinderklinik im Kloster Maria Hilf in Bornheim und die Infektionsabteilung der Medizinischen Klinik im Kloster zur Heiligen Familie in Merten erst in den 1950er-Jahren nach Bonn zurückverlegt wurden.

Evangelische Gemeinde

Bis zum Zweiten Weltkrieg hatte die evangelische Gemeinde Bornheim mit 450 Seelen gegenüber rund 18 000 Katholiken ausgesprochen zur Diaspora gezählt. Das sollte sich vor allem durch die Vertriebenen grundlegend ändern. Bereits 1947, als die seit 1938 verwaiste Pfarrstelle in Bornheim mit Pfarrer Hermann Kelm wiederbesetzt wurde, gehörten ihr rund 3 000 Gläubige an. Besonders groß war der Zuzug von Protestanten in Hersel, wo sich die Ursulinen der Zugezogenen annahmen und ihnen für den Gottesdienst ihre Turnhalle zur Verfügung stellten. Dass sich das Verhältnis zwischen den alteingesessenen Katholiken und vertriebenen Protestanten harmonisch gestaltete, war das Verdienst des katholischen Vertriebenenpfarrers Schmidt. Der evangelische Gottesdienst fand bis in die 1950er-Jahre in Hersel, Sechtem und Urfeld in katholischen Kirchen statt. Für die vielen neuen Gemeindeglieder wurde 1949 der aus dem Osten vertriebene Pfarrer Przygodda von der Landeskirche nach Hersel gesandt.

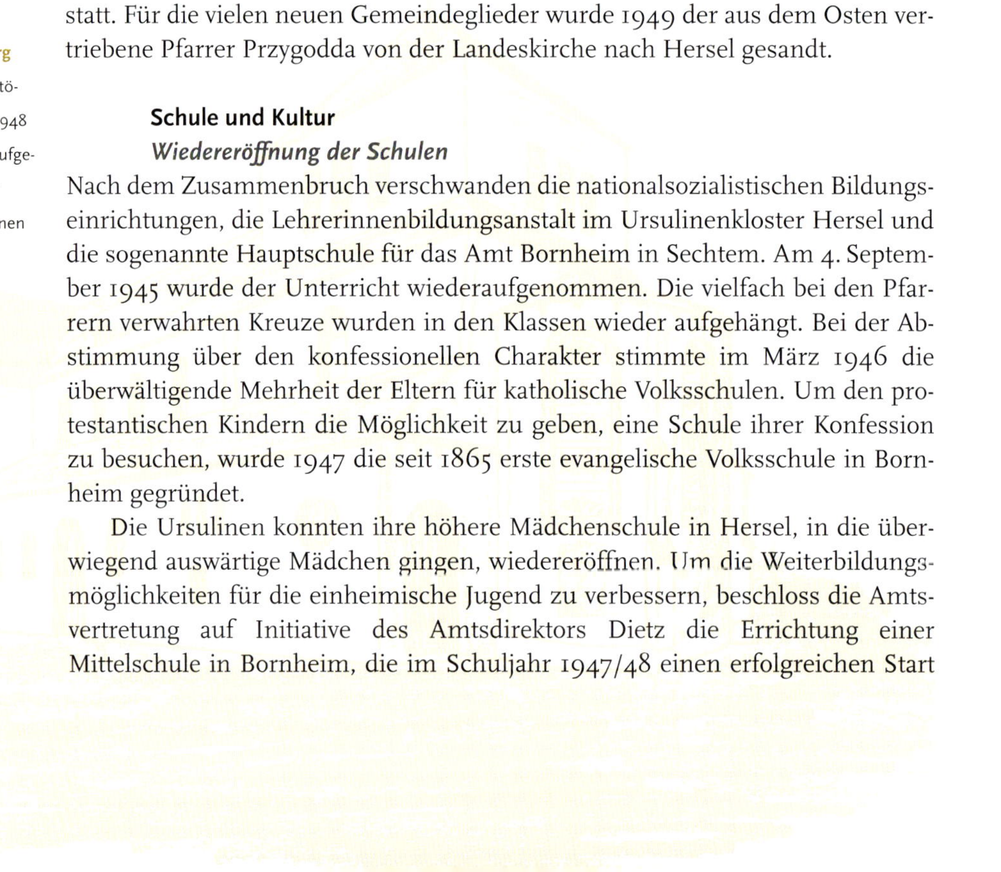

Die Kirche Walberberg wurde nach der Zerstörung 1944 im Jahre 1948 weitgehend wieder aufgebaut. Der Dachreiter wurde 1962 durch einen Kirchturm ersetzt

Schule und Kultur

Wiedereröffnung der Schulen

Nach dem Zusammenbruch verschwanden die nationalsozialistischen Bildungseinrichtungen, die Lehrerinnenbildungsanstalt im Ursulinenkloster Hersel und die sogenannte Hauptschule für das Amt Bornheim in Sechtem. Am 4. September 1945 wurde der Unterricht wiederaufgenommen. Die vielfach bei den Pfarrern verwahrten Kreuze wurden in den Klassen wieder aufgehängt. Bei der Abstimmung über den konfessionellen Charakter stimmte im März 1946 die überwältigende Mehrheit der Eltern für katholische Volksschulen. Um den protestantischen Kindern die Möglichkeit zu geben, eine Schule ihrer Konfession zu besuchen, wurde 1947 die seit 1865 erste evangelische Volksschule in Bornheim gegründet.

Die Ursulinen konnten ihre höhere Mädchenschule in Hersel, in die überwiegend auswärtige Mädchen gingen, wiedereröffnen. Um die Weiterbildungsmöglichkeiten für die einheimische Jugend zu verbessern, beschloss die Amtsvertretung auf Initiative des Amtsdirektors Dietz die Errichtung einer Mittelschule in Bornheim, die im Schuljahr 1947/48 einen erfolgreichen Start hatte. Außerdem gab es in den ersten Jahren nach dem Krieg Berufsschulklassen für angehende Landwirte in Bornheim, Hersel, Merten, Waldorf und Widdig. Die Gemüse- und Obstbaumschule des Landkreises Bonn in Roisdorf wurde nach Kriegsende weitergeführt.

Allen Schulen war gemeinsam, dass sie in den Jahren bis 1948 unter schlechten und überbelegten Räumen, fehlenden Unterrichtsmitteln und Schulbüchern litten. Der Lehrermangel konnte dank der Entnazifizierung behoben werden. Der Schulbesuch war in der Erntezeit wegen der Mitarbeit auf den Feldern und in der schlechten Jahreszeit wegen fehlender Schuhe unregelmäßig. Der Gesundheitszustand der Flüchtlingskinder war mangelhaft. Von den Lehrern wurden schlechte Haltung und Respektlosigkeit beklagt. Immerhin konnten bereits im April 1949 die ersten Grundstücke für die dringend notwendigen Schulneubauten erworben werden.

Programm und Eintrittskarte für eine Aufführung des »Theaterverein 1946 Sechtem«, 1948

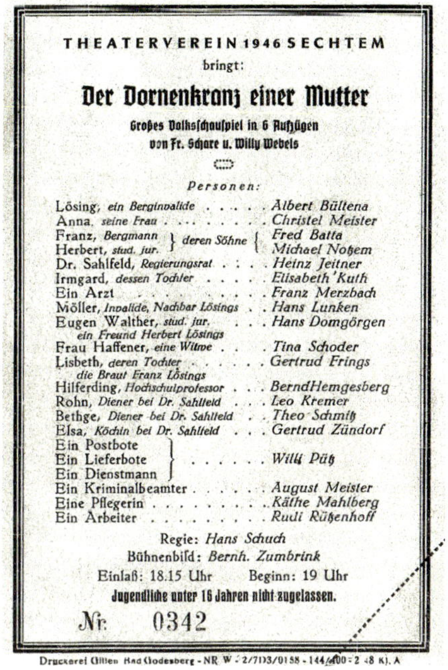

THEATERVEREIN 1946 SECHTEM
bringt:

Der Dornenkranz einer Mutter

Großes Volksschauspiel in 6 Aufzügen
von Fr. Schare u. Willy Webels

Personen:

Lösing, *ein Berginvalide* . . . . . *Albert Bültena*
Anna, *seine Frau* . . . . *Christel Meister*
Franz, *Bergmann* } *deren Söhne* { *Fred Batta*
Herbert, *stud. jur.* } *deren Söhne* { *Michael Notzem*
Dr. Sahlfeld, *Regierungsrat* . . . . *Heinz Jeitner*
Irmgard, *dessen Tochter* . . . . . *Elisabeth Kuth*
Ein Arzt . . . . *Franz Merzbach*
Möller, *Invalide, Nachbar Lösings* . . *Hans Lunken*
Eugen Walther, *stud. jur.* *ein Freund Herbert Lösings* . . . *Hans Domgörgen*
Frau Haffener, *eine Witwe* . . . *Tina Schoder*
Lisbeth, *deren Tochter* *die Braut Franz Lösings* . . . . . . *Gertrud Frings*
Hilferding, *Hochschulprofessor* . . . *BerndHemgesberg*
Rohn, *Diener bei Dr. Sahlfeld* . . . *Leo Kremer*
Bethge, *Diener bei Dr. Sahlfeld* . . *Theo Schmitz*
Elsa, *Köchin bei Dr. Sahlfeld* . . . *Gertrud Zündorf*
Ein Postbote, Ein Lieferbote, Ein Dienstmann } . . . . . . *Willi Pütz*
Ein Kriminalbeamter . . . . . . *August Meister*
Eine Pflegerin . . . . *Käthe Mahlberg*
Ein Arbeiter . . . . *Rudi Rützenhoff*

Regie: *Hans Schuch*
Bühnenbild: *Bernh. Zumbrink*
Einlaß: 18.15 Uhr Beginn: 19 Uhr
Jugendliche unter 16 Jahren nicht zugelassen.

Nr. 0342

Druckerei Ollien Bad Godesberg - NR W - 2/7103/0158 - 144/400 - 2 48 K). A

Neuanfang Kultur

Nach dem Zusammenbruch ist am Vorgebirge der Drang nach kultureller Aktivität und Information über die außerhalb Nazideutschlands herrschenden Richtungen festzustellen. Dieses Streben erfüllten seit 1946 Gastspiele auswärtiger Bühnen etwa aus dem benachbarten Bonn, das 1947 gegründete Volksbildungswerk mit seinen Vorträgen und Veranstaltungen sowie eine Reihe von Vereinen wie die Theatervereine in Sechtem oder Dersdorf. Das Dominikanerkloster Walberberg begründete in den Nachkriegsjahren seine Tradition politischer und religiöser Bildungsveranstaltungen, in denen unter anderem die geistigen Grundlagen der neu zu gründenden CDU diskutiert wurden. Vertreter der abstrakten Kunst wie Joseph Fassbender und Hans Trier, durch den Krieg aus ihren angestammten Wohnungen vertrieben, hatten sich am Vorgebirge niedergelassen. In der Donnerstagsgesellschaft im benach-

Karnevalssitzung des Tambourcorps »Rheinperle« Sechtem, 1949

barten Alfter fanden sie eine geistige Heimstatt. Der Berliner Bildhauer Walter Schoneweg siedelte sich im August 1945 in Bornheim an.

Dass auch die Unterhaltung nicht zu kurz kam, dafür sorgte das 1948 in Bornheim eröffnete Kinotheater »Regina« oder der bereits 1945 gegründete Junggesellenverein »Frohsinn« in Dersdorf. Wie nach dem Ersten Weltkrieg zeigte sich auch nach 1945 ein übermächtiger Drang zur leichten Unterhaltung in Tanzveranstaltungen.

Wirtschaft

Nach Beendigung der Kämpfe konnte mit der Beseitigung der Schäden begonnen werden. Bereits Ende März 1945 gab es wieder elektrischen Strom. Über die Wiederherstellung der zerstörten und beschädigten Gebäude fehlen bisher Nachrichten, doch dürften sie wie in den Städten mit Eigenmitteln oder mit im Tausch oder auf dem Schwarzmarkt besorgtem Material im ersten Nachkriegsjahr weitgehend erfolgt sein. Dagegen fehlte es bis zur Währungsreform an einer nennenswerten Neubautätigkeit.

Von den Industriebetrieben war die Lederwarenfabrik Gammersbach in Roisdorf weitgehend, die Konservenfabrik Seidel in Sechtem weniger zerstört. Trotz der nachkriegsbedingten Schwierigkeiten ist es offensichtlich beiden Werken und auch der Möbelfabrik Krämer in Waldorf gelungen, ihre Produktion spätestens 1947 wieder aufzunehmen, doch wurden sie durch zu geringe Zuteilung von Material und Kohlen sowie Stromsperren in der Produktion stark behindert. Selbst die Landwirte bekamen die Not der Zeit zu spüren. Es fehlte ihnen an Saatgut und Düngemitteln. Landwirtschaftliche Maschinen und Geräte waren nur im Tauschhandel zu erwerben, und vielfach fehlte es trotz Überfüllung an Arbeitskräften, weil die meisten Flüchtlinge körperlich nicht zu schweren Arbeiten auf den Feldern in der Lage waren. Die Anbauflächen für Gemüse gingen sogar zurück, weil die Bauern zur Selbstversorgung stärker Getreide, Raps, Zuckerrüben und Mohn anbauten.

Der Verkehr von Reichsbahn, modernisierter Vorgebirgs- und Rheinuferbahn verlief nach Beseitigung der Kriegsschäden regelmäßig, mochte es auch wegen des überbeanspruchten rollenden Materials und steigender Fahrgastzahlen zu Engpässen kommen. Der Kraftfahrzeugverkehr litt erheblich unter den unzureichenden Benzinzuteilungen; ein guter Teil der Versorgungskrise war den fehlenden Transportmöglichkeiten geschuldet. Die Inbetriebnahme einer Omnibuslinie zwischen Bonn, Hersel und den Villerandgemeinden wurde im Juni 1948 von der Köln-Bonner Eisenbahn (KBE) verhindert, doch wurde die Linie von den Bonner Verkehrsbetrieben im Mai 1949 eröffnet.

Die Währungsreform

Das Aufatmen in der Bevölkerung nach Beendigung der Kampfhandlungen wich bald einer tiefen Resignation. Das Vertrauen in die Besatzungsmächte, die in der ersten Zeit bis in Einzelheiten in die Verwaltung hineinregierten, schwand mit der wachsenden Not. So war man empört, dass in den benachbarten Braunkohlewerken die auf Halde liegende Kohle sich selbst entzündete, während es den Familien an dem notwendigen Hausbrand fehlte. Die Beteuerung von Vertretern der Besatzung und der Politik, es werde bald besser, wurde von der Entwicklung widerlegt und förderte die Missstimmung. Einen Tiefpunkt der Stimmung stellte der harte Winter 1946/47 dar. In dem folgenden trockenen Sommer gab es auf der Ville große Waldbrände. Der Futtermangel war so groß, dass das Vieh in den feuchten Zent getrieben werden musste.

Dabei war allen bewusst, dass das Haupthindernis für eine durchgreifende Besserung der Lage der schwindende Wert der Reichsmark war. Als sich im Frühjahr 1948 erste Anzeichen einer besseren Versorgung zeigten, wurde diese Entwicklung dadurch entscheidend gehemmt, dass Handel und Gewerbe ihre Produkte zurückhielten, um sie erst nach erfolgter Währungsreform zum Verkauf anzubieten. So kam es, dass die von den Besatzungsmächten angeordnete Währungsreform am 20. Juni 1948 in den Augen der Zeitgenossen einen völligen Umschwung brachte. Plötzlich gab es keinen Mangel mehr, die Geschäfte waren voller lang entbehrter Waren und die Kunden wurden wieder umworben. Dafür, dass es jetzt alles zu kaufen gab, fehlte dagegen das Geld. Im Grunde wurde der illegale schwarze Markt durch den legalen freien Markt ersetzt. Bei den bewirtschafteten Waren verblieb es bis in das Jahr 1949 bei Schwierigkeiten mit der Versorgung mit Fleisch, Reinigungsmitteln und Hausbrand.

Der Erzeugergroßmarkt in Roisdorf versteigerte im Juli 1948 die 15-fache Menge an Gemüse und die siebenfache an Obst im Vergleich zum Vormonat. Trotzdem bekamen die Landwirte finanzielle Schwierigkeiten, weil die Frühjahrsernte bereits nach Reichsmark abgesetzt worden war und sie die Zeit bis zur späteren Ernte überbrücken mussten. Die Industriebetriebe litten unter dem geringen Absatz. Besondere Probleme bekam die Lederwarenfabrik Gammersbach, da sie kurz nach der Währungsreform Rohhäute teuer eingekauft hatte, ihre Erzeugnisse aber wegen der hohen Preise keine Abnehmer fanden.

Preissteigerungen und die unsichere politische Lage – es war die Zeit der Berlin-Blockade – wirkten sich negativ auf die Stimmung der Bevölkerung aus. Erst als sich im Sommer 1949 die neue Währung als stabil erwies, die Preissteigerungen aufhörten und die politische Lage sich entspannte, gewann die Bevölkerung Zutrauen zur eingetretenen Entwicklung. Die Westalliierten, die gleichzeitig angesichts der sowjetischen Bedrohung mehr als Schutz- denn als Besatzungsmächte empfunden wurden, zogen sich mit dem Besatzungsstatut vom 12. Mai 1949 aus den innerdeutschen Angelegenheiten zurück und überließen sie der neu gegründeten Bundesrepublik und den Bundesländern.

Hans Dietz war zunächst fast ein Jahr kommisarisch im Amt und wurde 1947 für zwölf Jahre zum Amtsdirektor gewählt

Gruß aus Sechtem

AUF DEM WEG ZUR STADT: BORNHEIM IN DER BUNDESREPUBLIK (1949–2008)

Politik und Verwaltung

Für unsere Stadt hatte die Gründung der Bundesrepublik eine besondere Bedeutung, weil Parlament und Regierung ihren Sitz im benachbarten Bonn nahmen. Von dort gingen wichtige Impulse in den Umraum aus, von denen Bornheim auch noch nach der Verlegung der Bundeshauptstadt nach Berlin profitierte.

Aus drei mach eins: die kommunale Gebietsreform von 1969

Die Einteilung des heutigen Stadtgebietes in das Amt Bornheim mit den Gemeinden Bornheim, Hersel und Sechtem hat bis zum Jahre 1969 Bestand gehabt. Der Anstoß zu einer Veränderung der kommunalen Grenzen kam aus der wachsenden Bundeshauptstadt. Ihre Pläne, das Stadtgebiet den veränderten Verhältnissen anzupassen, war bis in die 1960er-Jahre auf Widerstand gestoßen. Erst als um 1965 die bis dahin favorisierten Verbandslösungen als undemokratisch abgelehnt wurden, akzeptierte man den unmittelbaren Zusammenschluss als legitimes Mittel der Raumplanung. Da eine Anpassung der Gemeindegrenzen an die eingetretenen Veränderungen im Bonner Raum besonders dringend erschien, wurde hier der Anfang gemacht.

Widerstand gegen die Gebietsreform

Lebhafte Diskussionen begleiteten die Überlegungen zur Bonner Raumordnung. Im Amt Bornheim sah die Amtsverwaltung keinen Sinn in einer Veränderung der Gemeindegrenzen, weil bereits 1935 die Ämter Bornheim und Hersel mit ihren zwölf Gemeinden zu einem Amt mit drei Gemeinden zusammengeschlossen waren. Die Gemeinden Bornheim und Sechtem sprachen sich

Das Gebiet der Großgemeinde und heutigen Stadt Bornheim, seit 1969

aus finanziellen Gründen für den Zusammenschluss des bisherigen Amtes aus, Hersel dagegen strebte nach Wesseling oder Bonn. Weitere Lösungsvorschläge sahen die Vereinigung von Alfter mit Bornheim vor, die Aufteilung von Sechtem und der Rheinorte zwischen Köln und Bonn sowie die Angliederung der Rheinorte an Bonn oder Wesseling. Von diesen Überlegungen hat nur die Vereinigung der Gemeinde Hersel mit Wesseling am 24. Mai 1968 zu einem Vertrag geführt. Dieser trat jedoch nicht in Kraft, weil die Landesregierung im Gesetz zur Neugliederung des Bonner Raumes vom 13. Mai 1969 das bisherige Amt Bornheim zu einer Großgemeinde zusammenschloss mit der einen Ausnahme: Der Industrieort Urfeld kam zu Wesseling. Da Urfeld dank seiner hohen Einkünfte aus der Gewerbesteuer die Gemeinde Hersel weitgehend finanziert hatte, musste die Stadt Wesseling zum Ausgleich 1,6 Millionen D-Mark an die neue Gemeinde Bornheim zahlen.

Gegen diese Lösung gab es in den Rheinorten heftige Widerstände. Man argumentierte mit der schlechten Verbindung nach Bornheim, der unterschiedlichen Mentalität gegenüber den Vorgebirgsorten, den fehlenden historischen Verbindungen und der Finanzschwäche der anderen Ortsteile in der neuen

Großgemeinde gegenüber den Städten Wesseling und Bonn. Die Unzufriedenheit mit der gesetzlichen Lösung machte sich auch in den späteren Jahren Luft wie im Streit um das Wappen der neuen Gemeinde, das nur Bornheimer und Waldorfer Symbole aufweist, oder dass die neuen Ortsschilder am Eingang der Stadt die Namen der Ortsteile zunächst unterschlugen. Das änderte sich allerdings 1989, als im Stadtgebiet für alle Ortsteile Schilder aufgestellt wurden und zwar auch für die Dörfer, die vor 1932 keine eigene Gemeinde bildeten wie Trippelsdorf, Üllekoven, Dersdorf, Bisdorf und Botzdorf.

Durch die Eingemeindungen nach Bonn wurde der Landkreis Bonn gleichsam zerlegt. Man entschied sich für die Vereinigung des restlichen Kreisgebiets auf dem linken Rheinufer mit dem Siegkreis zum Rhein-Sieg-Kreis, der die neue Stadt Bonn wie eine Halskrause von allen Seiten umschließt. Zu ihm kam auch die neue Großgemeinde Bornheim. Dass die 1969 gefundene Lösung mit dem Bonn umschließenden Rhein-Sieg-Kreis bereits nach fünf Jahren voll akzeptiert wurde, beweist der einmütige Widerstand gegen Versuche, bei der Neuordnung der Region Köln die neue Großgemeinde nach Bonn einzugemeinden oder dem Landkreis Köln anzugliedern.

Vom »Mittelzentrum« zur »Stadt«

Die Raumordnung war für die neue Gemeinde Bornheim noch in anderer Hinsicht von Bedeutung, weil nach dem Entwicklungsprogramm des Landes Nordrhein-Westfalen von 1964 durch die Bildung leistungsfähiger Großgemeinden eine gleiche Lebensqualität in Stadt und Land erreicht werden sollte. Im Falle von Bornheim wurde als Ziel formuliert, aus einer von Landwirtschaft weitgehend geprägten kleinen Region ein Mittelzentrum zu schaffen, das neben der Nahversorgung Einrichtungen des gehobenen Bedarfs wie weiterführende Schulen, Hallenbad, Volkshochschulen usw. enthalten sollte.

Nach der Stadtwerdung wurden die Ortsschilder ausgetauscht. Bornheimer Bürger präsentieren stolz ihre ersteigerten Schilder

Die **erste Sitzung** des neuen Stadtrats, 1981

Gleichzeitig wollte man die Gemeindegrenzen mit dem Planungsraum in Übereinstimmung bringen, um das Planungsverfahren zu vereinfachen. Bis 1969 waren im Amt Bornheim drei Gemeinderäte für die Planung zuständig gewesen, während die Durchführung beim Amt bzw. Kreis lag; danach gab es nur noch einen Gemeinderat und eine Verwaltung für das Gebiet des ehemaligen Amtes.

In der Tat hat sich der Zusammenschluss positiv ausgewirkt. Die neue Gemeinde hat, wie noch zu zeigen ist, bestehende Ansätze bei der Planung und bei der Bildung städtischer Einrichtungen verstärkt fortgeführt. Diese Tatsache wurde von der Landesregierung anerkannt, indem sie mit Inkrafttreten des Gesetzes zur Funktionalreform am 1. Januar 1981 die bisherige Gemeinde Bornheim zur Stadt erhob, zumal Bornheim die vom Gesetz vorgeschriebene Einwohnerzahl von 25 000 bereits in den 1950er-Jahren überschritten hatte und eine ganze Reihe von städtischen Einrichtungen besaß.

Stadtfest zum 25-jährigen Stadtjubiläum

Die Superveranstaltung am 11. Juni 2006 richteten außer der Stadtverwaltung 130 Vereine und Gruppen mit über 1 000 Aktiven aus. Den Anfang machte eine ökumenische Segensfeier auf dem Peter-Fryns-Platz. In einem Festzug dokumentierten die 14 Ortschaften ihre Zugehörigkeit zur jungen Stadt. Eine Ausstellung im Rathaus, Informationsstände auf der Königstraße, drei Bühnen, auf der unter anderem die Musikgruppe »Höhner« aus Köln auftrat, eine Jugendmeile und ein Spielfest für die Kleinen unterhielten und informierten die zu Tausenden erschienenen Besucher von nah und fern. Zur Feier des Tages hatten die Geschäfte am Festsonntag geöffnet.

Gemeindeordnung nach britischem Vorbild: die Doppelspitze

Die von der britischen Besatzungsmacht am 1. April 1946 eingeführte Regelung, dass die Gemeinden vom Vorsitzenden des Rates, dem Bürgermeister vertreten und die Verwaltung von einem hauptamtlichen Gemeinde-, Amts- oder Stadtdirektor geleitet wurde, hatte bis zur Änderung der Gemeindeordnung vom 3. Februar 1998 Bestand. Seitdem sind die Ämter des Vorsitzenden des Rates und Repräsentanten der Stadt mit dem des hauptamtlichen Hauptgemeindebeamten wieder unter der Bezeichnung »Bürgermeister« vereinigt, der von den Bürgern unmittelbar gewählt wird.

Bornheims Bürgermeister

Hubert Schäfer (1949–1969)

Friedhelm Hüppe (1969–1970)

Heinz Dahlmann (1970–1988)

Wilfried Henseler (1988–2004)

Wolfgang Henseler (seit 2004)

Die Parteienlandschaft

Die überkonfessionelle Christlich Demokratische Union konnte im Amt bzw. in der Stadt Bornheim das Erbe des Zentrums als stärkste politische Kraft antreten. Über ein halbes Jahrhundert behauptete sie im Rat die absolute Mehrheit, die erst in der Kommunalwahl von 2004 erstmals verloren ging. Die Sozialdemokratische Partei, die bereits in der Weimarer Republik vor allem in Roisdorf und Sechtem Fuß fassen konnte, musste sich mit dem zweiten Platz begnügen. Die Kommunisten konnten auch nach 1949 kein Mandat erringen. Die Freien Demokraten erlangten erstmals 1956 Sitze in der Amtsvertretung sowie im Gemeinderat von Bornheim, scheiterten aber bei den Wahlen von 1964 und 1994 an der 5-Prozent-Hürde. Zentrum und BHE waren nur 1956 in den Gemeinderäten Bornheim bzw. Hersel vertreten. Eine unabhängige Wählergemeinschaft errang 1964, 1969 und seit 1999 bis zu fünf Ratssitze. Die neue Partei der Grünen entsandte seit 1984 vier bis sechs Mitglieder in den Stadtrat. Die Wahlerfolge der kleinen Parteien führten 2004 zum Verlust der absoluten Mehrheit der CDU im Stadtrat und ermöglichten die Wahl eines SPD-Bürgermeisters durch eine »Bunte Liste« .

Vom Dorf zur Stadt: Neue Aufgaben erfordern eine neue Organisation

Der Trend, dass die Ämter und Landgemeinden mehr Aufgaben der Daseinsvorsorge übernahmen und sich so den Stadtverwaltungen anglichen, setzte sich nach 1949 fort. So erhielt Bornheim anlässlich der Bestimmung zur Stadt Aufgaben wie die Prüfung von Bauanträgen und bei der Jugendpflege übertragen. Die Polizei, seit 1948 in der Zuständigkeit des Landes, unterhält eine Polizeiwache in Bornheim. Partnerschaften der Stadt Bornheim bestehen mit den Städten Bornem in Belgien seit 1986 und seit der Wende mit Mittweida in Sachsen.

Die Zahl der Verwaltungsangehörigen steigt

Bis 1969 leistete das Amt als »Schreibtisch der Gemeinden« die Verwaltungsarbeit; die Gemeinden beschäftigten lediglich Gemeindearbeiter für die Unterhaltung von Straßen und Wasserläufen und waren für die Schulen zuständig, deren Lehrer vom Staat bezahlt wurden. Die Zahl der Beschäftigen der Amtsverwaltung betrug 1950 155, davon 66 Beamte und Angestellte. Nach Ende der Bewirt-

Auf freiem Feld zwischen Bornheim und Roisdorf: das neue Rathaus der Stadt Bornheim von 1969

schaftung war also die Zahl der »schreibenden« Bediensteten leicht zurückgegangen. Sie stieg jedoch bis 1970 auf 236, davon 100 Beamte und Angestellte. Bis 2008 erhöhte sich die Zahl der Beschäftigten in der Stadtverwaltung auf 447; dabei wuchs die Zahl der Angestellten am stärksten, während sich die Zahl der Arbeiter halbierte.

Mit der wachsenden Zahl an Beamten und Angestellten veränderte sich die Organisation der Verwaltung. Bei der Verleihung der Bezeichnung »Stadt« war die Verwaltung in drei Dezernate mit 15 Fachämtern gegliedert und unterschied sich nicht mehr vom Verwaltungsapparat älterer und größerer Städte. Die Verwaltung wurde laufend modernisiert, Anfang der 1980er-Jahre wurde die elektronische Datenverarbeitung eingeführt und vor allem in den 1990er-Jahren wurde durch Optimierung der Verwaltungsabläufe die Leistungsfähigkeit gesteigert. Die Stadtverwaltung ist seitdem in drei Dezernate, zehn Fachbereiche sowie die drei Stabsstellen Umwelt und Agenda, Gleichstellung und Datenschutz eingeteilt.

Für die Unterbringung reichte bereits um 1960 das alte Rathaus mit seinen drei Außenstellen nicht mehr aus. Nach längerem Hin und Her – die FDP und die Bornheimer Geschäftsleute wollten den Standort in der Königstraße beibehalten – wurde das alte Rathaus 1971 durch den großzügigen Neubau ersetzt, der mit Vorbedacht in das geplante Stadtzentrum aufs freie Feld zwischen Bornheim und Roisdorf gesetzt wurde.

Müll, Wasser, Energie, Feuerschutz: Daseinsvorsorge für die Bornheimer

Die Wasserversorgung erfolgte zunächst durch örtliche Wasserwerke, die sich aus Brunnen speisten und über Wassertürme für den nötigen Druck sorgten. Nur für die Rheinorte gab es seit 1906 ein gemeinsames Wasserwerk in Urfeld, das auch Wesseling versorgte. Da die vorhandenen Anlagen nicht mehr genügten, wurde ein Wasserwerk im Eichkamp errichtet. Die Gemeinden Bornheim und Sechtem schlossen sich 1962 dem Wahnbachtalsperren-Verband an. Eine Ringleitung zwischen den Wasserwerken in Urfeld, Eichkamp und den Hochbehältern Merten, Botzdorf und Gielsdorf wurde bis 1996 fertiggestellt und machte Einschränkungen wie das Berieselungsverbot für die Landwirte zunächst überflüssig, doch musste in jüngster Zeit das Wasserwerk Eichkamp für sechs Millionen Euro umgebaut werden, um den weitersteigenden Bedarf der Gewerbegebiete und der wachsenden Bevölkerung zu decken. Die Betriebsführung der Bornheimer Wasserversorgung übernahm die Regionalgas Euskirchen.

Die neue Kläranlage von Sechtem

Bornheimer Müllabfuhr mit Pferden, 1954

Noch größere Kosten verursachten die Beseitigung und vor allem Klärung der Abwässer. Seit den 1920er-Jahren transportierte der Bornheimer Bach die Abwässer in den Rhein; die Rheinorte leiteten sie direkt in den Fluss. Das Kanalnetz hatte sich von 1950 bis 1970 verfünffacht, bis 2005 mehr als verzwölffacht. Die ersten Kläranlagen entstanden in Hersel und Widdig, in den 1960er-Jahren wurde das kleine Klärwerk in Sechtem gebaut. Die Großgemeinde errichtete 1971 das Klärwerk in Bornheim. Die wachsenden Abwassermengen sowie die immer wieder verschärften Bestimmungen erzwangen seit den 1980er-Jahren Erweiterungen und Neubauten. 1988 übernahm der Erftverband die Bornheimer Kläranlagen sowie die Betriebsführung des Kanalnetzes.

Die Müllabfuhr wurde erst in den 1950er-Jahren eingeführt; seit 1985 ist die Mülltrennung durch die Einführung der Grünen Tonne Vorschrift. Der Müll wurde auf Müllkippen gelagert, wie zwischen 1968 und 1973 bei der Essener Straße in Roisdorf. Sie musste allerdings zwanzig Jahre später teuer saniert werden, weil sie mangelhaft abgedichtet war.

Strom und Gas lieferten im Stadtgebiet immer private Unternehmen. Beim Strom geschah das bereits um 1900, weil die Firma Berggeist ihre Elektrizitätswerke nördlich nah an der heutigen Stadtgrenze errichtet hatte. Ihr Rechtsnachfolger, das RWE, errichtete in den frühen 1970er-Jahren bei Sechtem eine große Umspannstation, um den Strom von den Kraftwerken mit möglichst geringen Verlusten zum Verbraucher zu leiten. Ganz in der Nähe steht die erste Windkraftanlage im Rhein-Sieg-Kreis. Gas erhalten die Ortsteile erst seit den 1980er-Jahren von der Regionalgas Euskirchen.

Der **Nachwuchs der Freiwilligen Feuerwehr** zeigt was er kann, um 1979

Der Feuerschutz wird seit der zweiten Hälfte des 19. Jahrhunderts durch die Freiwilligen Feuerwehren sichergestellt, doch ist die Stadt an ihrer Ausrüstung und Unterbringung – 1980 zwölf Gerätehäuser, ein Rüstwagen und 22 Löschfahrzeuge – maßgeblich beteiligt.

Der Ausbau der sozialen Leistungen

Die Zahl der Unterstützungsempfänger hat sich im Amt Bornheim von 1950 bis 1970 zunächst trotz steigender Einwohnerzahl fast halbiert. Ende 2004, bei Einführung des Hartz-IV-Gesetzes, bezogen jedoch wieder etwa so viele Personen Sozialhilfe, wie es 1950 Unterstützungsempfänger gab; gegenüber der Einwohnerentwicklung hatte sich ihre Zahl allerdings vermindert. Die Arbeitslosenquote lag 2005 bei 8,6 Prozent und damit unter den 19 Gemeinden des Rhein-Sieg-Kreises an fünfter Stelle. 2008 dürfte sie bei 6,9 Prozent liegen. Auch hat die Stadt Aussiedler und ausländische Flüchtlinge aufgenommen, doch ist ihre Zahl im letzten Jahrzehnt stark zurückgegangen.

Das alte Rathaus wurde **zum Jugendzentrum ausgebaut**

Besonderen Wert wird in Bornheim auf die Jugendpflege gelegt. 1999 wurde ein Stadtjugendring als freier Zusammenschluss der 47 Vereine im Bereich der Jugendpflege gegründet. Nach dem Bezug des neuen Rathauses baute die Stadt das alte zu einem Jugendzentrum aus und richtete 2005 ein eigenes Jugendamt ein, um die Arbeit in diesem Bereich besser steuern zu können. Die Zahl der Jugendheime hat sich seit 1950 verachtfacht; dabei überwiegen die kirchlichen die der übrigen Träger. Auch die Kindergärten wurden 1950 in erster Linie von der katholischen Kirche getragen. Zurzeit haben Kirchen und Stadt bei den Kindertagesstätten etwa gleichgezogen; an dritter Stelle stehen andere Träger. Die Zahl der in den Kinderhorten aufgenommenen Schulkinder hat sich im letzten halben Jahrhundert mehr als verdreifacht, die der Einwohner »nur« verdoppelt. Damit ist der Rechtsanspruch auf einen Kindergartenplatz für Kinder von drei Jahren bis zur Einschulung erfüllt. Insgesamt 44 Kinderspielplätze stehen den Kindern im Stadtgebiet zur Verfügung.

Das Bornheimer **Wohnstift Beethoven**

Die Fürsorge für alte Menschen hat in jüngster Vergangenheit an Bedeutung zugenommen, da mit dem Rückgang der dörflichen Lebensweise die Pflege von Angehörigen nicht mehr in gleichem Maß wie früher in den Familien möglich ist. 1970 führten die Kirchen sieben Altentagesstätten, während die Stadt ein Bürgerhaus als Treffpunkt für Senioren unterhielt. Heute gibt es darüber hinaus das Wohnheim und die Werkstatt für Behinderte in Hersel, vier Altenheime, zwei Altenpflegeheime und 70 Seniorenwohnungen. Das größte Unternehmen im Bereich der Altenpflege, das Wohnzentrum Beethoven, wird kommerziell betrieben und wird in erster Linie von auswärtigen Senioren genutzt.

Schloss Bornheim

Auch in der Krankenversorgung sind seit 1950 große Fortschritte erzielt worden. Die Zahl der Ärzte und Zahnärzte hat sich seit 1930 mehr als verdreifacht. Dass es besonders mehr Fachärzte gibt, geht auf eine Initiative der Gemeinde um 1975 zurück. Sie errichtete 1977 eine Rettungswache mit Rettungs- und Krankentransportfahrzeugen, die seit 1993 vom Rhein-Sieg-Kreis bzw. dem Malteser Hilfsdienst getragen werden. Im Stadtgebiet gab es Mitte der 1950er-Jahre ein Tbc-Krankenhaus in Merten und eine Privatkrankenanstalt im Haus Wittgenstein in Roisdorf. Heute besteht in Merten das Spezialkrankenhaus »Zur Hl. Familie« für Altersmedizin und Rehabilitation. Akut-Patienten werden vor allem in die Krankenhäuser nach Bonn, in den nördlichen Ortsteilen nach Wesseling und Brühl gebracht. Der Verein Hospiz Bornheim kümmert sich seit 2001 um Schwerstkranke und Sterbende. Im Schloss Bornheim unterhält die Therapeutische Gemeinschaft seit 1980 eine Fachklinik für Drogenabhängige unter dem Namen »Phoenixhaus«; ein weiteres Drogentherapiezentrum befindet sich seit 1982 in der Villa Wrede in Roisdorf unter dem Namen »Tauwetter«.

Das **Hallen- und Freizeitbad** Bornheim, 1992

Die Stadt fördert den Sport

Sportförderung wird in der Stadt Bornheim großgeschrieben. Gegenüber den elf Sportplätzen des Jahres 1950 gibt es jetzt 20, die alle mit Sportheimen und Flutlicht versehen sind. In dem als Stadtzentrum geplanten Bereich zwischen Bornheim und Roisdorf entstand um 1980 ein Sport- und Freizeitzentrum. Es enthält außer einem Fußballstadion ein Hallen- und Freizeitbad mit Sauna, das zeitweise über 350 000 Benutzer im Jahr zählte. Im letzten Jahrzehnt ist die Zahl der Besucher zurückgegangen. Trotzdem hat die Stadt 2003 das Hallenbad aufwendig saniert. Für den Schulsport wichtig sind die zehn Turnhallen, die auch von den Vereinen fleißig benutzt werden.

Überregionale Meisterschaft

Bornheim hat zahlreiche herausragende Sportlerpersönlichkeiten hervorgebracht. So errang die Mittel- und Langstreckenläuferin **Rita Windbrake** seit 1965 bei den Weltspielen der Gehörlosen zahlreiche Medaillen, wurde in den USA 1983 zur »Gehörlosensportlerin des Jahrhunderts« und war vielfach Gehörlosen-Weltmeisterin, Europameisterin und Deutsche Meisterin. Der Rennfahrer **Klaus Ludwig** aus Roisdorf wurde mehrfach Tourenwagen-Welt- und Deutscher Meister und gilt als Deutschlands erfolgreichster Tourenwagenfahrer und »König der Nordschleife« des Nürburgrings. Der Radsportler **Hans-Jürgen Greil** aus Merten ist erfolgreicher Tandemfahrer und wurde beispielsweise 1984 bei den Bahnweltmeisterschaften in Barcelona Weltmeister. Auch der Radprofi **Christian Knees** (Pro-Tour-Team Milram) lebt in Bornheim.

Erwachsenenbildung, Kunst- und Kulturpflege

Auch im Bereich der Kultur hat sich in den vergangenen 50 Jahren in Bornheim viel getan. Während bei den Büchereien 1950 die kirchlichen die kommunalen überwogen, übertrifft heute die leistungsfähige Stadtbücherei die kirchlichen Bibliotheken sowohl an Medienbeständen wie an Ausleihen.

Die Volkshochschule entstand 1978 aus der Zusammenführung des Volks- und Bildungswerkes der Gemeinde Alfter mit dem Volksbildungswerk Bornheim. Ihre Schülerzahl stieg zunächst bis 1984 an, bis sie wegen geringerer Zuschüsse des Landes leicht zurückging. 2001 zog die Volkshochschule in ein neues Gebäude neben dem Rathaus, doch wird der Unterricht nicht nur dort, sondern auch in den Ortsteilen gehalten.

Musikschulleiterin Elke Hinz erhält 1973 beim Einzug in das neue Gebäude von Bürgermeister Dahlmann symbolisch den Notenschlüssel

Ähnlich dezentral unterrichtet die 1973 gegründete Bornheimer Musikschule ihre heute mehr als 1 100 Schülerinnen und Schüler. Träger war zunächst die Stadt Bornheim, bis 1993 aus finanziellen Gründen ein von engagierten Lehrern und Eltern gegründeter Verein die Schule übernahm.

Aus den Altakten der früheren Gemeinden wurde 1989 das Stadtarchiv gebildet und hauptamtlich besetzt, um die Unterlagen zur Geschichte von Bornheim zu ordnen und zu erschließen, damit sie der Verwaltung und den interessierten Heimathistorikern zur Verfügung stehen.

Im Bereich von Museum, Theater und Konzert kann die Stadt Bornheim mit Bonn und Köln und deren eigenen Theatern und Orchestern sowie zahlreichen Museen nicht mithalten. Die von der Gemeinde Bornheim in den 1970er-Jahren gegründete Konzertreihe traf offensichtlich auf zu geringes Interesse. Der Bau der Rheinhalle 1978/79, die dem Ortsteil Hersel einen Ausgleich für das in Bornheim errichtete Hallen- und Freibad gewähren sollte, erfüllte nicht die Erwartungen auf Benutzung durch kulturelle Veranstaltungen. Allerdings bieten die Vereine, die sich dem Theaterspiel oder der Musik verschrieben haben, einen wichtigen Ersatz für die fehlenden städtischen Veranstaltungen. An Museen gibt es in der Stadt nur das private Obstbaumuseum der Firma Otto Schmitz-Hübsch in Merten.

Wachsender Haushalt und Schuldenberg? Die städtischen Finanzen

In welchem Maße sich die Ausgaben erhöht haben, zeigt sich deutlich in dem wachsenden Haushaltsvolumen – bis 1969 des Amtes und der drei Gemeinden, danach der Großgemeinde bzw. Stadt: Es verdreifachte sich bereits von 1950 bis 1970 von 3,7 auf 11,6 Millionen und stieg in den folgenden zehn Jahren um mehr als das Doppelte auf 26,8 Millionen Mark. Bis 2007 hat es sich gegenüber

im Hintergrund: Entwurf für die **Rheinhalle in Hersel**

1980 auf rund 68,5 Millionen Euro noch einmal fast verfünffacht. Allerdings konnte der Haushalt seit 2003 nicht mehr ausgeglichen werden, Folge der hohen Investitionen zur Verbesserung der Lebensqualität und Infrastruktur und deren Folgekosten sowie der Tatsache, dass Bund und Land verstärkt Belastungen vorwiegend im Sozialbereich auf die Kommunen abwälzen. An dieser unbefriedigenden Lage ändert auch nicht, dass das Land mit Zuweisungen und zweckgebundenen Zuschüssen erheblich zu den finanziellen Lasten der Stadt beiträgt. Aus dieser Situation ist auch der starke Anstieg der Schulden von 18,8 Millionen Mark 1970 auf 86,6 Millionen Euro 2007 zu erklären, die angesichts des nicht ausgeglichenen Haushalts schnell weitersteigen. Kein Wunder, dass Rat und Verwaltung seit 1993 versuchen, durch Kürzung von Zuschüssen, Betriebsführung der Wasserversorgung und Abwasserbeseitigung durch andere Betreiber, Übergabe von unrentablen Objekten wie der Rheinhalle Hersel oder der Musikschule an Vereine Einnahmen und Ausgaben im Gleichgewicht zu halten.

Einwohnerentwicklung, Stadtplanung und Bauwesen

Verdoppelung in einem halben Jahrhundert

Die rasante Entwicklung der Einwohnerzahlen setzte sich nach 1949 abgeschwächt fort, lag aber deutlich über den Werten vor dem Zweiten Weltkrieg (Anhang). Die evakuierten Bewohner der vom Luftkrieg betroffenen Städte zogen nach 1945 zumeist wieder in ihre Heimatstädte zurück, dafür wuchs die Zahl der Vertriebenen und Flüchtlinge aus den Ostgebieten weiter an. Zudem zogen nach 1949 wegen der vielen Arbeitsplätze in der jungen Bundeshauptstadt zahlreiche Menschen in den Bonner Raum, von denen ein beachtlicher Anteil in Bornheim untergebracht werden musste, weil vor 1969 die Stadt Bonn mit ihrem kleinen Stadtgebiet nicht in der Lage war, alle Zuziehenden aufzunehmen.

Aber auch nach 1970 zogen es viele vor, ins Umland und damit auch nach Bornheim zu ziehen, sodass die Zuwachsraten der Großgemeinde in den 1970er-Jahren die der vergrößerten Bundeshauptstadt übertrafen. Dass Bornheim aber nicht nur durch die Berufstätigen in der Haupt- bzw. Bundesstadt gewachsen ist, zeigt die Tatsache, dass die Auspendler nach Bonn zwar den größten Anteil ausmachen, aber von denen nach Köln, Wesseling und Brühl um das Anderthalbfache übertroffen werden. Dabei ist Bornheim keineswegs überwiegend »Schlafstadt« für die umliegenden Städte geworden, wie sich an der Entwicklung der Einpendlerzahlen zeigt. Sie hat sich seit 1950 mehr als verzehnfacht und ist damit relativ stärker gewachsen als die Zahl der Auspendler. So ist es auch zu erklären, dass die Verlegung von Parlament und Regierung nach Berlin für Bornheim keine bemerkenswerten negativen Auswirkungen gehabt hat. Auch im Verhältnis zu den anderen Gemeinden um die heutige Bundesstadt konnte sich Bornheim gut behaupten. Nur zeitweise übertrafen Meckenheim und Rheinbach die Bornheimer Werte, während alle übrigen Gemeinden langsamer wuchsen. Wie in den davor liegenden Jahrzehnten sind die Orte am Villerand und Sechtem stärker gewachsen als die Dörfer auf der Hochfläche und die Rheinorte.

Entwurf für das neue **Schul-, Sport-, und Freizeitzentrum** der Stadt Bornheim, 1981

Beginn der Stadtplanung in Bornheim

Die wachsenden Einwohnerzahlen machten verstärkte Anstrengungen auf dem Gebiet der Stadtplanung notwendig. Sie geht in den Städten bis in die Mitte des 19. Jahrhunderts zurück. In den Landgemeinden des heutigen Stadtgebietes hat man sich vor 1939 mit der Festlegung von Fluchtlinien und kleineren Umlegungen begnügt. Einen Ansatz für eine großzügige Planung bot erst das Aufbaugesetz von 1950/52, das es den Gemeinden gestattete, ihre Gebiete durch Leit- und Durchführungspläne neu zu gestalten. Sie wurden von der Gemeinde Bornheim vor 1955, von Hersel und Sechtem in den Folgejahren beim Landkreis Bonn in Auftrag gegeben. Dabei erwies sich die Ordnung von Grund und Boden als schwierig, weil der Grenzausgleich, die Umlegung und Enteignung wie in den meisten ländlichen Gemeinden unpopulär und damit zeitraubend waren.

Ehrgeizige Pläne

Erst das Bundesbaugesetz von 1960 ermöglichte den Kommunen die Aufstellung von Flächennutzungsplänen und Bebauungsplänen. Der Kreisentwicklungsplan von 1964 sah den Ausbau des Raumes zwischen Roisdorf und Bornheim zu einem Mittelpunkt mit zentralen Einrichtungen um einen parkartigen Anger vor. Dementsprechend beauftragte die damalige Gemeinde Bornheim das Kreisplanungsamt mit der Aufstellung eines Bebauungsplans für diesen Bereich, in dem Rathaus, Schulen, Mehrzweckhalle sowie Siedlungen zur Entlastung der landwirtschaftlichen Produktionsbereiche untergebracht werden sollten. Etwa gleichzeitig fertigte der Bonner Professor Edmund Gassner im Auftrag des Amtes eine Planung für eine Trabantenstadt oberhalb von Bornheim auf der Ville am Hennesenberg für bis zu 6500 Einwohner an, um die fruchtbare Fläche auf der Mittelterrasse von Neusiedlungen zu entlasten. Dieses Projekt wurde jedoch nicht realisiert, weil es auf Widerstand in der Bevölkerung stieß und die in Aussicht genommenen Zuschüsse des Landes nicht bewilligt wurden.

Nach der kommunalen Neuordnung von 1969 erleichterte die Tatsache, dass im Bereich der neuen Großgemeinde nur noch ein Gremium und nicht mehr drei Gemeinderäte zuständig waren, die Planungen erheblich. Andererseits nahm das Land durch seine Entwicklungsprogramme verstärkt Einfluss auf die örtlichen Planungen und schränkte damit die städtische Planungshoheit ein. So musste der Gemeindeentwicklungsplan von 1973 im Einklang mit den Landesplanungen stehen. Flächennutzungspläne sollten die Dörfer baulich auseinanderhalten und zur Bauverdichtung an den Haltepunkten der Stadtbahnlinien führen, doch überrollte die Einwohnerentwicklung die Absichten der Verwaltung, deren Einfluss auch durch die hohen Erschließungskosten besonders in den Hanglagen beschränkt war. Aufs Ganze gesehen sind die Pläne des Landes, die Großgemeinde Bornheim zu einem Mittelzentrum zwischen Bonn und Köln auszubauen, nur eingeschränkt mit der Verteilung der bebauten Flächen am Rhein und entlang dem Vorgebirgshang in Einklang zu bringen.

Königstraße und Peter-Fryns-Platz heute

Wo soll das Stadtzentrum hinkommen?

Dem bereits vor 1969 gefassten Plan, zwischen Roisdorf und Bornheim ein funktionsfähiges Stadtzentrum zu schaffen, war trotz neuem Rathaus, Schul- und Sportzentrum sowie Wohnstift Beethoven kein voller Erfolg beschieden. Das vorgesehene Kerngebiet mit großen Ladenflächen wurde nicht realisiert, weil es auf den Widerstand der Bornheimer Geschäftsleute stieß, die um ihre Einkaufsmeile in der Königstraße fürchteten. Durch das 2004 vom Rat der Stadt beschlossene »Integrierte Handlungskonzept Königstraße« wird jetzt versucht, den Ortskern Bornheim zum Hauptversorgungsbereich des Mittelzentrums auszubauen. In diesem Zusammenhang soll der Peter-Fryns-Platz zu einem Zentrum des Ortskerns ausgebaut sowie die Attraktivität der Königstraße und des Servatiusweges für Geschäfte und Wohnungen gesteigert werden.

Damit die fortschreitende Bebauung nicht zu sehr auf Kosten der landwirtschaftlichen Kernfläche zwischen Ville und Rhein geht, sehen Planungen der 1990er-Jahre vor,

Neubauten möglichst nur entlang der Stadtbahnlinie Bonn–Brühl zuzulassen. In die gleiche Richtung zielt der 2005 beschlossene Gebietsentwicklungsplan von Hersel, die Beton- und Kiesverarbeitungsbetriebe auf die Westseite der Autobahn zu verlagern, die Fläche zwischen Autobahn und Ort zu kultivieren und mit Sport- bzw. Golfplatz zu versehen sowie Teile als Gewerbegebiet auszuweisen. Am westlichen Ortseingang in der Nähe des Bahnhofs sollen Wohnungen und Erholungsflächen entstehen.

Rheinufer am Herseler Werth

Gemeinde im Grünen: Erholungsflächen in Bornheim

Dem Ziel, eine Gemeinde im Grünen zu bleiben, dient der 1996 von der Kreisverwaltung für das Stadtgebiet in Kraft gesetzte Landschaftsplan. Er stellte schutzwürdige Bereiche wie das Herseler Werth, die Hänge der Nieder- und Mittelterrasse sowie der Ville und Teile der Hochfläche unter Natur- bzw. Landschaftsschutz. Der Absicht, der Flora und Fauna wieder genügend Lebensraum zu geben, dienen Maßnahmen wie die Sperrung des Herseler Werths für jegliche Nutzung, die Anlage von Staudämmen entlang von Wegen und die Renaturierung von Bachläufen. Auf diese Weise sollen die durch die intensivierte und rationalisierte Landwirtschaft entstandenen Schäden in Grenzen gehalten werden. Diese Bestrebungen geraten allerdings an manchen Stellen wie dem Herseler Rheinufer oder dem Bornheimer Horst mit der Nutzung als Erholungsgebiet in Konflikt. In einigen Fällen wie dem Großen Zent haben die Maßnahmen der Bodenverbesserung vielfach die natürlichen Gegebenheiten zerstört.

Erholungsflächen sind in den Wäldern auf der Ville sowie am Rheinufer ausgewiesen; ihnen gilt die Fürsorge der Vereine für Heimatkunde und Land-

Das neue Stadtteilzentrum »Am St. Servatius« in Bornheim

schaftsschutz, die sich um die Anlage und Erhaltung von Wanderwegen sowie Rast- und Aussichtspunkten kümmern. Überlegungen, am Berggeistsee oberhalb Walberbergs ein Freizeitzentrum mit Bademöglichkeit zu schaffen, wurden 1965 von der Rheinischen Braunkohle GmbH verhindert. Die Stadt hat durch den Ausbau einer Anlage längs des Bornheimer Baches eine zentral gelegene Freizeiteinrichtung geschaffen.

Aus der Erkenntnis, dass auch nach der Neuordnung von 1969 die vergrößerten Städte und Gemeinden nur im Einvernehmen mit den Nachbarn vernünftig planen können, ist jüngst das integrierte ländliche Planungskonzept Ville/Voreifel entstanden, das neben Bornheim alle übrigen linksrheinischen Kommunen des Rhein-Sieg-Kreises umfasst. Die Auftaktveranstaltung fand in Bornheim statt und gab auf einem »Markt der Ideen« Auskunft über die vordringlich bearbeiteten Bereiche »Land- und Forstwirtschaft, Natur und Landschaft«, »Ortsentwicklung«, »Nahversorgung, Soziales«, »Wirtschaft und Verkehr« sowie »Tourismus, Erholung, Kultur«.

Bornheim baut

Das schnelle Wachstum der Einwohnerzahlen führte zwangläufig zu einer verstärkten Bautätigkeit. Zunächst bestand ein großer Bedarf an Wohnungen; noch 1964 gab es allein in der Gemeinde Bornheim 1 000 Wohnungssuchende. Dank der vermehrten Bautätigkeit konnte der Bestand an Wohnungen in der zweiten Hälfte des 20. Jahrhunderts beinahe vervierfacht werden. Die bebaute Fläche nahm von 1970 bis 2004 um mehr als das Doppelte zu. Neben der Bauverdichtung innerhalb der Ortschaften entstanden zahlreiche neue Siedlungen wie zwischen Bornheim und Roisdorf, im Ortskern Bornheim, in Sechtem, in Hersel, in Kardorf, in Dersdorf und im Oberdorf Roisdorf, um nur einige zu nennen.

Der Wasserturm in Brenig wurde zur Wohnung umgebaut

Durch die vielen Neubauten ging der dörfliche Charakter der Orte weitgehend verloren. Nicht immer gelang es, Alt und Neu harmonisch miteinander zu verbinden bzw. ansehnliche oder historisch interessante Altbauten zu erhalten. So brannte 1983 der Kliehof an der Bornheimer Königstraße ab, bevor er unter Denkmalschutz gestellt werden konnte, und noch 2002 stürzte der letzte Bahnhof des »Feurigen Elias« in Waldorf ein. Die Bundesbahn ersetzte den klassizistischen Bahnhof Roisdorf durch

Die **Kitzburg** in Walberberg

einen mehr funktional verwendbaren als ästhetisch befriedigenden Neubau. Andererseits konnten die Reste der Dersdorfer Burg 1990 in letzter Minute vor dem Abriss gerettet werden. Die Wassertürme in Rösberg und Brenig wurden zu Wohnungen umgebaut und damit erhalten.

Die Gemeinde bzw. Stadt hat eine Reihe von ansehnlichen Bauten errichtet: das Rathaus, die Rheinhalle in Hersel, den Betriebshof in Waldorf, die Klär- und Wasserwerke, vor allem aber die zahlreichen Schulen und Sportbauten. Von den übrigen Bauten fallen das Umspannwerk des RWE bei Sechtem, der Aussichtsturm auf dem Bornheimer Horst und der Mertener Funkturm ins Auge; auch die 1997 als erste im Rhein-Sieg-Kreis errichtete Windkraftanlage bei Sechtem ist nicht zu übersehen. An Privatbauten ist das Seniorenstift Beethoven hervorzuheben. Die Kitzburg wurde 1962 bis 1964 von Grund auf renoviert und die Kriegsschäden wurden beseitigt. Die Burg Rösberg ist von einer privaten Gesellschaft 1990 als Wohnanlage wiederaufgebaut worden. Dagegen ist das im Sommer 1945 niedergebrannte Schloss Hemmerich noch immer eine Ruine.

von links: Das Evangelische Gemeindezentrum **»Die Arche« in Sechtem,** die Katholische Kirche **„Sankt Sebastian« in Roisdorf** und das Evangelische Gemeindezentrum **»Geschwister-Imhof-Haus« in Bornheim**

Auf den von der Stadt ausgewiesenen Gewerbeflächen sind eine Vielzahl von Produktionsstätten, Bau- und Verbrauchermärkten und Verwaltungsgebäuden entstanden, die mehr als alle übrigen Bauten das Stadtbild verändert haben.

Bei den Kirchen übertreffen die neu errichteten Gotteshäuser der evangelischen Gemeinden die der großen Schwesterkonfession: Seit 1960 sind in Hersel, Bornheim, Hemmerich und Sechtem neue evangelische Kirchen eingeweiht, in Sechtem die 1968 aufgestellte Fertigbaukirche 1997 durch das Gemeindezentrum »Die Arche« ersetzt worden. Die Markuskirche in Hemmerich musste 2005 erweitert werden. Die Evangelische Freikirche baute 2002 ihr neu erworbenes Gemeindezentrum in Roisdorf um. Die Katholiken haben nur zwei zu klein bzw. baufällig gewordene Gotteshäuser ersetzen müssen: 1968/69

Die **Roisdorfer Versteigerung** im Jahre 1964 mit Käufertribüne und Versteigerungsuhren

wurde das Schiff der Pfarrkirche in Merten abgerissen und durch einen geräumigen Neubau in Stahlbeton ersetzt; nur Turm und Chor blieben stehen. In den 1970er-Jahren baute die Gemeinde Roisdorf eine neue Kirche und ließ 1980 die alte bis auf den Turm abreißen. Die anderen Pfarrkirchen wurden renoviert und im Innern den Erfordernissen der neuen Liturgie angepasst. Die Walberberger Kirche erhielt zudem 1962 einen neuen Turm als Ersatz für den im Kriege zerstörten Vorgänger. Weiter ist als Neubau die im Jahre 2000 errichtete St. Vinzenzkapelle in Trippelsdorf zu nennen. Beide Konfessionen haben darüber hinaus Gemeindehäuser und Jugendheime gebaut.

Die Bornheimer Wirtschaft im Wandel

Weniger Höfe mit mehr Fläche: die Landwirtschaft

Die skizzierte Entwicklung hat sich grundlegend auf die bis dahin dominierende Landwirtschaft ausgewirkt. Bereits 1950 ging man davon aus, dass die Zahl der landwirtschaftlichen Betriebe um 40 Prozent schrumpfen würde. In Wirklichkeit ging sie bereits bis 1970 auf die Hälfte, bis 2003 auf 175 und damit auf nur noch gut 10 Prozent von 1950 zurück. Die landwirtschaftlich genutzte Fläche nahm seit 1950 nur um ein Drittel und zwar am meisten vor 1970 ab. Im Gegensatz zu früher, aber im Einklang mit der allgemeinen Entwicklung zeigt sich in den letzten Jahrzehnten eine Tendenz zu größeren Höfen: 2003 bearbeiteten die 36 Betriebe mit mehr als 20 ha rund drei Viertel der landwirtschaftlich genutzten Fläche.

Wesentlich stärker war der Einbruch bei den Beschäftigten: Von den im Jahre 1950 rund 4500 in der Landwirtschaft Erwerbstätigen war 1974 weniger als die Hälfte im gleichen Beruf tätig, und in der Gegenwart dürfte ihre Zahl nur noch etwa 500 betragen. Damit ist der Anteil der in der Landwirtschaft Beschäftigten an den Berufstätigen vom ersten Platz 1950 auf den letzten Platz zurückgefallen. Im Gegensatz zu den selbstständigen Landwirten hat sich die Zahl der sozialversicherten Beschäftigten in der Landwirtschaft von 23 (1970) auf 358 (2006) erhöht. Um die bei der Ernte anfallende Mehrarbeit bewältigen zu können, waren im Sommer 2006 in Bornheimer Betrieben knapp 2 500 ost- und mitteleuropäische Helfer beschäftigt.

Diese Entwicklung führte aber nicht zu einem verminderten Ertrag. Die Landwirte bedienen sich im Gegensatz zu früher moderner Methoden und Maschinen. Voraussetzung dafür war die Beseitigung der Bodenzersplitterung durch Flurbereinigung bzw. Umlegung, die kurz nach 1945 in Sechtem und den Rheinorten einsetzte und inzwischen alle Gemarkungen erfasst hat. Hier wirkten die Römischen Verträge von 1958 nachhaltig, denn sie förderten durch freien Marktzugang, Standardisierung der Produkte und Modernisierung der Agrarstrukturen die Erträge entscheidend. Dabei darf nicht übersehen werden,

Mechanisierung der Landwirtschaft in den 1960er-Jahren

dass diese Maßnahmen durch Beseitigung von Streuobstwiesen, Hecken und Feldgehölzen schwere Schäden bei der Fauna und Flora in Feld und Flur angerichtet haben, die jetzt mühevoll wieder beseitigt werden.

Besonders positiv wirkte sich die Einführung des Unter-Folien-Anbaus aus, weil er den klimatischen Vorzug noch stärker zur Geltung brachte als zuvor. Nach der Flurbereinigung erfolgt der Obstanbau weitgehend in Plantagen. Der Anbau von Spargel ist etwas, der von Löwenzahn ganz zurückgegangen. Dafür

Mit einstweiligen Verfügungen erreichten die Quarzwerke Bonn, daß sie bis zum Abschluß der Verwaltungsgerichtsverfahren Kies und Sand aus der Grube oberhalb von Brenig über Flurbereinigungs- und Wirtschaftswege abtransportieren dürfen. Foto: Schell

22.9.83

Quarzwerke verbuchten Teilerfolg gegen Stadt

Einstweilige Verfügungen ermöglichen Abtransport von Kies

BZ Bornheim. Zwei einstweilige Verfügungen der 4. und der 16. Kammer des Verwaltungsgerichts Köln ermöglichen es den Quarzwerken Bonn, auch in Zukunft Sand und Kies aus dem Werksgelände oberhalb von Bornheim-Botzdorf abzufahren.

Am Freitag, 9. September, erwirkten die Quarzwerke Bonn vor den beiden Kammern des Verwaltungsgerichtes Köln die einstweiligen Verfügungen gegen die Stadt Bornheim, um bis zum Abschluß der am Verwaltungsgericht laufenden Verfahren der Stadt Bornheim gegen die Quarzwerke Sand und Kies über Flurbereinigungs- und Wirtschaftswege abtransportieren zu können. Bornheims Stadtdirektor Friedhelm Hüppe: „Diese Genehmigung gilt nur für Sand und Kies, nicht aber für den Abtransport von Quarzen. Die Richter sahen sich in der kurzen Zeit außerstande, sich in die komplizierte Materie einzuarbeiten und gaben deshalb den Quarzwerken im Wege der einstweiligen Verfügung recht."

Die 4. Kammer des Verwaltungsgerichts fällte „in einem Schnellverfahren" (Stadtdirektor Friedhelm Hüppe) die Entscheidung, den durch den Betrieb verursachten Verkehr, soweit er der wasserrechtlichen Erlaubnis entspreche, auf dem streitigen Zufahrtsweg zu gestatten, die 16. Kammer sicherte den Lastwagen der Quarzwerke das Wegerecht zum Werksgelände.

Wie lange sich die anhängigen Verfahren vor dem Verwaltungsgericht Köln noch hinziehen werden, vermochte Stadtdirektor Hüppe nicht zu sagen. Die Stadt Bornheim versucht schon seit langer Zeit, über die Verweigerung des Wegerechts den Quarzwerken Bonn den Abtransport von Sand und Kies über die Flurbereinigungswege unmöglich zu machen, um so die Landschaft oberhalb von Botzdorf und Brenig als Naherholungsgebiet nutzen zu können.

Im Gegenzug klagten jetzt die Quarzwerke Bonn gegen das Land Nordrhein-Westfalen, den Rhein-Sieg-Kreis, den Regierungspräsidenten in Köln und die Stadt Bornheim auf Schadensersatzanspruch von 3,4 Millionen Mark. Das Verfahren, so die Mitteilung der Quarzwerke Bonn, wird am 9. November vor dem Landgericht Bonn eröffnet.

Kies- und Sandabbau in der Grube oberhalb von Brenig

hat die gewerbsmäßige Züchtung von Blumen und Topfpflanzen zugenommen, Rettich ersetzt Porree als Zweitfrucht, die Tendenz zum Feldgemüseanbau hat sich verstärkt und der Hackfruchtanbau geht zugunsten von Blumenkohl bzw. von Wintergetreide zurück. Geradezu dramatisch ist der Einbruch bei der Viehhaltung: Gab es 1950 2 476 Stück Rindvieh, so standen 2003 nur noch 131 Stück, davon 90 Milchkühe in den Ställen, und es wurden statt knapp 4 000 nur noch 25 Schweine gehalten. Eine andere Entwicklung zeigt sich bei den Pferden; bis 1972 sind sie auf knapp sechs Prozent des Bestandes von 1950 geschrumpft, ein Zeichen, dass sie als Zugtiere durch Maschinen ersetzt worden sind. In jüngster Zeit steigt die Zahl der Pferde langsam für den Reitsport wieder an.

Mittelstand und Quarzsandabbau: das Gewerbe

Das Gewerbe hat seinen Anteil an den Berufstätigen von 1950 bis 1970 von 30 auf 40 Prozent steigern können und sich damit vom zweiten auf den ersten Rang unter den Wirtschaftszweigen vorgeschoben. Nach Ausweis der sozialversicherungspflichtigen Beschäftigten ist das Gewerbe bis 2004 sowohl vom Handel wie den sonstigen Dienstleistungen überholt worden und nimmt nur noch den dritten Platz ein. Dabei haben sich die Handwerksbetriebe seit 1970 immerhin etwa verdoppelt. Charakteristisch für die Situation in Bornheim ist es, dass es keine großen, dominierenden Industriebetriebe gibt, sondern einen gesunden Mix von mittelständischen Unternehmen. Von den älteren Firmen bestehen die Lederwarenfabrik Gammersbach seit 1954 sowie die Zigarettenfabrik Simon Arzt und die Germania-Brauerei in Hersel seit den letzten Jahrzehnten nicht mehr, der seit römischer Zeit genutzte Roisdorfer Mineralbrunnen gehörte bis 2008 zur Artus Mineralquellen GmbH und wird seitdem unter dem traditionellen Namen »Roisdorfer Mineralbrunnen« weiterbetrieben. Die Rheinische Konservenfabrik Georg Seidel in Sechtem ist eine der wenigen Firmen, die seit Jahrzehnten in Familienhand geführt wird.

Die **Lederfabrik Gammersbach** in den 1950er-Jahren

Bei den Bodenschätzen spielt die Braunkohle seit der Schließung der Grube Colonia bei Walberberg um 1900 keine Rolle mehr; die Pläne von 1951/52, in den Gemarkungen von Rösberg und Hemmerich Braunkohle abzubauen, wurden nicht verwirklicht. Größere Bedeutung erlangten dagegen die Kiesvorkommen westlich der Rheinorte und bei Rösberg sowie der Quarzsand oberhalb von Roisdorf und Brenig. Besonders um den Abbau des Quarzsandes entstanden zwischen den Bonner Quarzwerken bzw. der Firma Euroquarz und den Anliegern bzw. Umweltschützern heftige Auseinandersetzungen. Sie sind bisher nicht endgültig entschieden, weil Bergamt und Bezirksregierung in ihren Entscheidungen dazu neigen, den wirtschaftlichen Aspekten größeres Gewicht zu geben, die Stadt Bornheim sowie das aus einer Bürgerbewegung und Vereinen gebildete Kuratorium »Rettet das Vorgebirge« mit Argumenten des Landschaftsschutzes dagegenhalten. Immerhin gelang es, die Nutzung der Gruben durch Verweigerung von Zufahrtswegen weitgehend zu verhindern und die Besitzer zu verpflichten, die ausgekiesten Gruben zu renaturieren. Bürgerproteste verhinderten auch die Erhöhung der Bonner Mülldeponie bei Hersel, die 1988 geschlossen wurde und von der Bundesstadt mit Millionenaufwand saniert werden muss. Auch die Anlage einer Giftmülldeponie zwischen Walberberg und Merten konnte durch Proteste der Bornheimer verhindert werden.

Der Gewinner im Wandel: der Dienstleistungssektor

Den größten Aufschwung hat der Dienstleistungssektor genommen. Lag er 1950 noch mit dem Gewerbesektor gleichauf, so konnte er bis 1970 gegenüber diesen ein leichtes Übergewicht gewinnen. Anfang des 21. Jahrhunderts waren dagegen zwei Drittel aller sozialversicherungspflichtig Beschäftigten im gesamten Dienstleistungsbereich tätig, der damit die beiden anderen Sektoren klar hinter sich gelassen hatte. Noch deutlicher ist das Übergewicht nach der Anzahl der Firmen: Danach überstieg 2006 die Zahl der allgemeinen Dienstleistungsbetriebe die der gewerblichen Firmen nahezu um das Dreifache.

Verbrauchermärkte und traditioneller Einzelhandel

Die Zahl der Handelsbetriebe ist bis 1970 langsam, danach schneller auf das Doppelte von 1950 gewachsen. Von ihnen ist an erster Stelle die Obst- und Gemüseversteigerung Vorgebirge zu nennen, die 1970 in Centralmarkt Bonn-Roisdorf, 1995 in Centralmarkt Rheinland und 2002 in Centralmarkt Roisdorf umbenannt wurde und seit 2006 Landgard Obst und Gemüse GmbH/OHG heißt. Die Firma ist aus dem Zusammenschluss mit dem der N(iederrheinischen) B(lumen) V(erteilung) und U(nter) G(las) A(nbau) Straelen hervorgegangen und außer in Roisdorf in Meckenheim, Straelen und Glehn vertreten. Sie hat 2005 125 000 Tonnen Gemüse und 38 000 Tonnen Obst umgesetzt.

Meist auf der grünen Wiese sind Bau- und Verbrauchermärkte entstanden. Zurzeit bestehen außer dem Bauhaus in Roisdorf und dem Extra-Bau- und

Hobbymarkt in Waldorf sowie drei Baufachmärkten in Bornheim, Roisdorf und Sechtem insgesamt 17 Verbrauchermärkte zumeist in Bornheim, Roisdorf und Hersel, darunter die Firmen SB Möbel Boss und Porta in Roisdorf. Sie machen den kleineren Geschäften Konkurrenz, die sich seit dem ausgehenden 19. Jahrhundert vor allem in Bornheim an der Königstraße und abgeschwächt in den Kernen der größeren Orte angesiedelt haben. Mitte der 1970er-Jahre übertraf Bornheim an Geschäften die übrigen Ortsteile erheblich und dominierte vor allem bei den Geschäften für den gehobenen Bedarf. Allerdings haben Untersuchungen aus der Zeit um 1980 ergeben, dass das angestrebte Mittelzentrum zwischen Bornheim und Roisdorf nur von den Einwohnern der benachbarten Orte am Villerand zum Einkauf mittelfristiger Verbrauchsgüter und für die Dienstleistungen der freien Berufe angenommen wird. Die Bewohner der Rheinorte sowie von Sechtem und Walberberg suchen mehr die für sie leichter erreichbaren Städte Bonn, Brühl und Wesseling auf.

Der Porta-Markt im Gewerbegebiet zwischen Roisdorf und Hersel

Kreditwesen, öffentliche Verwaltung, freie Berufe und Fremdenverkehr

Das neue Gesundheitszentrum in Bornheim

Auf dem Kreditsektor teilen sich die Kreissparkasse Köln und die Volksbank Bonn Rhein-Sieg mit ihren je acht Filialen das Geschäft; daneben besteht eine Zweigstelle der VR Rhein-Sieg in Widdig. Niederlassungen der privaten Großbanken sucht man bis auf eine Vermögensberatungsstelle der Deutschen Bank in Bornheim vergebens.

Beim Komplex der öffentlichen Verwaltung fällt auf, dass es in der Stadt trotz der Nähe zur Bundeshauptstadt kaum bundesbedingte Einrichtungen gegeben hat. Bis zur Raumordnung 1969 gehörte die 1957 gegründete Politische Akademie der Konrad-Adenauer-Stiftung in Urfeld zur Gemeinde Hersel und damit zum Amt Bornheim; sie zog 1976 nach St. Augustin um. Später lagen auch nur zeitweise die Bundesgeschäftsstelle der Grünen im Haus Wittgenstein in Roisdorf und die ständige Vertretung der DDR in Hersel im Stadtgebiet. Der Rhein-Sieg-Kreis unterhält in Roisdorf eine Erziehungs- und Familienberatungsstelle.

Am deutlichsten wird der Wandel von einer überwiegend ländlichen Struktur zu einer urbanen Lebensform auf dem Sektor der freien Berufe und vergleichbarer Unternehmen. Die Zahl der Ärzte hat sich von 1930 bis 2005 versechsfacht, darunter 23 Fachärzte, die es 1930 noch gar nicht gab. Die Zahnärzte haben sich im gleichen Zeitraum von zwei auf 22 und die der Apotheken von zwei auf neun erhöht. Dazu kommen jetzt Heilpraktiker, Psychologen, Optiker sowie zahlreiche Physiotherapeuten und Krankengymnasten. Noch deutlicher wird der Wandel auf den Berufsfeldern, die bis in die 1930er-Jahre überhaupt nicht in der heutigen Stadt vertreten waren wie Rechtsanwälte, Steuerberater, Architekten, Immobilien- und Ingenieurbüros, Handelsvertreter, Reisebüros, Sachverständige, Versicherungsagenturen, Hausverwaltungen, Dolmetscher, um nur die wichtigeren zu nennen. Dabei zeichnet sich deutlich eine Konzentration auf Bornheim ab. Die übrigen Orte gehen dabei bis auf die kleinen wie Uedorf oder Rösberg keineswegs leer aus.

Im Fremdenverkehr haben vor allem Art und Größe der Unternehmen zugenommen. Während sich die Zahl der Gaststätten gegenüber 1930 nicht verändert hat, stehen jetzt zusätzlich acht Hotels, vier Cafés und fünf Imbisstuben im Branchenverzeichnis, darunter viele mit ausländischer Küche. Die Zahl der Übernachtungsbetriebe hat sich zwischen 1972 bis 2004 nur leicht erhöht, die der Betten ist dagegen vom 118 auf 442 fast um das Vierfache gestiegen.

Autobahn, Straßennetz, Nahverkehr und Königstraße: der Verkehr in Bornheim

Voraussetzung für eine florierende Wirtschaft ist ein leistungsfähiges Verkehrsnetz. Nach 1950 wurde die Autobahn mehrfach erweitert und überholt. Dass sich im Stadtgebiet für die Autobahn keine Ausfahrt befand, hatte bis 2003 zur Folge, dass Bornheim von der Autobahn nur über weite Umwege erreichbar war. Die Ausfahrt zwischen Hersel und Roisdorf konnte erst nach langen Auseinandersetzungen mit der Stadt Bonn eröffnet werden. Sie kommt vor allem dem Centralmarkt sowie dem Gewerbepark Bornheim-Süd und Hersel zugute.

Die **Königstraße** in Bornheim ist immer noch durch starken Durchgangsverkehr belastet

Ein bisher ungelöstes Problem ist der starke Durchgangsverkehr durch Bornheim mit seiner engen Geschäftsstraße, der Königstraße. Nach dem 2004 beschlossenen »Integrierten Handlungskonzept Königstraße« soll neben der kleinen Umgehung über den Apostelpfad die weitläufige Umgehung über die L 183 n zur Brühler Straße südlich von Roisdorf fertiggestellt und die Königstraße durch eine Einbahnregelung und andere Baumaßnahmen wie Verbreiterung der Bürgersteige und Verbesserung der Radwegführung vom Durchgangsverkehr entlastet werden. Ein weiteres Verkehrshindernis, der schienengleiche Überweg der Herseler Straße, konnte durch eine Unterführung 1992 entschärft werden. Einer Entlastung der Brühl-Bonner Landstraße dient auch der bahnparallele Gemüseweg zum Centralmarkt.

Das gesamte Straßennetz im Stadtgebiet hat sich von 1950 bis 2004 mehr als verdreifacht. Die Zahl der Kraftfahrzeuge ist bis Ausgang der 1980er-Jahre nicht festzustellen, da die Angaben nur auf Kreisebene erhoben wurden; von 1989 bis 2004 erhöhte sich die Zahl der zugelassenen Kraftfahrzeuge von rund 20 000 auf knapp 30 000.

Bei den öffentlichen Verkehrsmitteln hat es seit 1950 bis auf die Einführung des Anruf-Sammel-Taxis 1997 keine durchgreifenden Veränderungen ergeben. Die vorhandenen Eisenbahn-, Straßenbahn- und Busverbindungen sind 1986 im Verkehrverbund Rhein-Sieg zusammengeschlossen worden. Die Elektrifizierung der Bundesbahnstrecke Mitte der 1950er-Jahre sowie in letzter Zeit die Taktverdichtung der Vorgebirgsbahn und die Einrichtung einer neuen Haltestelle Bornheim-Rathaus trägt den steigenden und veränderten Bedürfnissen Rechnung; die Vorgebirgsbahn verkehrt zwischen den Stationen Alfter und Roisdorf-West seit Kurzem zweigleisig. Die Benutzung des Schienenverkehrs wird durch den Ausbau der Park-and-Ride-Plätze erleichtert.

Neue Buslinien sind nur für die Schüler eingerichtet worden, eine Folge der Konzentration vor allem der Grund- und Hauptschulen. Der Verkehr zwischen Hersel, Sechtem und den übrigen Ortsteilen an und auf der Ville wird auch jetzt wie seit den dreißiger Jahren nur von einer Linie, allerdings mit etwas erhöhtem Angebot wahrgenommen. Offenbar ist das Fahrgastaufkommen auf dieser Linie trotz aller Klagen über die schlechte Verbindung zwischen den Rheinorten, Sechtem und den übrigen Ortsteilen nur gering. Die übrigen Omnibuslinien dienen trotz Verlängerung der Buslinie 633 von Alfter bis Roisdorf bzw. der Europaschule in Bornheim nicht so sehr dem innerstädtischen Verkehr, sondern stellen Verbindungen nach Südwesten dar.

Gewerbegebiete locken neue Firmen an: die Wirtschaftsförderung in Bornheim

Die wachsende Bedeutung von Gewerbe und Dienstleistungen ist nicht zuletzt wirtschaftsfördernden Maßnahmen der Verwaltung zu verdanken. Bereits vor 1969 wiesen die drei Gemeinden in den Flächennutzungsplänen Gebiete zur

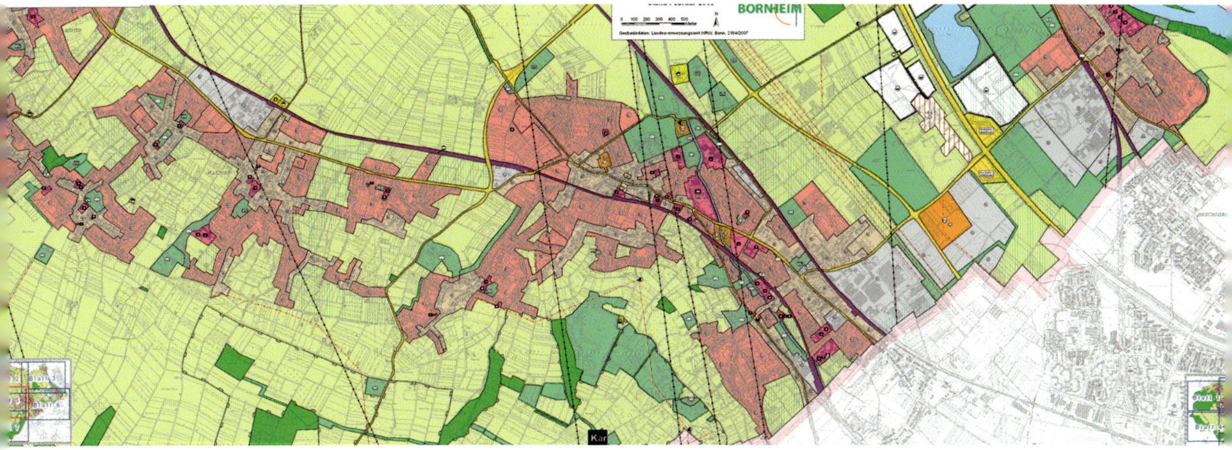

Ansiedlung von Gewerbe aus, weil das Gewerbesteuer-Aufkommen höher war als Abgaben vom Landbesitz. Dabei wurde die Ansiedlung von »rauch- und geruchsloser Industrie« angestrebt. Trotz der ersten Gewerbegebiete in Hersel und Waldorf waren die Erfolge bescheiden, weil die unbebauten Flächen als landwirtschaftliche Vorranggebiete unter Schutz standen.

Nach 1969 förderte die neue Großgemeinde die Gewerbeansiedlung weiter, zunächst aber mit begrenztem Erfolg. Das lag zum Teil an der konservativen Einstellung des Stadtrates, der bis in die 1990er-Jahre nur zögerlich den Anregungen der Verwaltung folgte. Immerhin diskutierte er 1981 über zu schaffende Gewerbegebiete in Sechtem und Hersel, um Arbeitsplätze in der Nähe der Wohnungen zu schaffen. Dabei stagnierte das vor der Raumordnung geplante Gewerbegebiet in Sechtem wegen der hohen Erschließungskosten.

Erst in den 1990er-Jahren wurden verstärkt Anstrengungen unternommen, um Betriebe anzusiedeln. Die Stadt erschloss 1992 mit Mitteln des Bundes, die dieser zum Ausgleich der Nachteile durch den Umzug von Parlament und Regierung nach Berlin gewährte, ein neues Gewerbegebiet in Sechtem, das gut von den Firmen angenommen wurde. Der Komplex am Hellenkreuz wurde 2005 abgeschlossen. Daneben wurden die Flächen zwischen dem Zentralmarkt in Roisdorf und der Autobahn als das Gewerbegebiet Bornheim-Süd ausgewiesen, übrigens gegen den Widerstand der Stadt Bonn. Seit 1996 vermarktet die von der Stadt sowie der Kreissparkasse Köln und der Volksbank Bonn Rhein-Sieg gegründete Wirtschaftsförderungs- und Entwicklungsgesellschaft die neu geschaffenen Gewerbeflächen. Ihr ist die Neuansiedlung von mehr als 100 Betrieben und 1 800 neuen Arbeitsplätzen zu verdanken. Die bedeutendsten Gewerbegebiete sind zurzeit Bornheim-Süd, Sechtem, Waldorf und Hersel. 2007 beschäftigten in der Stadt Bornheim 2 418 Unternehmen, 586 Handelsbetriebe und 95 Gaststätten mehr als 16 000 sozialversicherungspflichtige Arbeitnehmer.

Entwurf für die **Neuaufstellung des Flächennutzungsplanes** für Bornheim, 2008

Seit Ende 2005 sind die Wirtschafts- und Tourismusförderung in der Stadtverwaltung zu einem Fachbereich zusammengelegt. Er berät die vorhandenen und an einer Ansiedlung interessierten Unternehmen, fördert Neugründer und veranstaltet die Bornheimer Unternehmer- und Gründertage sowie einschlägige Seminare. Die Tourismusförderung erfolgt mit den anderen fünf linksrheinischen Kommunen des Kreises im neu gegründeten Verein Rhein-Voreifel-Touristik.

Gewerbliche Interessen werden nicht nur durch die Stadtverwaltung, sondern auch von Vereinen gewahrt, wie zum Beispiel durch den Gewerbeverein Bornheim von 1981, den Unternehmerkreis Bornheim oder dem Verein Bornheimer Spargelbauern von 2005.

Der »Verein Bornheimer Spargelbauer« fördert seit 2005 das Marketing für Bornheimer Spargel

Sozialstruktur

Die geschilderten Veränderungen der Wirtschaftsstruktur haben sich auch in der Sozialstruktur der Bewohner niedergeschlagen. Dominierten bis in die Mitte des 20. Jahrhunderts die Landwirte, insbesondere die Gemüsebauern, so herrschen jetzt mittelständische Gruppen vor, die im Handel, Gewerbe und in Dienstleistungsberufen tätig sind und ihren Arbeitsplatz nur zum Teil in der Stadt haben. Das zeigt sich im Stadtrat, dessen Vorsitzende bis 1989 mit einer kurzen Ausnahme Landwirte waren; jetzt sitzen nur noch zwei Bauern im Rat, der zuvor von ihnen dominiert wurde. Die Zahl der Arbeiter ist nur für 1950 überliefert; sie machten mit 5146 rund 45 Prozent der Erwerbstätigen aus. Heute ist ihre Zahl auf einen Bruchteil geschrumpft.

Lebendiges Miteinander: Kirchen und Konfessionen in Bornheim

Katholiken und Protestanten

Das heutige Stadtgebiet gehörte bis zum Ende des Zweiten Weltkrieges zu den nahezu rein katholischen Bezirken. Durch den Zustrom erst der Evakuierten, dann der Vertriebenen und schließlich die bundesbedingte Zuwanderung hat sich das erheblich verändert. Von 1925 bis 1970 hat sich der Anteil der Protestanten in der Gemeinde Hersel auf fast ein Fünftel, in den Gemeinden Bornheim und Sechtem auf ein Siebentel erhöht. Für die Gegenwart liegen keine Werte für die Ortsteile vor; auf die Gesamtstadt bezogen ist der Anteil der Katholiken seit 1970 von 81 Prozent auf 58,6 Prozent zurückgegangen, der der Protestanten leicht von 15,2 auf 17,0 gestiegen. Der größte Zuwachs zeigt sich bei den Personen, die nicht den beiden großen christlichen Konfessionen angehören und die sich von 3,8 auf 23,5 Prozent erhöht haben. Hier handelt es sich einmal um Muslime und Andersgläubige, die sich vorwiegend unter den 2794 Ausländern finden; vor allem aber sind hier diejenigen erfasst, die den Kirchen den Rücken gekehrt haben.

Katholisches Leben in Bornheim

Gleichzeitig mit dem Zusammenschluss zur Großgemeinde Bornheim 1969 hat die katholische Kirche ihre Grenzen denen der Kommunen angepasst. Seitdem besteht das Dekanat Bornheim mit den Pfarreien Bornheim, Brenig, Dersdorf – seit 1963 selbstständige Pfarrei –, Hemmerich, Hersel, Kardorf, Merten, Rösberg, Sechtem, Walberberg, Waldorf und Widdig sowie den Pfarreien in Alfter. Der Priestermangel hat in jüngster Zeit dazu geführt, dass die Gemeinden Bornheim, Brenig, Hersel, Roisdorf und Widdig sowie Dersdorf, Hemmerich, Kardorf, Merten, Rösberg, Sechtem, Walberberg und Waldorf zu zwei Pfarrverbänden zusammengeschlossen sind.

Die Bautätigkeit der katholischen Kirche richtete sich in erster Linie auf die Errichtung von Pfarr- und Jugendheimen, um den wachsenden Ansprüchen der Gläubigen an die Gemeinde- und Jugendpflege zu genügen. Ein weiterer Schwerpunkt der Gemeindearbeit ist die Fürsorge für die Alten und Kranken. Ihr dient die 1985 gegründete »Aktion Krankenhilfe St. Martin«, die sich der Schwerstkranken und Sterbenden annimmt. In Merten wird die Rehabilitationsklinik »Zur Heiligen Familie« von der Gemeinschaft der Franziskanerinnen in Olpe getragen. Das Kloster Maria Hilf in Bornheim ist nur noch Altenheim und von der

Das **Krankenhaus Heilige Familie** in Merten

Das **Dominikanerkloster Walberberg** mit den Ausbauten der 1950er-Jahre

Königstraße in die Brunnenstraße umgezogen. Das Wendelinushaus in Sechtem musste bereits 1955 von den Franziskanerinnen verlassen werden. Im St. Josefshaus in Waldorf ist jetzt ein Kindergarten untergebracht. Das Stadtteilbüro Bornheim des katholischen Jugendwerks Rhein-Sieg kümmert sich um die Benachteiligten wie zum Beispiel die ausländischen Bewohner des »Bunten Viertels« an der Herderstraße.

Über die Stadt hinaus bekannt ist die Niederlassung der Dominikaner in Walberberg. Sie wurde 1952 bis 1958 durch eine Aula und Bibliothek erweitert, um den Anforderungen des 1954 gegründeten Bildungsinstituts mit seinen Kursen und Seminaren in Theologie, Kultur, Kunst, Philosophie und Kreativem Gestalten genügen zu können. 1975 musste aus Nachwuchsmangel die Ordenshochschule aufgegeben werden. Das Provinzialkapitel der Dominikanerprovinz Teutonia beschloss 2006, Kloster, Tagungsstätte und Institut bis zum Jahre 2007 aufzuheben. Die große Bedeutung des Klosters Walberberg liegt in seiner sozialpolitischen Ausstrahlungskraft, insbesondere dem Bemühen um einen Ausgleich zwischen Arbeitgeber- und Arbeitnehmerinteressen, einer Aufgabe, die in den Anfangsjahren der Bundesrepublik wichtig war und durch die Folgen der Globalisierung wieder stärker aktuell geworden ist.

Die Prozessionen, Wallfahrten und Missionen spielen auch heute in der Öffentlichkeit eine Rolle. So hat sich die Zahl der Teilnehmer an der Trierwallfahrt der St.-Matthias-Bruderschaft Waldorf seit 1960 mehr als verzehnfacht. Die kirchlichen Vereine standen in den sechziger Jahren etwa auf dem gleichen Mitgliederniveau wie um 1930. Vor allem die alteingesessene Bevölkerung beteiligt sich an ihren Festen und Gebräuchen. Es gab Neubildungen wie die St.-Wendelinusbruderschaft, Wiederbelebungen wie die der katholischen Frauengemeinschaft in Sechtem und Wiederaufleben von kirchlichen Bräuchen wie der Wallfahrt zur »Rosa Mystica« von Roisdorf nach Buschhoven oder die vielerorts wieder aufgenommene Kräutersegnung an Mariae Himmelfahrt. Andere kirchliche Bräuche wie das Beiern und Bammschlagen der Kirchenglocken erfolgten auch aus Motiven der Traditionswahrung.

Harmonisch eingelebt: die evangelische Kirche

Die **evangelische Dreieinigkeitskirche** in Hersel wurde 1961 errichtet

Entsprechend dem Wachstum der Gemeinde wurde die Errichtung eigener evangelischer Kirchen zu einer Notwendigkeit. Ab 1960 konnten sie zunächst in Urfeld und Hersel in Gebrauch genommen werden. Der aus dem Osten vertriebene Pfarrer Przygodda in Hersel übernahm 1954 die zweite Pfarrstelle Bornheim, aus der 1963 eine eigene Gemeinde Hersel entstand. Zu ihr gehören Buschdorf, Uedorf, Widdig, Urfeld (bis 1972) und Sechtem. Die Gemeinde Bornheim erhielt 1983 eine neue zweite Pfarrstelle in Hemmerich für die Ortsteile Dersdorf, Waldorf, Kardorf, Hemmerich, Rösberg und Merten. Im gleichen Jahr wurde die zwei Jahre zuvor eingerichtete dritte Pfarrstelle für Heimerzheim von der Gemeinde Bornheim als eigene Gemeinde abgetrennt. Eine neue dritte Pfarrstelle für Alfter wurde 1999 geschaffen. Die evangelische Kirche in Walberberg gehört zur Gemeinde Brühl. Die Evangelische Freikirche besitzt seit 2002 ein Gemeindezentrum in Roisdorf.

Juden und Muslime

Die jüdische Gemeinde Bornheim ist durch den Holocaust untergegangen. Nach der letzten Statistik leben nur vier Israeliten in der Stadt, zu wenig, um eine eigene Gemeinde bilden zu können. Die Stadt hat durch Denkmäler, Erinnerungstafeln, »Stolpersteine«, Ausstellungen und Publikationen wie das Buch über die jüdischen Friedhöfe in Bornheim, Hersel und Walberberg die Erinnerung an die ehemaligen jüdischen Mitbürger und ihr schweres Schicksal wachgehalten.

Die zahlreichen Muslime haben bisher im Stadtgebiet keine eigene Gottesdienststätte einrichten können.

Wachsender Bedarf: Schulen in Bornheim

Von der Volks- zur Grund- und Hauptschule

Nach dem Zweiten Weltkrieg war der konfessionelle Charakter der Volksschulen wiederhergestellt worden. Entsprechend der dominierenden Konfession gab es im Stadtgebiet bis dahin nur katholische Volksschulen. Zu der 1947 in Bornheim errichteten traten weitere evangelische Volksschulen in Sechtem (zugleich für Merten, Rösberg und Walberberg), Hersel, Merten und in Uedorf, das bis dahin ohne Volksschule war. Auf diese Weise erhöhte sich die Zahl der Elementarschulen von 13 (1933) auf 15 (1950) bzw. 19 (1960). Die Schülerzahlen stiegen 1950 gegenüber 1933 auf das Anderthalbfache und gingen trotz steigender Einwohnerzahlen in den beiden folgenden Jahrzehnten leicht zurück.

Die Franziskus-Hauptschule Merten mit Schulhof und Haupteingang, links und rechts Gebäude mit Klassenräumen

Die Schulreform von 1968 wollte die nur aus einer oder wenigen Klassen bestehenden »Zwergschulen« beseitigen und teilte die Volksschulen ein in die Grundschulen mit den ersten vier Jahrgängen und die Hauptschulen für die Klassen 5 bis 8, später auch 9 und 10. Über die Frage der konfessionellen Festlegung kam es in mehreren Orten zu Auseinandersetzungen mit dem Ergebnis, dass katholische Grundschulen in Bornheim, Brenig, Hemmerich, Roisdorf, Merten, Walberberg und Widdig, Gemeinschaftsschulen in Waldorf, Sechtem, Rösberg und Hersel eingerichtet wurden; die evangelische Schule Uedorf wurde geschlossen. Das Schicksal der Schließung ereilte die Grundschulen in Brenig, Hemmerich und Widdig Anfang der 1970er-Jahre. Die verbleibenden acht Grundschulen haben Bestand: Ihre Schülerzahl ging bis 1987 zunächst durch die zurückgehende Geburtenrate zurück, hat sich dann aber dank des hohen Zuzugs über den Bestand von 1950 erhöht. Ab dem Schuljahr 2007/08 werden alle Grundschulen als Offene Ganztagsschulen geführt.

1970 bestanden vier Hauptschulen in Bornheim, Merten, Waldorf und Hersel. Sie sind bis 2000 in dem Neubau der Franziskus-Schule in Merten zusammengeführt worden. Die Schülerzahlen wiesen in den 1980er-Jahren einen Einbruch auf wenig mehr als ein Drittel auf, sind aber seit der Jahrtausendwende leicht gestiegen.

Nach Schließung der evangelischen Volksschule in Uedorf wurde dort die Sonderschule für Lernbehinderte untergebracht. Da ihre Schülerzahl zurückging, wurde sie im Jahre 2000 mit der neu gegründeten Schule für sprachgestörte Kinder als Verbundschule zusammengelegt.

Das Alexander-von-Humboldt-Gymnasium (AvH) wurde 2003 gegründet

Weiterführende Schulen in Bornheim

Die weiterführenden Schulen waren bis nach dem Zweiten Weltkrieg private Lehranstalten. Zu der 1947 in Bornheim eröffneten kommunalen Realschule trat eine zweite für Mädchen, die die Ursulinen 1963 in Hersel errichteten. Die Schülerzahlen der Realschule in Bornheim gingen Ende der 1980er-Jahre auf unter 100 Schüler zurück, sodass die Schließung drohte. Die Krise wurde dadurch überwunden, dass 1989 nach langen politischen Auseinandersetzungen die Realschule in eine Gesamtschule überführt wurde, die sich dank tüchtiger Leitung als »Europaschule« sehr gut entwickelte. Neben sie trat im Jahre 2003 das Städtische Alexander-von-Humboldt-Gymnasium (AvH), um dem wachsenden Bedarf an gymnasialer Bildung genügen zu können. Das traditionsreiche Gymnasium in Hersel wird von vielen Mädchen aus dem benachbarten Bonn besucht, das in seinen nördlichen Stadtteilen über kein Mädchengymnasium verfügt. Es ging 2001 in die Trägerschaft des Erzbistums Köln über. Die private Waldorfschule, 1971 in Roisdorf gegründet, verlegte 1984 ihren Sitz in das Gebäude der Hauptschule »An der Düne« in Bonn-Tannenbusch.

Die Herseler Ursulinenschule

Nach 1950 haben wachsende Schülerzahlen, zerstörte oder veraltete Schulgebäude sowie die steigenden Anforderungen an Schulbauten zu einer Vielzahl von Neubauten geführt. Den Anfang machten die Volksschulen: Allein von 1950 bis 1970 wurden für sie 27 Neubauten mit 101 Klassenräumen sowie acht Turnhallen errichtet. In den 1970er-Jahren wurde vor allem das Schulzentrum für die Hauptschule und die Realschule in Bornheim fertiggestellt. In letzter Zeit wurden grö-

Eingangsbereich der Bornheimer Europaschule

ßere Komplexe für die Hauptschule in Merten sowie die Europaschule und das neue Gymnasium in Bornheim eingeweiht. Daneben mussten einzelne Grundschulen wie 1998 in Rösberg und 2000 in Sechtem wegen der vielen Neubürger erweitert werden. Die Bauten mit ihren Einrichtungen und Unterhaltungskosten belasteten den Stadtsäckel erheblich. Allein zwischen 1995 und 2004 hat die Stadt für ihre Schulen 58 Millionen Euro ausgegeben, von denen nur 14 Millionen durch Zuschüsse des Landes gedeckt waren.

Lebendig und vielfältig: Vereine und Geselligkeit

Das im 19. Jahrhundert aufblühende Vereinsleben hatte eine wichtige Funktion. Es brachte in das eher eintönige Dorfleben Bewegung und Farbe und stärkte durch gesellschaftliche Ereignisse wie Stiftungsfeste, Bälle usw. das Zusammengehörigkeitsgefühl der Bewohner. Im Medienzeitalter ist die gesellige Funktion etwas zurückgetreten. Neben sie sind, wie gezeigt, wichtige Aufgaben getreten, sei es, dass Vereine wesentliche Bereiche wie das Kulturleben oder die Feuer-

Das Hemmericher Maikönigspaar des Jahres 1964

sicherheit tragen, dem Willen der Bevölkerung wie in den Auseinandersetzungen um den Quarzsandabbau Geltung verschaffen, im Bereich des Sports aktiv zur Gesundheit der Bevölkerung beitragen oder das Heimatgefühl stärken. Die Vereine spielen also auch unter den veränderten Verhältnissen unserer Zeit im Leben der Stadt eine wichtige, nicht zu ersetzende Rolle.

Vereine als Träger von Kultur und Kunst

Wichtiger Träger des kulturellen und geselligen Lebens in der Stadt sind die mehr als 200 Vereine. Ihnen ist, wie bereits angedeutet, der Bereich der Kultur weitgehend vorbehalten. Das Kulturforum e. V. bemüht sich, die Aktivitäten der vielen Vereine in Bornheim wie auch das große Kulturangebot der benachbarten Städte Köln, Bonn und Brühl durch eigene Veranstaltungen vor Ort wie Konzerte und Lesungen zu ergänzen. Die Theatervereine Sechtem von 1946 und Dersdorf von 1947 haben zwar die Währungsreform nur wenige Jahre überdauert, aber es haben sich in den beiden letzten Jahrzehnten neue Theatergruppen gebildet wie 1987 in Sechtem oder der Theaterverein »Edelweiß« in Hersel/Uedorf. Außer den traditionsreichen Kirchenchören und Männergesangsvereinen treten neu gegründete Instrumentalgruppen wie das Dersdorfer Tambourkorps von 1946, die Vorgebirgsmusikanten von 1984 oder das Mundharmonikaorchester »MuMA 85« auf. Dieses Orchester kam sogar 1998 in das Guinnessbuch der Rekorde durch ein von 200 Grundschülern gespieltes Weihnachtslied. Achtzehn Chöre und Musikvereine gestalteten 1981 die Schallplatte »Musikalische Schlagzeilen aus der Stadt Bornheim«. Die von der Stadt organisierten musikalischen Frühschoppen in allen Ortsteilen wurden 1988 von Vereinen übernommen; sie sind außer in Rösberg inzwischen in den Dorf- oder Straßenfesten bzw. in den »Tagen der offenen Tür« aufgegangen.

Im Bereich der Kunst bildeten einige Hobby-Künstler 1989 die Kreative Gruppe, die mit Ausstellungen »Quer durch das Kunsthandwerk« jährlich an die Öffentlichkeit tritt. Der Künstlerkreis Vorgebirge veranstaltet ebenfalls Ausstellungen. Schwerpunkte der bildenden Künste befinden sich vor allem in Merten und in Roisdorf.

Der Bildhauer Walter Schoneweg (1907 – 1995)

Der Berliner Bildhauer Walter Schoneweg ließ sich nach dem Zusammenbruch des Dritten Reiches in Bornheim nieder und hat hier bis zu seinem Lebensende gewohnt und geschaffen. Von ihm stammen viele Kunstwerke im Stadtgebiet wie in der näheren und weiteren Umgebung, darunter der hl. Martin an der Münsterschule in Bonn, die Ausgestaltung des Treppenhauses der katholischen Volksschule Roisdorf, Altar und Kanzel in der Versöhnungskirche Bornheim, Altar und Kanzel in der evangelischen Kirche Hemmerich, Kreuz und Wandbild in der Friedhofskapelle Bornheim, Kriegerdenkmal für die gefallenen Obst- und Gemüsebauschüler Roisdorf.

Rhein-Sieg-Kreis

Dorfplatz soll nach Heinrich Böll benannt werde

Kölns Flaggen wehen auf Halbmas

ANSTURM AUF BÖLLS WERKE IN ALLEN BUCHHANDLUNGEN

Heinrich Böll (1917 – 1985)

Heinrich Böll, weltbekannter Schriftsteller und Träger des Nobelpreises für Literatur, war in seinen letzten Lebensjahren Bürger der Stadt Bornheim. Geboren am 21. Dezember 1917 in Köln, begann er nach der Rückkehr aus der Kriegsgefangenschaft zu schreiben und erlangte schnell öffentliche Anerkennung. Seine zahlreichen Romane, Erzählungen, Satiren, Hörspiele, Filme und Gedichte beschäftigen sich kritisch mit den Verhältnissen im Nachkriegsdeutschland, wenden sich gegen Macht, Anmaßung und verschleppte Schuld und widmen sich mit »Vorliebe« den Verhältnissen der »kleinen Leute«. Als politisch wirkender Publizist engagierte er sich für die außerparlamentarische Opposition, gegen die Notstandsgesetzgebung, für die Ostpolitik Willy Brandts und die Friedensbewegung. 1982 zog er, weil ihm sein Haus in Köln zu groß und zu laut geworden war, nach Merten in die Nachbarschaft seines Sohnes, blieb aber weiter schriftstellerisch tätig. Der Tod ereilte ihn unerwartet am 16. Juli 1985 in Langenbroich/Eifel. Heinrich Böll wurde in Anwesenheit von Bundespräsident Richard von Weizsäcker und unter großer Beteiligung der Bevölkerung auf dem Alten Friedhof in Merten beigesetzt.

Heinrich Böll in Bornheim beigesetzt

Vereine schützen die Landschaft und erkunden die Heimat

Landschaftsschutz und Heimatkunde sind ebenfalls hauptsächlich Sache von Vereinen. Der Landschaftsschutzverein Vorgebirge von 1975 zur Förderung von Umwelt-, Wasser- und Landschaftsschutz geht auf eine 1965 gegründete Bürgerinitiative gegen den Quarzabbau zurück. Dieses Problemfeld, in dem sich wirtschaftliche Interessen der Erhaltung der Umwelt gegenüberstehen, bewegt die Bürgerschaft in hohem Maße und hat angesichts der drohenden Gefahren dazu geführt, dass sich im Jahre 1999 der Landschaftsschutzverein Vorgebirge, die Interessengemeinschaft zur Abwehr der Gefahren des Quarzabbaus Brenig und die Ortsgruppe Bonn des Naturschutzbundes mit den Heimatvereinen zum Kuratorium »Rettet das Vorgebirge« zusammengeschlossen haben. Für den Naturschutz am Rheinufer setzt sich die Interessengemeinschaft Herseler Werth von 1991 ein. In diesem Zusammenhang ist auch die 2002 ins Leben gerufene Lokale Agenda zu nennen. Sie beschäftigt sich mit den Themen »Eine Welt«, »Soziales« und »Stadtbild« und setzt sich damit mit sozialen Fragen und Umweltproblemen nicht nur der eigenen Stadt auseinander.

Im Jahr 1975 entstand der Eifel- und Heimatverein Vorgebirge. Er konzentriert sich auf die Pflege von Heimatkunde, Denkmalschutz, Erschließung von Wanderwegen, Anlage von Obststreuwiesen, die der rationellen Wirtschaftsweise zum Opfer gefallen waren, Aufstellen von Gedenksteinen, Pflege der

Mundart und die Herausgabe der Bornheimer Beiträge zur Heimatkunde. Ähnliche Ziele setzt sich der aus einem 1991 gegründeten Arbeitskreis entstandene Verein der Heimatfreunde Roisdorf.

Gruppenbild der **ersten Damenfußballmannschaft** des Salia Sechtem, 1969

Vielfalt ist Trumpf: die Sportvereine in Bornheim

Die größte Gruppe unter den Vereinen bilden die rund 80 Sportvereine. In ihnen werden viele Sportarten betrieben, darunter am häufigsten Gymnastik bzw. Turnen in verschiedenen Spielarten, Schießen vor allem in den Schützenbruderschaften und Fußball. In allen Ortsteilen außer Dersdorf besteht mindestens ein Sport- und Spielverein. Die Tradition der Schützengesellschaften geht teilweise bis in die Mitte des 19. Jahrhunderts zurück. Bei den Sport- und Spielvereinen liegen die Gründungsdaten von Hersel vor 1914; die von Brenig, Widdig, Roisdorf, Bornheim, Merten, Rösberg und Walberberg gehen bis in die Jahre zwischen 1919 und 1930 zurück. Der Fußballverein Salia von 1923 in Sechtem gehörte zeitweise zur Bezirksklasse. Der Sportverein Vorgebirge entstand 1973 aus dem Zusammenschluss der Sportvereine Blau-Weiß-Hemmerich von 1923 und Adler Waldorf von 1926 und des Tischtennisclubs Kardorf von 1956. Die Basketballabteilung der Sportgemeinschaft Sechtem von 1973 spielt in der Bundesliga. Ein Reitverein Wolfshof besteht seit 1974 in Sechtem, ein Golfclub Römerhof seit 1996 in Brenig. Der Fischereiverein Hersel und der Wassersportverein Hersel feierten 2005 ihr 75-jähriges, der Yachtclub Hersel 1996 das 25-jährige Jubiläum.

Der Luftsportverein Vorgebirge konnte in den fünfziger Jahren seine Tätigkeit nach dem Kriege wiederaufnehmen und Flugtage veranstalten. Alle Vereine betreiben mit Erfolg intensive Jugendarbeit. Ihr Wirken wird von der Stadt durch den Ausbau von Sportplätzen, darunter dem Fußballstadion im Sportzentrum Bornheim, Bau von Sportheimen sowie durch Zuschüsse unterstützt.

Karneval und Straßenfeste: Geselligkeit in Bornheim

Zu den Veranstaltungen der traditionellen kirchlichen und geselligen Vereine sowie der freiwilligen Feuerwehren sind in den letzten Jahrzehnten Ortsteil- und Straßenfeste getreten. Einen hohen Rang im geselligen Leben der Stadt nimmt seit jeher der Karneval ein. Sitzungen vieler Vereine gab es schon vor dem Zweiten Weltkrieg. Heute gibt es rund 20 Karnevalsgesellschaften im Stadtgebiet, die in zahlreichen Ortschaften Karnevalszüge veranstalten. Die Stadt ergänzt dieses Programm um den jährlichen »Tollitätentreff« in Hersel. Dass allmählich zum dörflichen ein urbanes Lebensgefühl tritt, beweist zum Beispiel die Gründung eines Rotary-Clubs Bornheim im Jahre 2005.

Rathaussturm in Bornheim im Karneval 1955

Stadt Bornheim? – Stadt Bornheim!

Am Schluss dieses Kapitels stellt sich die Frage, ob Bornheim, wie von der Landesplanung vorgesehen, wirklich Stadt geworden ist. Bei der Beantwortung muss zunächst beachtet werden, dass sich der Begriff »Stadt«, der im Mittelalter mit Stadtmauer, besonderer Rechtsstellung der Bürger und Selbstregierung verbunden war, schon seit der frühen Neuzeit laufend gewandelt hat. Noch im 19. Jahrhundert trennten besondere Selbstverwaltungsrechte und bis 1875 unterschiedliche Besteuerung die Städte von den Landgemeinden; seit 1935 gilt für beide gleiches Recht. Von den Geografen wird seit 1930 die Zentralität als wichtiges Merkmal einer Stadt ins Spiel gebracht. In den Augen der Öffentlichkeit heben sich Städte durch ihre geschlossene Bebauung vom übrigen Land ab.

In dieser Hinsicht besteht für Bornheim ein Manko, und es wird auf absehbare Zeit weiter bestehen. Das liegt daran, dass das heutige Stadtgebiet bis über die Mitte des 20. Jahrhunderts hinaus eine von Landwirtschaft geprägte Kleinregion war und nach den bestehenden Planungen weiterhin die größten Flächen der Landwirtschaft vorbehalten sind. Eine geschlossene Bebauung ist daher nicht möglich. Selbst der Absicht, zwischen Roisdorf und Bornheim einen zentralen Bereich zu schaffen, ist bisher kein voller Erfolg beschieden, einmal, weil zugunsten der Geschäfte in der Bornheimer Königstraße auf das geplante Mischkerngebiet mit großen Ladenflächen verzichtet wurde, zum Zweiten, weil sich herausgestellt hat, dass die Bewohner der Rheinorte stärker nach Bonn bzw. Wesseling, die Sechtems und Walberbergs nach Brühl ausgerichtet sind. Und es scheint, dass sich daran auch in absehbarer Zeit nichts ändern wird.

Es stellt sich aber die Frage, ob geschlossene Bebauung oder Einkaufsverhalten entscheidende oder auch nur wichtigste Kriterien für das Vorhandensein einer Stadt sind. In den Augen der Planer ist das vielmehr das Vorhandensein von Lebensbedingungen, wie sie traditionell von Städten geboten werden. Diesen Unterschied zwischen Stadt und Land auszugleichen, war, wie gezeigt, ein wichtiges Anliegen der Landesplanung seit den 1960er-Jahren: »Das alte Schema von Stadt und Land ist überholt« (Isbary, 1964). Das Ziel, städtische Lebensqualität zu erzielen, ist aber, nicht zuletzt dank der Anstrengungen von Rat und Verwaltung, in Bornheim erreicht worden. Insofern kann es sich zu Recht »Stadt« nennen.

Ein entscheidendes Moment, das Lebensgefühl der Einwohner, kommt hinzu: So wie das rheinische oder westfälische Bewusstsein nicht auf die Zeit vor 1794 mit den vielen Territorien zurückgeht, sondern sich erst nach 1815 durch die preußischen Provinzen ausgebildet hat, so haben die Einwohner der 14 Dörfer seit 1981 begonnen, sich neben der Zugehörigkeit zu ihrem Ort als Bürger der Stadt Bornheim zu fühlen.

Das **Bornheimer Rathaus** heute

Die Einwohnerentwicklung im Bereich der heutigen Stadt 1817- 2005

	1817	1852	1871	1885	1905	1925	1933	1939	1946	1950	1961	1971	1987	2005
Bornheim-Brenig	1289	2193	2464	2693	3145	3706	4053				5204	5543	7400	10263
Bornheim, Ort											4071	4244	5609	7895
Brenig, Ort											1133	1299	1791	2368
Kardorf-Hemmerich	584	791	808	777	1051	1097	1199				1617	1904	2561	3295
Kardorf, Ort											783	935	1233	1795
Hemmerich, Ort											887	969	1328	1500
Dersdorf[1]											481	547	750	1214
Roisdorf	437	672	993	1119	1750	2134	2229				3025	3183	3743	5857
Waldorf	789	1012	1053	1005	1290	1527	1702				2051	2412	2731	3314
Bgm. Waldorf[2]	**3099**	**4668**	**5315**	**5594**	**7236**	**8464**	**9183**	**9301**	**11069**	**11426**	**12377**			
Hersel	600	1124	1197	1169	1444	1603	1654				3077	3708	3449	4560
Uedorf	60	95	89	101	107	137	136				642	815	858	948
Widdig	330	524	493	502	480	562	612				1043	1433	1554	1854
Bgm. Hersel[3]	**990**	**1743**	**1779**	**1777**	**2031**	**2307**	**2402**	**3742**	**4857**	**4879**	**6749**			
Sechtem	617	937	897	1029	1161	1495	1653				2517	3125	3397	5313
Merten	788	1134	1151	1264	1743	2007	2062				2914	3539	4434	5623
Rösberg	462	635	656	677	716	777	831				929	946	1287	1488
Walberberg	996	1214	1173	1205	1451	1775	1925				2810	3406	3964	4827
Bgm. Sechtem[4]	**2863**	**3920**	**3880**	**4115**	**5071**	**6054**	**6471**	**6443**	**7723**	**8155**	**9136**			
Heutige Stadt[5]	6952	10331	10974	11486	14338	16121	18056	19486	23649	24460	28826	31047	36136	48596
Katholiken											20311	24012	25159	28252
Evangelische											23755	4439	4707	8658
Andere Konfessionen											318	375	887	9370
Ausländer											167	307	1163	2794

[1] Bis 1933 in den Einwohnerzahlen von Waldorf enthalten / [2] Ab 1935 neugebildete Gemeinde Bornheim / [3] Bis 1925 ohne die zugehörigen Gemeinden Keldenich, Urfeld und Wesseling; 1933-1961 die 1935 gebildete Gemeinde Hersel einschließlich dem 1969 nach Wesseling umgemeindeten Urfeld / [4] Ab 1935 neugebildete Gemeinde Sechtem / [5] 1933-1969 einschließlich dem 1969 nach Wesseling umgemeindeten Urfeld.

Ergebnisse der Wahlen für die Amtsvertretung sowie den Gemeinde- bzw. Stadtrat Bornheim 1946-2004 (in %)

Parteien	1946	1948	1952	1956	1961	1964	1969	1975	1979	1984	1989	1994	1999	2004
CDU	87,5	64	67	63	74	58	65	64	60	55	51	54	52	44,6
SPD	12,5	36	33	30	23	27	27	29	33	29	31	33	25	26,8
FDP				7	3	3		7	7	7	7		2	5,7
UBG						12	8							
Grüne / Bündnis 90										9	11	13	9	11,2
UWG / Forum													12	11,6

Die Bürgermeister und Hauptgemeindebeamten

a) Die Bürgermeister der Bürgermeistereien bzw. seit 1927 Ämter bis 1935

Die Maire bzw. Bürgermeister der Bürgermeisterei Waldorf (ab 1934 Bornheim)
Burgherr Max Friedrich Freiherr von Walbott *1800-1806*
Rentmeister Jakob Meurer *1806-1832*
Burgherr Karl Freiherr von Nordeck *1832-1837*
Burgherr Gerhard Freiherr von Carnap *1837-1861*
Burgherr Heinrich Graf von Boos-Waldeck 1861-1864
Fabrikant Franz Witthof *1864-1870*
Gutsbesitzer Hellmuth Freiherr von Carnap *1870-1880*
Sekretär Anton Dengler *1880-1888*
Kreissekretär Franz Breuer *1888-1923*
Beigeordneter Heinrich Ditz *1923-1933*
Werkstudent Paul Henter *1933-1935* *(kommissarisch)*
Regierungsreferendar Siepen *1935* *(kommissarisch)*

Die Maire bzw. Bürgermeister der Bürgermeisterei Hersel
Gutsbesitzer Peter Joseph Schmitz *1800-1821*
Rentier Maximilian Freiherr von Geyr zu Schweppenburg *1821-1850*
Gutsbesitzer Peter Joseph Klein *1850-1863*
Gutsbesitzer Franz Horster *1864-1869*
Sekretär Peter Joseph Klein *1869-1913*
Bürgermeister Max Berlage *1913-1918*
Verwaltungsbeamter Karl Hasse *1918-1924*
Bürgermeister Joseph Mathie *1924-1932*

Die Maire bzw. Bürgermeister der Bürgermeisterei Sechtem
Landwirt Peter Bollig *1800-1827*
Geschäftsmann Adolf Strick *1827-1842*
Landwirt Klemens Müller *1842-1849*
Bürgermeister August Grothe *1849-1851*
Landwirt Gottfried Viktor Commer *1851-1885*
Burgherr Hugo Freiherr von Weichs *1885-1918*
Burgherr Franz von Kempis *1918-1924*
Kreissekretär Franz Schöneberger *1924-1931*
Bürgermeister Heinrich Ditz (Waldorf) *1931-1933*
Werkstudent Paul Henter *1933-1935* *(kommissarisch)*
Regierungsreferendar Siepen *1935* *(kommissarisch)*

b) Die Bürgermeister des Amtes (1935-1969), der Gemeinde (1969-1981) bzw. Stadt Bornheim
Regierungsreferendar Siepen *1935* *(kommissarisch)*
Regierungsreferendar Nellen *1936* *(kommissarisch)*
Regierungsreferendar Korten *1935-1936* *(kommissarisch)*
Kaufm. Angestellter Fritz Hammer *1936-1945*
Burgherr Günther von Diergardt *1945* *(kommissarisch)*
Rudolf Kentenich *1945-1946 (kommissarisch)*
Landwirt Wilhelm Schmitz *1946-1948*
Landwirt Hubert Schäfer *1948-1969*
Rechtsanwalt Friedhelm Hüppe *1969-1970*
Landwirt Heinz Dahlmann *1970-1988*
Kaufmann Wilfried Henseler *1988-2004*
Verwaltungsbeamter Wolfgang Henseler *seit 2004*

c) Die Hauptgemeindebeamten: Amts-, Gemeinde- bzw. Stadtdirektoren von Bornheim
Kreisinspektor Hans Dietz *1947-1970*
Rechtsanwalt Friedhelm Hüppe *1970-1990*
Rechtsanwalt Hans Jürgen Ahlers *1990-1998*

Abbildungsnachweis

Amt für Denkmalpflege Brauweiler *165* / Archiv des Rhein-Sieg-Kreises *51 u, 52 o, 155, 158* / Weichs, Archiv von Burg Rösberg *38, 51 o, 52* / Bachem-Bildarchiv *28, 29, 35, 66, 76* / Beuse, Peter *194* / Blumenthal, Walter *156 u* / Boecker, Robert *42, 99, 115 o, 168, 181, 183, 188, 189, 190, 191, 196, 197, 201, 203, 204, 205, 206 o, 211* / Breuer, Ralf Wilhelm *68 u, 77 o u. r, 140 u, 144 u, 151 r, 152, 160 o u. u, 164* / Bursch, Horst *6, 27 u, 40, 41, 42 u, 43 o u. u, 50, 54, 58, 60 o, 61, 62, 63, 70, 78 u, 84, 90, 91, 94 u, 96, 97, 105 o u. u, 104, 106 , 107 u, 111, 113 l u, 114 u, 115 u, 118 u , 124, 125 o, 127, 138, 140 o, 141 o, 142 o, 143 u, 145, 160/61* / Clemen, Paul *42 o, 95* / Dederichs, Erwin *47 m* / Dietz, Josef *63* / Engels, Christian *147 o* / Eßer, Albert *146, 147, 150* / Ev. Gemeinde Bornheim *119, 141* / Gierlich, Ernst *16, 44, 79* / Greve, Klaus *25* / Grunert, Jörg *13* / Hartstein, Eduart *Vorsatz vorn* / Hennekeuser, Heinrich *53 u* / Hermann, Willi *191, 207, 208* / Historisches Archiv der Stadt Köln *34, 45* / Honnen, Jakob *121* / Jeiter, Michael *55, 110* / Landgard (Obst- und Gemüsemarkt Roisdorf) *107 o, 139 o* / Loeb, Joseph (Nachlass) *156* / Lowey, Jakob *48 o, 49* / Offermann, Heinz *133* / Palm, Leo *200* / Pesch, Rudolf *112 o* / Pfarrarchiv Sechtem *124 u* / Pfarrei St. Walburga, Walberberg *163* / Reiss-Engelhorn- Museum, Mannheim, Archäologische Sammlungen, Foto Jean Christen *31 o* / Rheinische Geschichte, Bild- und Dokumentarband *57, 58 u, 68 o, 69* / Rheinisches Amt für Bodendenkmalpflege *33* / Rheinisches Bildarchiv *71* / Rheinisches Landesmuseum Bonn *15 o, 18, 22, 23, 24, 27 o, 32, 48 u* / Schäfer, Leo *31 u, 47 u* / Schell, Günter *178* / Schneider, Hans Peter *160 o r* / Schumacher, Franz *2, 112* / Schumacher, K. *17* / Simons, Peter *72* / Stadtarchiv Bonn *37, 53 o, 65, 89, 110, 131 o* / Stadtarchiv Bornheim *14, 39, 41, 52, 64 u, 82, 87 o, 8, 93, 94 l, 98, 100 o, 101, 103 r u. u, 104, o u, u, 116 o, 117 o u. u, 123, 128, 130, 131 u, 137 u, 140 o, 144, 152, 153, 158, 162/63, 168, 179, 180, 181, 182, 184, 185, 187, 191, 192, 193, 194, 206, 210* / Stadtmuseum Bonn *161* / Tambourcorps »Rheinperle« *171 u* / Trümperer (Slg. im Stadtarchiv Bornheim) *177, 182, 210* / Vereinsarchiv MGV Sechtem *157* / Vorzepf, Jürgen *87 l, 126 o u. u* / Vorzepf, Anton *114 o, 127 u, 151 o, 209* / Walzik, Günther *12* / Weffer, Herbert (Postkartensammlung) *93 u, 102 u, 119 o, 120 u, 132 o, 135, 136, 137 o,139 u, 141 l, 174* / Weiler, Josef *158* / Westermann, Wilhelm *171 r* / Zerlett, Norbert (Slg. im Stadtarchiv Bornheim) *36, 47 o, 75, 78 o, 85, 86, 95, 96, 122, 132 u, 134, 159 o, 176, 202*

Literaturverzeichnis

Vorliegendes Verzeichnis enthält alle das Stadtgebiet unmittelbar oder überwiegend betreffende Schriften. Ein vollständiges Verzeichnis der benutzten Quellen und Literatur findet sich in dem im Vorwort genannten Manuskript.

Abkürzungen mehrfach zitierter Zeitschriften, Schriftenreihen. und Sammelwerke
AHV Annalen des Historischen Vereins für den Niederrhein / **Arch** Archäologie im Rheinland. Hrsg. v. Rhein. Amt für Bodendenkmalpflege / **BJ** Bonner Jahrbücher / **BG** Bonner Geschichtsblätter / **BB** Bornheimer Beiträge zur Heimatkunde / **HB** Heimatbuch des Landkreises Bonn. Hrsg. vom Landkreis Bonn. Bd. 1, (Bonn 1958); Bd. 2, Bonn 1959 / **Jb** Jahrbücher / **JR** Jahrbuch des Rhein-Sieg-Kreises / **KB** Kriegskameradschaft Bornheim. Festschrift zur Feier des 65jährigen Vereinsbestehens am Sonntag, den 21. Juli 1935. 1870-1935, Bornheim 1935 / **PR** Publikationen der Gesellschaft für Rheinische Geschichtskunde / **RV** Rheinische Vierteljahrsblätter / **SGB** Schriftenreihe der Gemeinde Bornheim

150 Jahre Evangelische Kirchengemeinde Bornheim 1851-2001. Festschrift, Bornheim 2001

BAUCHHENS, GERTHARD: *Merkurius,* in: BJ 188,1988, *S. 223-239*

BAUER, MATTHIAS: *Bäuerliche Wirtschaftsweise am Vorgebirge bei Bonn,* in: Landwirtschaftliche Jahrbücher 56, H.5, 1921, *S. 1-111*

BERGENÉ, WILHELM: Geschichte der Pfarre Alfter und der ehemaligen Filiale Roisdorf, Alfter 1925

BÖHM, HANS: *Gartenbau und Landwirtschaft in der Umgebung von Bonn,* in: Bonn – Stadt und Umland, Bonn: Dümmler-Verlag 1988, S. 225-246

BÖHNER, KURT: *Frühmittelalterliche Töpferöfen in Walberberg und Pingsdorf,* in: BJ 155/56, 1955/56, *S. 372-387*

BONDY, DAN; HILDEGARD HEIMIG: »Bet Hachajim«. *Haus des Lebens. Die jüdischen Friedhöfe Bornheim, Hersel und Walberberg,* Siegburg: Rheinlandia 2004

BÖTTGES-PAPENDORF, DOROTHEA, WLLI HERMANN: *Erinnerungen an den Bornheimer Bildhauer Walter Schoneweg,* Bornheim 2007

BREUER, JAKOB: *Die Geschichte des Kriegervereins,* in: KB, *S. 5-9*

BREUER, RALF WILHELM: *Hersel am Rhein.* Bd. 1, Hersel: Vereinsgemeinschaft (1996)

Bürgermeister und Ratsmitglieder in den Räten der Stadt Bornheim 1946-2004. Hrsg. von der Stadt Bornheim 2004

BURSCH, HORST / HEIMIG, HILDEGARD: *Dersdorf,* Bornheim. Selbstverlag 1992

BURSCH, HORST / HEIMIG, HILDEGARD / HANS MEYER: *Die Stadt Bornheim. Mittelalterliche Ersterwähnungen der einzelnen Ortschaften.* Bornheim: Raiffeisenbank Vorgebirge 1996

BURSCH, HORST: *Georg Gierlich (1905-1989),* in: BB 5, 1999, *S. 62-72*

- *»Der feurige Elias hier gereicht dem Vorgebirge zur Zier«,* in: JS, 1994, *S. 84-89*
- *Aus der Heimatchronik des Vorgebirgsdorfes Rösberg.* Bonn: Selbstverlag 1983
- *Bacchus im Vorgebirge,* Bonn: Jovissen 1999
- *Bornheim in alten Ansichten,* Bd. 1-3. Zaltbommel: Europäische Bibliothek 1985-1994
- *Burgen und herrschaftliche Landhäuser in Roisdorf,* in: JB 1995, *S. 55-61*
- *Das Werk des Johann Conrad Schlaun (1695-1773) im Vorgebirge,* in: BB 4, 1995, *S. 4-20*
- *Die Pfarrpatrozinien des Dekanates Bornheim.* Hrsg. von der Raiffeisenbank Vorgebirge, Bornheim 1999
- *Die Siedlungsnamen der Stadt Bornheim,* Bonn 1983
- *Ein Leprafall und seine Folgen,* in: JR 1988, *S. 133-136*
- *German Hubert Christian Maaßen,* in: BG 33, 1981, *S. 155-182*
- *Hemmerich im Vorgebirge,* Bonn: Selbstverlag 1982
- *Streifzüge durch die Pfarrgeschichte von St. Georg zu Widdig am Rhein,* in: JR, 1999, *S. 131-136*
- *Uedorf am Rhein,* Bornheim-Uedorf 1993

CLAREN, JAKOB: *25 Jahre Heimat- und Eifelverein Bornheim.* Ein Rückblick, in: BB 6, 2001/02, *S. 59-68*

CLAREN, JOSEF: *Ein Gedenkstein mahnt – Erinnerungen an den 4. Dezember 1944,* in: BB 4, 199, *S. 53-58*: 5, 1999, *S. 91*

CORSTEN, SEVERIN: *Anmerkungen zur mittelalterlichen Geschichte von Uedorf,* in: BG 49/50, 2001, *S. 151-159*

- *Das Chorherrenstift Klosterrath als Grundherr am Vorgebirge,* in: AHV 203, 2000, *S.35-48*

DEDERICHS, ERWIN: *Chronik der Pfarrei Waldorf,* Bornheim 1980.

DIETZ, HERIBERT: *Hans Dietz - Mann der ersten Stunde,* in: JR 2008, *S. 110-117*

DIETZ, JOSEF: *1173 –1973. 800 Jahre Merten,* Merten 1973

- *Die Bewaldung der linkischen rheinischen Ebene zwischen Köln und Bonn in alter Zeit,* in: BG 27, 1975, *S. 11-30*
- *Die Veränderungen des Rheinlaufs in historischer Zeit,* in: RV 31, 1967, *S. 351-376*
- *Unbekannte Burgen im Bonner Land,* in: Heimatbl. des Siegkr. 38, 1970, *S. 78 ff*

DOEPGEN, HEINZ: *Maximilian Freiherr von Weichs (1881-1954),* in: BB 1, 1984, *S. 13-24*

DOLATA, EDMUND: *Das rheinische Vorgebirge als Industriegebiet.* Würzburg: Triltsch 1935

ELLSCHEID, CLOTHILDE: *Das Vorgebirge, in: Verhdl. des Naturhist.* Ver. der preuß. Rheinlande und Westfalens 85, 1928, *S. 195-305*

ESCHELBACH, HANS: *Michel Michels Roman,* Bonn: Veritas 1930

ESSER, ALBERT: *Bornheim unterm Hakenkreuz,* Bonn 2007. Ungedr. Ms.

FIETZEK, KLAUS: *Mülldeponie und Quarzabbau auf dem Bornheimer Horst?,* in: BB 5, 1999, *S. 26-36*

FLOHR, ANDREAS: *Bornheimer Geschichtsbeitrag aus dem 19. Jahrhundert,* kommentiert und ergänzt von NORBERT ZERLETT, Bornheim 1985

FRANCKE, URSULA: *Ausgrabung eines karolingischen Töpfereikomplexes in Walberberg,* in: Arch 1997, *S. 147 f*

Fundberichte bzw. Jahresberichte, in: BJ 139, 1934, *S. 211, 215; 160,* 1960, *S. 448; 173, 1973, 389*

GARBISCH, UTA: *Das Zisterzienserinnenkloster Walberberg (1197-1447).* Köln: Janus 1998

GASSNER, EDMUND: *Voraussetzungen und Möglichkeiten einer städtebaulichen Entwicklung auf dem Hennesenberg bei Bornheim. Gutachten,* Bonn 1965

GECHETER, MICHAEL / JÜRGEN KUNOW: *Zur ländlichen Besiedlung des Rheinlandes in römischer Zeit.* in: BJ 186, 1986, *S. 377-395*

GECHTER-JONES, JENNIFER: *Neue Hallstattzeitliche Urnengräber,* in: Arch 1997, *S. 40 f*

Dieselbe, ALFRED PAWLIK: *Ein absolut datiertes Mehrzweckgerät der Bronzezeit: Feuerschläger und Meißel,* in: Arch 1997, *S. 34 ff*

Gemeinde Bornheim. Entwicklungen, Daten, Vergleiche 1950-1970, Bornheim 1971 (SGB 1)

Gemeinde Bornheim. Schulzentrum Bornheim. Bornheim: Gemeinde 1978 (SGB 3)

GIERLICH , ERNST. *»Opst statt Obst, raupfen statt raufen«. Die Anfänge der Roisdorfer Dorfschule,* in: BB 6, 2001, *S. 28-44*

- *Vom Steffelshorf zur Marienburg. Hofmeister Paul von Rusdorf – ein Roisdorfer von 1422 – 1441 an der Spitze des Deutschen Ordens,* in: BB 5, 1999, *S. 4-11*

GÖBEL, JENNIFER: *Eine Doppelhockerbestattung aus Sechtem,* in: Arch 1993, *S. 38 f*

GOTTWALD, EBERHARD: *1969 – 1979. 10 Jahre Gemeinde Bornheim* (SGB 4), Bornheim 1979

HAGEN, JOSEPH: *Antike Brunnenfunde der Mineralquelle zu Roisdorf,* in: RV 2, 1932, *S. 2-9*

HEIMIG, HILDEGARD / HEINRICH LINN: *Juden in Bornheim.* Ausstellung, Bornheim 1989

HEMGESBERG, HELGA: *Basilica Sancti Gervasi. Zu einer merowingischen Grabinschrift,* in: RV 47, 1983, *S. 325-334*

HENNEKEUSER, HEINRICH: *Aus der Geschichte der Ortschaft Bornheim,* in: 100 Jahre Freiwillige Feuerwehr Löschgruppe Bornheim. Festschrift, Bornheim 1981, S. 19-64

HENSELER , WOLGANG: *Haushaltrede 2006.* Manuskript, Bornheim 2006

HERDE, THOMAS: *Faschismuserfahrungen anhand von Oral History-Interviews mit alteren Herseler Mitbürger/inne/n. Wiss.* Arbeit im Rahmen der 1. Staatsprüfung für das Lehramt der Sekundarstufe I. Bonn 1984

HERMANN, WILLI: *25 Jahre Stadt Bornheim*, Bornheim 2006
HÖROLDT, DIETRICH: *Bornheim und das Vorgebirge im 19. Jahrhundert*, in: BB 6, 2001/2, *S. 4-27*
• *Die Urkunden des Inventars des Archivs von Burg Rösberg, (Inventare nichtstaatlicher Archive 26)*, Köln: Rheinland 1981
HÜPPE, FRIEDHELM: *Die Entwicklung der Gemeinde Bornheim*. Manuskript. Ohne Jahr
JANSSEN, A.: *50 Jahre Kreis-Obst- und Gemüseversteigerung »Vorgebirge« Roisdorf 1920-1970*, Düren 1970
KEMPER, LEO: *Geschichte der Evangelischen Gemeinde Hersel*, Manuskript 1977
KOHRN, HORST: *Die Entwicklung der Gemeinde Bornheim zum Mittelzentrum*. Wiss. Arbeit im Rahmen der 1. Staatsprüfung für das Lehramt, Bonn 1986
LENZ, KARL HEINZ / SCHULER, ALFRED: *Handgeformte Gefäßkeramik der frühen römischen Kaiserzeit aus Bornheim-Sechtem, Rhein-Sieg-Kreis*. in: Archäolog. Korrespondenzblatt 28, 1998, *S. 587-599*
LEVENKAUL, FRANZ / HANS MEYER: *1867-1992. 125 Jahre Pfarrkirche St. Martin in Merten*, Bornheim-Merten: Kath. Kirchengemeinde 1992
• *Die Schule in Merten. Teil 1. Die Anfänge des Schulbetriebs bis zum Beginn der Schulchronik*, ohne Ort und Jahr
• *Die frühere Kapelle in Trippelsdorf*, in: BB 6, 2001/2, *S. 78-86*
• *Wallfahrt und Prozessionen im Erzbistum Köln um 1770*, in: BB 2, 1985/86, *S. 9-12*
• *Mertener Kötter von 1500 – 1800*, in: BB 5, 1999, *S. 50-52*
LINN, HEINRICH: *Gedenken an die sogenannte »Reichskristallnacht«*, in: BB 3, 1989, *S. 19-33*
LOHUSEN, THOMAS VON: *Zwei ungewöhnliche Artefakte vom ausgehenden Neolithikum aus Brenig und Angermund*, in: Arch 2002, *S. 53 ff*
LOWEY, JAKOB: *Walberberg. Daten und Fakten zur Ortsgeschichte* (Bornheim-Walberg: Selbstverlag 2000)
MAASSEN, GERMAN HUBERT CHRISTIAN: *Geschichte der Pfarreien des Dekanats Hersel*, Köln: Bachem 1885
MÜLLER-MINY, HEINRICH: *Die linksrheinischen Gartenbaufluren der südlichen Kölner Bucht, im Besonderen die des Vorgebirges im Kartenbild*, Leipzig: Koehler 1940
OFFERMANN, HEINZ: *Anton Wichterich (1804-1875), Lehrer in Waldorf und Gründer des dort. landwirtschaftl. Casinos*, in: BB 4, 1995, *S. 43-46*
• *Das Flüchtlingsschicksal der Familie Kurt Manke in den ersten Nachkriegsjahren in Waldorf*, in: BB 5, 1999, *S. 58 f*
• *Die Pfarre Rösberg im Kulturkampf*, in: BB 6, 2001, *S. 51-53*
• *Vorgebirgsbauern vor dem Kölner Wuchergericht*, in: BB 6, 2001/02, *S. 56-58*
OSTER, THOMAS: *Die Entwicklung des Dorfes Walberberg zwischen 1846 und 1914*, in: Walburgisblatt 58-62, 2000/01
• *Die nationalsozialistische Gewaltherrschaft und ihre Folgen für Walberberg, Walberberg 1990*
• *Zur Geschichte der Grube Colonia*, in: Beiträge zur Heimatkunde Walberbergs 2, 1994, *S. 17-43*
PIEPERS, WILHELM: *Zwei Glockenbecher aus Bornheim, Rhein-Sieg-Kreis*, in: BJ 175, 1975, *S. 187-190*
ROSENKRANZ, ALBERT: *Die Entstehung der evangelischen Gemeinden Brühl und Bornheim*, in: Monatsh. für Rhein. Kirchengesch. 36, 1942, *S. 2-9*
RUPPEL, THOMAS: *Die Urnenfelderzeit in der Rheinischen Bucht*, Köln: Rheinland-Verlag 1990
SCHAEFER, LEO: *Neue Forschungen zur Kirche von Walberberg*, in Jb. d. Rhein, Denkmalpflege 30/1, 1985, *S. 25-38*
SCHENK, ERWIN: *Die Roisdorfer Mineralquellen*, in: Decheniana 108, 1955/56, 197-224
SCHNEIDER, HANS PETER: *Fliegende Händler im Vorgebirge*, in: BB 3, 1989, *S. 91-106*
• *Wie war das, als die Amerikaner kamen*, in: BB 2, 1985/86, *S. 63-81*
• *Geschichte und Formenschatz der um Bornheim*, in: BB 1, 1984, *S. 37-79*
SCHNEIDER, HEINRICH / FRANZ KUHL: *Besetzung unserer Heimat durch die Amerikaner*, in: BB 6, 12002, *S. 89-92*
SECHSTEM, WILLI ANDREAS: *Bornheim 25 Jahre Stadt*, Bornheim 2005
SEMMELROTH, ANGELA: *Landschaftsplanung in Bornheim*, in: BB 4, 1995, *S. 21-28*
TURNER, MARTIN: *Das Versorgungsverhalten der Bevölkerung in der Gemeinde Bornheim*. Wiss. Arbeit im Rahmen der 1. Staatsprüfung für das Lehramt am Gymnasium, Bonn 1976
ULBERT, CORNELIUS: *Eine gut erhaltene Villa rustica in Botzdorf*, In: Arch 2000, *S. 89-92*
• *Grabungsbericht über die archäologischen Untersuchungen in Bornheim-Sechtem (Rhein-Sieg-Kreis)*, Gebr.-Kall-Straße. Troisdorf (W: S: van de Graff Archäologie), ohne Ort und Jahr
VORZEPF, HEINZ: *Sechtemer Dorfchronik*. Bd. 1 Die Entstehung der Ortsvereine und deren Geschichte; Bd. 2 Kirche und Schule im Wandel der Zeit, ohne Ort 1999, 2001
WESSEL, WOLFGANG: *Der Bornheimer Wald*, in: BB 5, 1999, *S. 12-20*
WOLFF, CLAUDIA: *Die Juden in Bornheim von der Franzosen-Herrschaft (1794) bis in die Zeit des Nationalsozialismus*, Magisterarbeit Bonn 1996
ZAUN, FERDINAND / JAKOB CLAREN: *Geschichtliches aus Bornheim unter besonderer Berücksichtigung von Ohrbach und Burg Bornheim*, in: BB 2, 1985/86, *S. 36-62*
ZERLETT, NORBERT: *Juden am südlichen Vorgebirge: Bornheim/Hersel/Alfter*, in: Juden an Rhein und Sieg, Siegburg 1983, *S. 332-345*
• *100 Jahre Kloster Maria Hilf in Bornheim*, in: 100 Jahre Kloster Maria Hilf, Bornheim 1983, *S. 43-105*
• *Alter und Kern von Sagen und Flurnamen am Vorgebirge*, in: Festschrift Josef Dietz, Bonn 1973, *S. 101-116*
• *Aus der Bornheimer Schulgeschichte*. in: Gemeinde Bornheim. Schulzentrum Bornheim (SGB 3), Bornheim 1976, *S. 4-23*
• *Bornheim in Abschnitten seiner Geschichte*, in: Die Evangelische Gemeinde Bornheim, Bornheim 1981
• *Das Verschwinden des Weinbaus am Vorgebirge*, in: Rhein. Heimatpflege NF 4, 1970, *S. 303-315*
• *Das Vorgebirge, der rheinische Gemüsegarten*, in: HB, *S. 96-183*
•*De Zänk ös op. Geschichte und Bräuche des Vorgebirgswaldes*. Bornheim: Selbstverlag (1957)
• *Der Grenzstreit zwischen Alfter und Bornheim um 1500*, in: BG 19, 1965, *S. 39-65*
• *Die Hügelgräber im Roisdorf-Bornheimer Wald*, in: Vom Rhein zur Ahr 1. u. 2 Jg., 1947-1948, *S. 2 f*
• *Erlebnisse Bornheims in der Zeit der französischen Fremdherrschaft 1794-1814*, in: KB, *S. 9-12*
• *Johann Jakob Freiherr v. Walbott von Bassenheim zu Bornheim*, in: Bornheimer Pfarrbrief Nr. 4 1989
• *Kurze Geschichte der Bornheimer Juden*, in: BB 3, 1989, *S. 7-16*
• *Nachrichten zur Geschichte von Pfarreien im Vorgebirge*, in: BG 21, 1976, *S. 103-117*
• *Roisdorf als zweites Weltbad »Spa« am Vorgebirge geplant*, in: Godesberger Heimatblätter 12, 1974, *S. 124-137*
• *Unser Heimatort im Weltkrieg*, in: KB, *S. 14-16*
• *Von den Amtsstuben bis zum Rathaus (SGB 2)*, Bornheim 1973
• *Stadt Bornheim im Vorgebirge (Rheinische Kunststätten 243)*, Köln: Rheinischer für Denkmalpflege und Landschaftsschutz 1981
• *Lebensbeschreibung des Joh. Wallraf aus Bornheim*, in: BG 6, 1952, *S. 63-78*

Namensverzeichnis der Personen, Vereine und Firmen

Aachen, Bischöfe s. Bertolet
Absatz- und Bezugsgenossenschaft
s. Landgard
Adler s. Sportverein
Aegidius s. Männergesangverein
Agrippa, römischer Statthalter 19
Ailbert 49
Aktion Krankenhilfe St. Martin 201
Albertus Magnus 136
Albinia 27
Alef, Heinrich 147
Altena, Adolf von, Erzbischof von Köln 48
Alfter s. Marschall
Altenstein, Kultusminister 112
Alveradis, Gräfin 39, 61
Alveradis aus Widdig 50
Amandinia Quieta 27
Amma 27
Anno II., Erzbischof von Köln 35 f., 48
Are, Gerhard von 49
Are, Grafen von, s. Neuenahr 63
Artus Mineralbrunnen
s. Roisdorfer Mineralbrunnen
Augustus, römischer Kaiser 15
Barweiler Bruderschaft Kardorf-Hemmerich 115
Bauch, Ferdinand 80
Bauhaus Roisdorf 195
Bayern, Ernst von, Kurfürst von Köln 49
Beethoven-Wohnstift 183, 188, 191
Begasius 27
Beissel von Gymnich, Elisabeth 39
Beissel von Gymnich, Wilhelm 39
Bergené, Pfarrer 138
Berggeist, Elektrizitätswerk 88, 182
Berggeist, Grube 159
Bertolet, Bischof von Aachen 77
Bienenzüchterverein 100 f.
Bilstein, Franz 104
Bismarck, Otto von 112
Blau-Weiß-Hemmerich 209
Blücher, preußischer General 80
Blume, Pfarrer 157
Bock, Familie 77
Böll, Heinrich 208
Bollig, Peter 75
Bonaparte s. Napoleon
Bonifacius-Verein 142
Bonner Kreditverein 108
Bonner Quarzwerke 195
Bonner Verkehrsbetriebe 172
Boos-Waldeck, Graf von 118
Bornheim, Grita von39
Bornheim, Ludolf von 39
Bornheim, Paitza von 39
s. Burnheim, Schilling
Borromäusverein 116, 142
Boss s. SB Möbel Boss
Bottke, Forstassessor 149
Bovelet, Lorenz 160
Brabant, Herzog Johann von 65
Brand, Andreas 53
Brand, Sebastian 57
Brandt, Willy 208
Breitbach, Priester 163
Breuer, Peter Joseph 123
Bruderschaft St. Gervasius
und Protasius 50, 118
Bruderschaften von Herzen Mariens 116
- s. Erzengel, St. Hubertus, St. Matthias, St. Sebastianus, St. Wendelinus
Brühl, Marschall von 44
Brühler Brikettfabrik 104
Bucer, Martin 50
Bund der Landwirte 130
Burgbrauerei Bornheim 105
Burnheim, Giso von 38
Burnheim, Heinrich von 38
Burnheim, Johannes 38
Bursch, Horst 29, 61
Cadorf, Waldorfer Gemeinderat 80
Caesar 19
Cahn, Eduard 199
Cahn, Max 154 f.
C. Campanius Victor 27
Capitonius 27
Cappel, Familie 121
Caritas 142
Carnap. Gerhard Freiherr von 99f., 102 f., 110.116 ff., 120
Centralmarkt
-s. Landgard
Claren, Johann 105
Clasen, Eheleute 156
Clemens s. Amma
Clemens August, Kurfürst von Köln 41 ff., 64
Clemens, Christian 78
Chloswig, Frankenkönig 29
Cöln-Bonner-Eisenbahngesellschaft 110
- s. Köln-Bonner-Eisenbahngesellschaft
Colonia, Braunkohlengrube 104, 195
Commodus, römischer Kaiser 20
Custor, Wilhelm 103
Dahlmann, Heinz 179, 185
Demmer, Ortsgruppenleiter 150
Demtröder, Ortsgruppenleiter 150
Dengler, Anton 84, 93
Dersdorf, Florkin 39
Dersdorf, Lisa 39
Dersdorfer Tambourcorps 207
Deutsche Bank 196
Deutsche Jugendkraft 151
Dietz, Joseph 22
Dietz, Hans 166, 170
Diokletian, römischer Kaiser 20
Diergardt, Berta Freifrau von 118 f.
Diergardt, Friedrich Freiherr von 118
Diergardt, Günter Freiherr von 165
Ditz, Heinrich 149, 152
Drimborn, Heinrich 150
Droste- Hülshoff, Annette von 114
Droste-Vischering, Clemens August von, Erzbischof von Köln 84, 112
Drusus, römischer Feldherr 25
Edelweiß s. Theaterverein
Eichkamp, Wasserwerk 181
Eifel- und Heimatverein Vorgebirge 209
Eliser, Sohn des Mosche 61
Ennen, Edith 73
Entwässerungsgenossenschaft Südliches Vorgebirge 134
Erftverband 181 f.,
Erholung, Verein 127
Erzengel-Michael-Bruderschaften 115
Eschelbach, Hans 100, 130
Essingh, Kaufmann 117
Euroquarz 195
Extra Bau- und Hobbymarkt Waldorf 195 f.
Ezzonen, Pfalzgrafen 35 f., 38
Fabri, Peter Joseph 78
Fassbender, Joseph 171
Ferdinand III., Kaiser 41
Ferdinand III., Kurfürst von Köln 59
Fideler, Lebensmittelgeschäft 106
Fischerverein Hersel 209
Flohr, Andreas 163
Florus, römischer Schriftsteller 19, 25
Franz-Xaverius-Vereine 146
Frauen- und Mütterverein Hemmerich 157
Freiwillige Feuerwehren 87, 127. 144, 151, 182
Freundschaftsbund, Waldorfer Jungesellenverein 127
Frick, Innenminister 149
Friedrich Wilhelm IV., preußischer König 84
Frohsinn s. Junggesellenverein
Fromme, August 118, 142 f., 158
Fürstenberg, von, kurkölnischer Minister 69
Fußballclub Salia 144 f., 209
Gammersbach, Lederwarenfabrik 89, 92, 103, 130, 134. 136. 138, 159, 172 f., 194
Garten- und Gemüsebauverein
Vorgebirge 101
Gassner, Edmund 188
Geissel, Kardinal, Erzbischof von Köln 115
Gennep. Wilhelm von,
Erzbischof von Köln 66
Germaniabrauerei Hersel 105
Gervasius s. Bruderschaft
Gewerbeverein Bornheim 200
Geyr von Schweppenburg, Maximilian 89, 120
Gierlich, Georg 145
Goebbels, Josef 155
Golfclub Römerhof 209
Goerres, Joseph 122
Greil, Hans Jürgen 104
Gymnich, Paitza von 38
- s. Geissel
Hammer, Fritz 149 f.
Hartstein, Eduard 90, 100 f., 104, 107
Heine, Heinrich 114
Heinsberg, Philipp von, Erzbischof von Köln 48
Heisterbach, Caesarius 50
Hemberg, Herren von 43
Henseler, Wilfried, 179, 200(Foto)
Henseler, Wolfgang 179
Hersel, Familie von 44
Hersel, Ritter Gernandus von 53
Herter, Paul 149, 152
Hessen, Landgrafen von 61
Hildesheim, Bischof von 59
Hindenburg, Paul 156
Hinz, Elke 185
Hitler, Adolf 154, 158
Hl. Gervasius 32
Hl. Jodocus 29
Hl. Leonard 116
Hl. Markus 50
Hl. Martin 82
Hl. Matthias 50, 116
Hl. Protasius 32
Hl. Sebastian 127
Hl. Stanislaus 50
Hl. Walburga 49
Hochkirchen, Gastwirtschaft 160
Hochstaden, Konrad von, Kurfürst von Köln 65
Hoene, Ritter von 66
Holtorp, Herren von 66
Hons, Brunnenverwalter 102

Hünermann, Friedrich 127
Hüppe, Friedhelm 179
Interessengemeinschaft Herseler Werth 208
Interessengemeinschaft zur Abwehr des Quarzabbaus Brenig 208
Isbary, G. 211
Janssen, Walter 55
Jesus-Maria-Bruderschaften 50
Jülich, Reinald, Herzog von 66
Jülich, Wilhelm von 65
Julia Nativa 27
Julia Tertia 27
Julian Apostata, römischer Kaiser 20
Jungfrauenkongregationen 142
Junggesellenverein Freundschaftsbund 127
Junggesellenverein Frohsinn 127
Junggesellenverein Hemmerich 127
Junggesellenverein Sechtem 127
Junggesellenverein Walberberg 127
Jungmännervereine 142
Kain, Bornheimer Jude 52
Kameradschaftlicher Verein Sechtem 144, 151
Karl V., Kaiser 67
Karolinger 29, 31, 36
Katholische Frauengemeinschaft Sechtem 203
Katholischer Jungmännerbund Sechtem 151
Katholische Männerkongregation Sechtem 127
Katholischer Männerverein Bornheim 157
Katzellenbogen, Grafen von 61
Kaufmann, Markus 118
Kegelklub Sechtem 127
Kelm, Hermann 170
Kempis, Familie von 94
Kentenisch, Hugo von 166
Kettler zu Nesselrodt 38
Kinkel, Gottfried 89
Kirchenchor St. Caecilien Sechtem 126
Kirchenchöre 116
Klemmer, Dampfbäckerei 138
Knees, Christian 184
Knott, Schneider und Lehrer 78
Köln, Erzbischöfe/Kurfürsten s. Altena, Anno, Bayern, Clemens August, Droste-Vischering, Ferdinand, Geissel, Gennep, Heinsberg, Hochstaden, Moers, Saarwerdem, Truchsess
Köln-Bonner-Eisenbahn 172
- s. Cöln-Bonner-Eisenbahn
Köln-Düsseldorfer-Dampfschifffahrtsgesellschaft 109
Kölner Gymnasial- und Stiftungsfonds 104
Konrad-Adenauer-Stiftung 196
Konstantin I., römischer Kaiser 21
Koppel, Familie 121
Koppel, Jakob 121
Koppel, Jeschai 52
Krämer, Möbelfabrik 172
Krankenverein Walberberg 108
Kreative Gruppe 209
Kreissparkasse Bonn 108
Kreissparkasse Köln 196, 199
Kriegerverein Roisdorf 127
Kriegerverein Sechtem 127
Kriegerverein Walberberg 127
Kriegerverein Waldorf 127
Künstlerhaus Vorgebirge 207
Kuhl, Familie 128
Kulturforum 207
Kuratorium Rettet das Vorgebirge 175, 208
Kyffhäuser-Bund 151
Landgard, Obst- und Gemüse 138f, 173, 195,197
Landschaftsschutzverein Vorgebirge 208
Landwirtschaftlicher Verein für Rheinpreußen 100
Leichtmetallwerke 161
Leydel, Peter Joseph 113
Liebertz, Familie 128
Lindenberg, Reinhard von 65
Link, Hermann 127
Loeb, Joseph 156
Löhr, Adolf 114
Löwenberg, Herren von 77
Lollius, Statthalter 19
Londorf, Ritter von 43
Lucius Statinius 27
Lucretia, Grube 138
Ludwig der Fromme, Kaiser 29
Ludwig XIV., französischer König 69
Ludwig, Klaus 184
Luftsportverein Vorgebirge 145, 210
Maaßen, German Hubert Christian 104 ff., 113
Màjeres, Johann Georgius 78
Manderscheid, Grafen von 61
Mandolinenorchester 144
Männergesangverein Bornheim 127
Männergesangverein Rösberg 126
Männergesangverein Sechtem 127
Männergesangverein Walberberg 126 f.
Männerverein Gemütlichkeit Sechtem 127
Marianische Jungfrauenkongregation Bornheim 116
Marianischer Jungfrauenverein Sechtem 88
Mark, Engelbert Graf von der 66
Mark, zu Schleiden, Grafen von der 61
Marschall, Goswin, von Alfter 38
Max Franz, Kurfürst von Köln 53, 63
Merode s. Scheiffardt
Merowinger 29
Metternich s. Müller
Meurer, Jakob 75, 85
Missionsvereine 116
Modeysen, Rostgin von 39
Möbelfabrik s. Krämer
Mörner, Wilhelm Graf von 94
Moers, Dietrich von, Kurfürst von Köln 48, 59
Mosche s. Eliser
Mühlens, Franz Jakob 102
Müller, von, Herr auf Burg Metternich 117
Müttervereine 116, 142
Müttervereine Sechtem 127
Muma, Mundharmonikaorchester 207
Mummenhoff, Friedrich 158
Napoleon, französischer Kaiser 76-80, 89, 109
Nathan, Anna Amelia 156
Naturschutzbund 205
Nesselrott s. Kempis
Neuenahr, Grafen von 41, 50, 61,66
- s. Are
Neuenahr, Dietrich von 66
Neuenahr, Hermann von 51
Neuenahr, Johann von
Nideggen s. Schenk 38, 66
Niedecker, Gerhard 150
Nigrinia Titula 27
Nordeck, Freiherren von 99 f., 117
Nordeck, Karl von 110
Norsk Hydro 154
Notgemeinschaft des Amtes Bornheim 168
NS-Reichsbund für Leibesübungen 181
Nussbaum, Johann 63
Obst- und Gemüseversteigerung Vorgebirge s. Landgard
Obstbaumuseum Schmitz-Hübsch 185
Ophof, Oberst 69
Oppenheim, Bankhaus 118
Oster, Johannes 165
Paramentenvereine 116
Paulus-Krankenkassen-Verein Roisdorf 127
Pippiniden 29
Pius XII., Papst 76
Pohlhausen, Ernst 153
Pompoia Vera 27
Porta, Möbelfirma 196
Przygodda, Pfarrer 170, 203
Püllen, Hofrat 102
Pütz, Caspar von und zum 43
Quartettverein Walberberg 144
Quentel, Herren von 43
Rath, vom, Botschaftssekretär 155
Rauchklub Sechtem 127
Regionalgas Euskirchen 181 f.
Reifferscheidt s. Salm
Reitverein Wolfshof 209
Rembrandt 70
Rettet das Vorgebirge s. Kuratorium
Rheindorf, Ritter von 43 f.
Rheinische Braunkohlen GmbH 190
Rheinperle s. Tambourcorps
Richmodis 50
Römerhof s. Golfclub
Rösberg, Johann von 44
Rösberg, Konrad von 44
Roisdorf, Herren von 43
Roisdorf, Paul von 43 f.
Roisdorfer Mineralbrunnen 102 f., 136, 138, 194
Roisdorfer Schützenverein 127
Rolef, Ruth 154
Rosenkranzbruderschaft Sechtem 116
Rotary-Club Bornheim 210
RWE 182, 191
Saarwerden, Friedrich III. von, Kurfürst von Köln 38, 66
Saffenberg, Johann von 66
Salia s. Fußballclub
Salin, Ehepaar 156
Salm-Reifferscheidlt-Dyck, Fürsten von 102
Sayn, Grafen von 61
SB Möbel Boss 196
Schaden, Brüder 145
Schäfer, Hubert 179
Schäfer, Leo 47
Scheden, Heinrich Richard Edwin 117
Scheiffard von Merode, Gerhard 38 f.
Scheiffard von Merode, Ulrich 50, 67
Scheiffard von Merode, Werner 39
Schenk, Martin, von Nideggen 67
Schilling von Bornheim, Herren 38
Schlageter, Leo 157
Schlaun, Johann Konrad 42
Schlauss, Waldorfer Gemeinderat 80
Schleiden s. Mark
Schmidt, Vertriebenenpfarrer 170
Schmidt, Wilhelm 158
Schmittmann, Johann Hermann Joseph 114
Schmitz, Grete 155
Schmitz, Lambert 81
Schmitz, Peter Joseph 75, 77
Schmitz, Sally 156
Schmitz, Wilhelm 154, 166
Schmitz-Hübsch s. Obstbaumuseum

Schoneweg, Walter *171, 209*
Schopenhauer, Johanna *109*
Schwadorf, Gaststätte *139*
Schwarzenberg, Adam von *38*
Schweppenburg s. Geyr
Sechtem, Ritter von *44*
Seidel, Georg *103, 194*
Seidel GmbH, Rheinische Konservenfabrik *103. 138, 172, 194*
Siemer, Pater Laurentius *141, 154*
Simon Arz Zigarettenfabrik *194*
Smets, Wilhelm *114*
Solms-Laubach, Graf v. *124*
Spar- und Darlehensvereine *108*
Spiel- und Sportverein Rösberg *151*
Sportgemeinschaft Sechtem *209*
Sportverein Adler Waldorf *209*
Sportverein Blau-Weiß- Hemmerich *209*
Sportverein Vorgebirge *209*
Städtische Sparkasse Bonn *108*
Stahl, Josef *154*
Stinnesreederei *163*
Stolzem, Heinrich *124*
St. Caecilien s. Kirchenchor
St. Hubertus-Bruderschaften *144*
St. Matthias-Bruderschaft Waldorf *202*
St. Sebastianus-Bruderschaft *50*
St. Wendelinus-Bruderschaft *203*
St. Wendelinus-Krankenverein *127*
Tambourcorps Rheinperle Sechtem *146, 171*
Theaterverein Dersdorf *171, 207*
Theaterverein Edelweiß Hersel/Uedorf *207*
Theaterverein Sechtem *171, 207*
Thiesen, Lehrer *104, 124*
Thomann, Richard *120*
Thurn und Taxis, Reichspost *111*
Tiberius, römischer Kaiser *20*
Tischtennisclub Kardorf *209*
Todesangstbruderschaft *50*
Tranchot, Oberst *78*
Trier, Hans *171*
Truchsess von Waldburg, Gebhard, Kurfürst von Köln *49, 67*
Turn- und Stemmverein Sechtem *127*
Turnverein Waldorf *127*
Union Rheinische Braunkohlen Kraftstoff AG *159*
Unternehmerkreis Bornheim *200*
Varus, römischer Feldherr *20*
Vaterländischer Frauenverein *130*
Verein Bornheimer Spargelblauern *200*
Verein der Hl. Familie *142*
Verein der Heimatfreunde Roisdorf *209*
Verein Hospiz Bornheim *183*
Vereine für Heimatkunde und Landschaftsschutz *189 f.*
Verein zur Verbreitung des Glaubens *116*
Vereinigte Leichtmetallwerke *159*
Verkehrsverbund Rhein-Sieg *198*
Virneburg, Grafen von *61*
Vischering s. Doste
Volkheim, Max *118*
Volksbank Rhein-Sieg *196*
Volksbildungswerk Bornheim *185*
Volksbildungswerk Vorgebirge *167, 171*
Vorgebirgsmusikanten *207*
Wahnbachtalsperren-Verband *181*
Walbott von Bassenheim, Familie *38, 43, 76*
Walbott von Bassenheim, Ferdinand *69*
Walbott von Bassenheim, Jakob *41*
Waldorf, Heinrich von *44*
Waldorf, Johann von *44*
Waldorf, Kleriker von *45*
Waldorf, Lucia von *44*
Waldorf, Rutger von *44*
Waldorfer Junggsellenverein s. Freundschaftsbund
Walraf, Andreas *78, 89*
Walraf, Johann *122*
Wasserschaff, Waldorfer Gemeinderat *80*
Weichs, Freiherren von *41, 47, 59, 61, 99 f.*
Weichs, Ferdinand Joseph Freiherr von *42*
Weichs, Gaudenz von *38, 41*
Weichs, Maximilian Freiherr von *160*
Weizsäcker, Richard von *208*
Wichterich, Anton *100*
Wieler, Gastwirtschaft *161*
Wilhelm II., Kaiser *84*
Windbrake, Rita *184*
Wirtschaftsförderungs- und Entwicklungsgesellschaft *199*
Wittelsbacher *38, 49*
Wittgenstein, Tapetenfabrik *103*
Witthoff, Franz, Tapetenfabrikant *89*
Witthoff, Tapetenfabrik *103, 114*
Wolfshof s. Reitverein
Worms, Bischof von *59*
Wüllenweber, Familie *154*
Yachtclub Hersel *209*
Ysindrudis *50*
Zerlett, Norbert *15*
Zionistische Vereinigung für Deutschland *155*
Zwirner, Ernst *94*

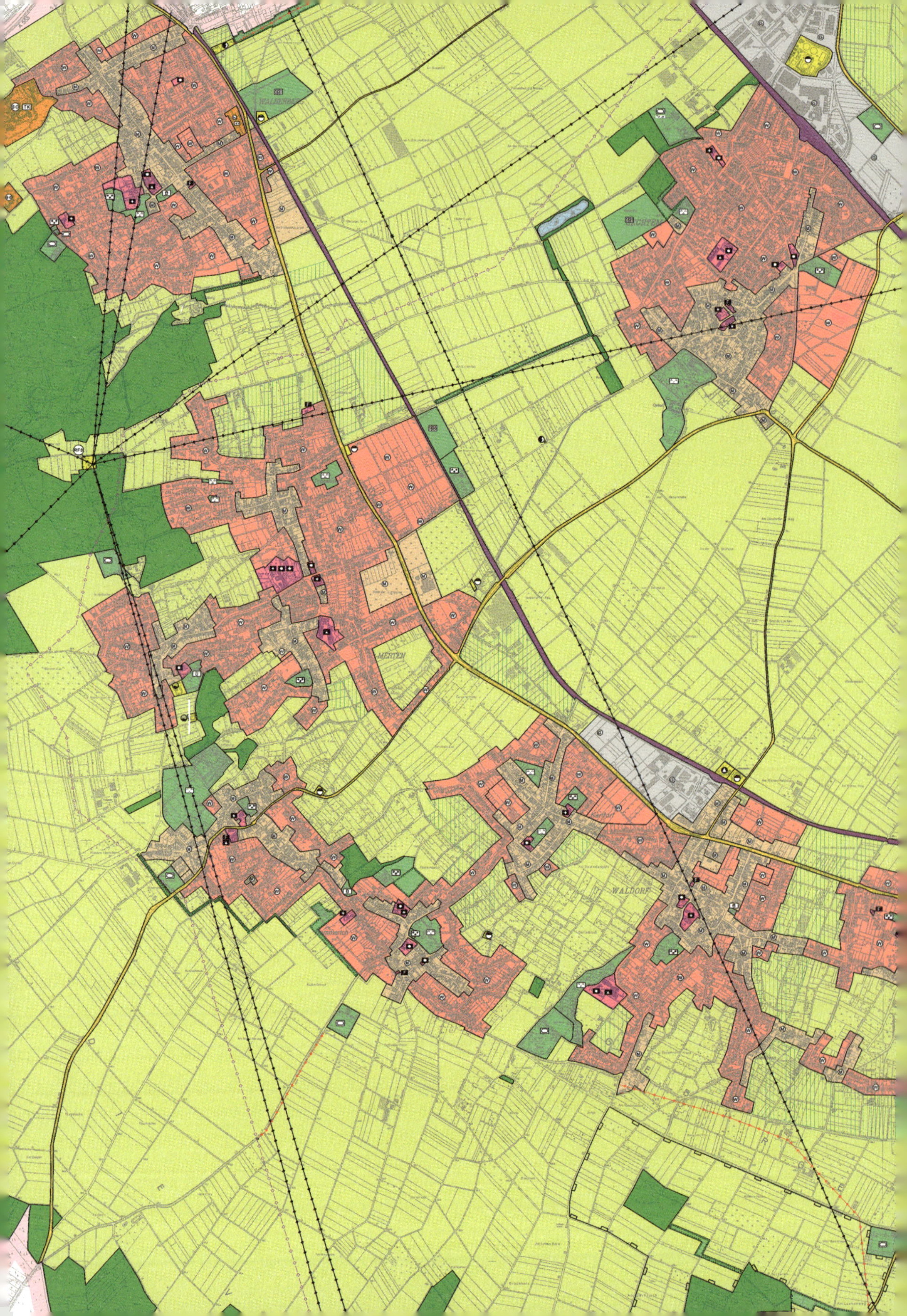
MERTEN
WALDORF